인물중심으로 살펴 본 행정학

이병철 지음

UUP

인물중심으로 살펴 본 행정학

- 2015년 12월 21일 **초판 인쇄**
- 2015년 12월 30일 **초판 발행**
- **지은이** 이병철
- **펴낸이** 오연천
- **펴낸곳** **UUP.**(울산대학교출판부) 680-749 울산광역시 남구 대학로 93(무거동) 울산대학교 출판부
- **전화** (052)259-2488 **팩스** (052)277-3011 ▪ **홈페이지** http://uup.ulsan.ac.kr
- **출판등록** 제370-1996-000001호(1996.3.13)
- ₩ 16,000

ISBN 978.89.7868.380.7 (93350)

머리말

행정학을 새로운 학문으로 만들어 내고 이를 지속적으로 심도 깊게 발전시켜 온 행정학의 주요한 인물들을 중심으로 이들의 내재된 행정사상과 철학을 분석해 내고자 하였다. 또한 이러한 틀 속에서 만들어진 여러 행정이론들의 내용을 보다 심도 깊게 이해하고 설명할 수 있게 하였다. 그리고 이들이 창안하여 제시하고 있는 행정이론들이 지속적으로 관련성을 가지며 역사적 발전과정을 통해 어떻게 진전을 이루어나가는가 하는 점을 명료하게 밝혀줌으로써 행정이론의 이해와 설명력을 높이는데 기여할 수 있도록 구성을 하였다.

저자가 이러한 의도를 지닌 책을 출간하려고 했던 동기는 행정이론을 이해시키고 설명하려는 책자들이나 논문들이 많이 출간이 되었으나 행정학을 이끈 주요 인물들의 행정사상과 철학 그리고 그들의 삶을 분석하고 이러한 분석에 기반을 두고 행정학과 관련된 이론체계를 재구성한 책은 흔치 않은 것으로 판단이 되었기 때문이다. 더불어 주요 행정학 인물들의 삶을 보여주고 이를 재조명함으로써 독자들의 호기심과 흥미를 유발하고 정서적으로도 공감할 수 있는 서술방법을 갖는 책자 역시 흔치 않은 것으로 판단이 되었기 때문이다. 나름대로 이 책이 이러한 저자의 출판동기에 부합되기를 바랄뿐이다.

이 책에서 선정한 행정학의 주요한 인물들은 자타가 인정하는 행정학의 거목들이거나 행정학을 학문으로 자리를 잡게 하고 또 발전시켜 오는데 기여를 했다고 일반적으로 검증된 인물들이다. 물론 이러한 인물 선정에는 이외에도 저자 자신의 판단도 가미되었음을 부인할 수 없다. 또한 브라이언 프라이(Brian R. Fry)가 집필한 『행정학의 대가들 : 막스 베버부터 드와이트 왈도까지』[1)]라는 저서도 많은 참고가 되었다.

이렇게 해서 이 책에서 소개되는 행정학을 만들고 발전시킨 대표적인 인물들은 다음과 같다.

먼저 고대 그리스 시대의 히포다무스, 플라톤 그리고 아리스토텔레스이다. 이들은 폴리스라 일컬어지는 도시국가에 있어 도시기획과 행정에 많은 철학적인 아이디어와 기획설계안을 제시하였다. 고대 행정, 특히 도시기획행정에 많은 기여를 한 인물들로 평가할 수 있다.

다음 고대 로마 시대의 율리우스 카이사르와 아우구스투스 그리고 키케로와 소(小) 카토이다. 이들은 거대한 로마제국을 형성시키는데 기여를 했고 광대한 영토와 로마시민과 속주민들을 관리하고 경영하는데 필요한 제도와 정책을 발굴하고 입안하였으며 올바른 행정관을 정립하는데 기여를 하였다. 이들의 이러한 노력의 성과는 19세기 나폴레옹 제국을 일구어 낸 나폴레옹 보나파르트에 의해 로마 제국의 행정을 모방하여 나폴레옹 제국에서 답습하게 만든 점에서도 잘 드러나고 있다.

---

1) Brian R. Fry, *Mastering Public Administration : From Max Weber to Dwight Waldo* (Chatham, New Jersey : Chatham House Publishers, Inc., 1989).

다음 근세 유럽 시대의 행정사상가들로 관방학을 이끌어내고 집대성을 한 유스티와 베르그 그리고 로렌츠 폰 슈타인이다. 이들은 효율적인 국가 운영을 위한 학문으로 관방학을 정립하는데 크게 기여를 하였다. 그리고 이러한 관방학은 미국 행정학의 아버지라고 일컬어지는 우드로 윌슨에게 커다란 교훈을 가져다주었다. 윌슨은 미국행정학을 정립하기 위하여 비교분석 적 시각에서 이들이 집대성한 관방학을 연구하였고 이를 미국 고유의 행정과 조화롭게 접목을 시켜 미국행정학으로 토착화시키는 노력을 하였던 것이다.

다음 근세 유럽 시대의 행정사상가이며 실천가인 나폴레옹 보나파르트이다. 그는 이미 앞에서 잠시 언급을 하였듯이 광대한 나폴레옹 제국을 세우고 이를 효율적으로 관리하고 경영하기 위해 로마 제국 시대의 행정을 벤치마킹 하였을 뿐만 아니라 시대와 상황에 맞는 행정제도를 새롭게 만들어 제국의 운영에 보탬이 되게 하였던 것이다. 그에 의해 개발되고 계승된 많은 행정제도나 운영 및 관리 노하우들이 현재의 프랑스 행정뿐만 아니라 미국행정학의 탄생에 많은 도움이 된 것을 부인 할 수 없는 것이다.

다음 유럽의 행정사상가인 막스 베버이다. 그는 관료제 이론에 있어서는 타의 추종을 불허하는 그야말로 지존의 위치에 있는 인물이라 평가할 수 있다. 관료제 이론을 제시하고 이를 발전시키는데 커다란 기여를 하였다. 또한 그의 관료제 이론에 대해 많은 비판이 일게 함으로써 관료제 이론의 새로운 지평을 확대시키는데도 간접적으로 기여를 한 것으로 평가를 할 수 있다.

다음 미국의 국부이며 동시에 행정사상가인 알렉산더 해밀턴, 토머스 제퍼슨, 그리고 제임스 매디슨이다. 이들은 각기 다른 국가관과 행정관 그리고 국가발전관을 가지고 있으면서 이를 통해 미국 행정학의 정립에 기여를 하였다. 그 다음으로 앤드루 잭슨을 들 수 있다. 그는 잭슨 식 민주주의를 일구어 냈으며 이러한 과정에서 엽관제를 잉태시켰다. 엽관제는 장점 못지않게 단점이 많았으며 특히 잭슨 이후의 후임자들이 이를 자신의 이익을 위해 활용함으로써 역기능이 제고될 수밖에 없었다. 어쨌든 엽관제는 팬들턴법을 제정케 됨으로써 미국 인사행정에 커다란 획을 긋게 된 것이다.

다음 미국 행정학의 아버지로 일컬어지는 우드로 윌슨이다. 그는 아직 학문적으로 체계를 잡지 못한 초기의 미국행정의 흐름을 독자적으로 사상적이고 이론적인 기초 위에 집대성을 한 인물이며 그가 천명한 정치행정이원론과 비교분석 적 관점에 입각한 미국 행정학의 토착화에 대한 노력은 미국행정학 탄생의 원천이 되었던 것이다.

다음 윌슨의 후예들로써 프랭크 굳노우, 레오나르도 화이트 그리고 윌리엄 윌로우비이다. 굳노우는 행정에 대한 지나친 정당정치의 개입이 정책의 능률적 집행을 저해한다고 생각을 해서, 행정이 정치다툼에서 오염되지 않도록 분리돼야 할 뿐만 아니라 정책결정 과정으로부터도 분리돼야 한다는 정치행정이원론을 체계화하는데 크게 기여를 했다. 그리고 화이트는 미국 최초의 행정학 교과서인 『행정학입문』을 집필하여 행정학의 표준 모형을 만들고 이를 전파하는데 기여를 하였을 뿐만 아니라 행정을 하나의 과학적 학문으로서 그리고 또 다른 의미의 예술적 학문으로서 승화를 시키는데 기여를 하였고 행정부가 중심이 되는 해밀턴 식 접근을 선호하였다. 윌로우비는 화이트와는 달리 입법이 주가 되는 행정을 강조했는데 이러한 접근은 제퍼슨의 시각과 상통하는 일면이 있다고 볼 수 있다. 어쨌든 이들의 이러한 학문적 노력들이 미국행정학의 태동과 발전에 크게 기여를 하였다.

다음 고전적 행정학의 정통이론을 집대성하는데 기여한 과학적 관리와 인간관계의 원조로 일컬어지는 프레더릭 테일러와 엘톤 메이요, 그리고 행정의 내용을 POSDCORB로 이해하는 행정학 정통이론 또는 고전 행정이론의 원조로 일컬어지는 루더 규릭이다. 테일러가 주창한 과학적 관리법, 메이요가 주창한 인간관계론, 그리고 규릭의 원리적 접근법 등은 당시의 행정이론 발전에 크게 기여를 하였다.

다음 행정국가를 일구어낸 대통령인 프랭클린 루스벨트이다. 그는 학자는 아니었지만 위대한 정치적 리더십을 통해 경제공황 극복과 세계대전에서의 승리를 가져 오기 위한 그의 정책적인 노력을 통해 시장에 대한 정부개입을 자연스럽게 받아들이도록 하는 시민적 정서를 낳았을 뿐만 아니라 전쟁 수행을 위한 정부의 역할 증대를 가져오게 만들었다. 이로 인해 정부의 비대화 현상이 나타났고 특히 입법부나 사법부보다 행정부의 권력과 영향력이 보다 더 증대되었으며 이러한 현상은 자연스럽게 행정수반인 대통령의 권한이 강화되는 변화가 나타나게 되었던 것이다. 어쨌든 이러한 현상은 제퍼슨이나 매디슨 등과 같은 건국의 아버지들은 인정하고 싶지 않겠지만 행정국가가 미국에서 자리를 잡기 시작한 것이다.

다음으로 정통파 행정이론의 비판과 행정국가에 대해 가치규범적 관점에서 논의를 전개해 나간 드와이트 왈도와 정통파 행정이론을 비판하고 행정행태 적 연구를 주장하는 허버트 사이몬이다. 이들은 고전적 정통파 행정이론을 비판하고 이에 대한 대안을 제시하여 행정학적으로 커다란 기여를 하였다.

마지막으로 정의이론의 원조로 일컬어지는 존 롤스이다. 그는 정의의 두 원칙을 제시하여 과연 올바른 정의가 무엇인가에 대한 해답을 던져 주었다. 또한 신행정론자들은 이를 행정학에 도입을 하여 행정학의 발전에 새로운 정신을 불어넣어 주는 청량제 역할을 하게 하였다. 롤스의 정의론에서 내건 사회형평론은 신행정학의 기본철학과 어우러져 현재 행정체계에서 난제로 여겨지는 인권 유린, 일명 양극화로 표현되는 분배 불평등 등의 문제들을 해결해 낼 수 있는 잠정적인 처방전으로서의 역할을 톡톡히 해내고 있는 것이다.

이상으로 이 책에서 행정학의 철학적 기반을 이루는 행정사상과 행정이론을 논의해 나가는데 있어 없어서는 안 되는 행정학의 주요 인물들에 대해 나름대로 선정의 변과 관련된 설명을 하였다.

이제 이 책의 구체적인 각 장별 구성내용을 살펴보면 다음과 같다.

제1장은 고대 그리스 시대의 행정사상가들인 히포다무스, 플라톤 그리고 아리스토텔레스의 삶을 살펴보고 그런 다음 행정과 관련되어지는 그들의 사상과 철학 그리고 관련 이론에 대해 살펴보고자 한다. 제일 먼저 살펴 볼 히포다무스는 당대 어느 누구와 비교를 해보아도 손색이 없는 고대 그리스의 최대 건축가이며 도시기획가로 명성을 날렸다. 그는 일명 '히포다무스 식 격자형 도시모형'을 개발하여 도시기획의 획기적인 이정표를 마련하였고 나아가 이상적인 도시를 설계할 수 있게 하였다. 이뿐만 아니라, 도시가 가지는 여러 가지 기능적 문제들에 대해서도 깊은 연구를 하였고 한 발 더 나아가 이러한 문제들을 국가 행정체계와 연결 지어 진단하고 해결을 하려는 노력도 아끼지 않았다. 특히 그의 이러한 노력들 중 주목할 만 한 것은 도시의 주거 공간 배치를 함에 있어 개인적 사생활을 배려케 함으로써 민주적 가치 실현에 앞장을 섰다는 점

과 도시기획을 해나가는데 있어 물의 공급과 같은 물리적 한계를 고려해야 한다는 점을 강조한 점 등이다.

다음으로 플라톤이나 아리스토텔레스와 같은 철학자들이 도시기획이나 이와 관련된 행정이 가지는 문제를 철학적 사유의 대상으로 삼고, 보다 나은 살기 좋은 도시를 만들어나가려는 의지와 대안적 생각들을 쉴 새 없이 제시하고 있는 내용들을 살펴보게 될 것이다.

우선 플라톤은 도시기획에 있어 사원과 아고라 간의 위치, 사원과 공공기관 간의 위치를 어떻게 조정하는 것이 가장 좋을까하는 나름대로의 대안을 제시하고 있고 나아가, 주택조성의 목적을 거주수단 이외에, 유사시 도시방어를 위한 수단으로 활용이 되어야 한다는 생각과, 주택의 편의성을 고려한 접근성 증대 방안 등이 고려되어야 한다는 생각 등을 제시하고 있는데 이러한 내용들을 살펴보게 될 것이다.

다음 아리스토텔레스는 이러한 플라톤의 도시기획과 관련된 정책적 충고보다 좀 더 구체적이고 종합적인 주문을 하고 있는데 이를 살펴보면, 우선 도시에 거주해야하는 시민의 건강과 정치적, 군사적 안녕이 다른 어떤 것보다 도시기획에서 가장 먼저 고려해야 할 중요 요소라는 점을 분명히 하고 있으며, 다음으로 도시의 입지를 선정하는데 있어 물을 필수적 요인 중에 하나로 반드시 고려해야 한다는 점을 강조하였는데 이는 앞서 언급을 한 히포다무스와 같은 생각을 가지고 있는 것으로서 이러한 내용들을 살펴보게 될 것이다.

또한 플라톤과 아리스토텔레스는 공히 이상적인 도시국가를 정립하는데 있어 이론적이고 사회적이고 도덕적인 개념에 대해 많은 관심을 기울이고 이에 대해 깊은 숙고를 하였다는 점에서 서로 일치하고 있는데 이에 대해 살펴 볼 것이며, 도시기획 상 참고해야 할 중요 요인들, 즉 시민들이 몸을 담고 살아야 할 주택이나 건물의 위치나 방향, 시민들의 생명과 재산의 안녕을 위한 도시의 방어, 시민들의 쾌적한 건강, 도시와 주택 그리고 건물들의 심미적이고 예술적인 아름다움과 기능적 효율성과 편의성 등의 조화로운 접목을 위한 배려 등에 대한 전반적인 고려사항들을 제시하고 있는 점 역시 양자가 서로 일치하고 있는데 이에 대해서도 살펴 볼 것이다.

또한 플라톤과 아리스토텔레스의 생각이 일치되는 여러 것 중에 우리가 큰 관심을 가지고 살펴보아야 할 것은 이들이 도시기획과 관련하여 똑같은 목소리로 우려를 표명했던 교외 화 현상이다. 소크라테스 역시 우려를 표명하며 공감한 사실로 이들의 우려와 경고는 말로써 끝난 것이 아니라 현실로 다가서서 고대 그리스 멸망의 한 원인을 제공하게 되는 것이다. 이러한 내용들을 보다 면밀하게 이 장에서 살펴보게 될 것이다.

제2장은 고대 로마 시대의 행정사상가인 율리우스 카이사르의 삶을 살펴보고 그런 다음 행정과 관련되어지는 카이사르의 사상과 철학에 대해 살펴 볼 것이다.

먼저 카이사르가 이룩한 행정 관료제에 대한 개혁을 살펴볼 것이다. 임기 1년의 집정관이 2명 존재하여 왔는데 이 제도를 그대로 유지시키고, 집정관의 막료조직 또는 참모조직으로는 궁내대신을 두어 집정관의 행정운영을 보조하고 그에 따른 참모 적 조언을 하게하였으며, 모든 공직의 임기를 1년으로 정해 놓은 공화정 시대의 제도를 바꾸지 않는 대신 법무관, 회계감사관, 안찰관 등의 정원을 늘리는 조치들에 대해 살펴 볼 것이다.

다음 그가 단행한 여러 개혁조치들을 살펴 볼 것이다. 지방자치단체, 속주, 세제와 사법 분야, 통화를 비롯한 금융 분야, 율리우스 력과 교통규제 분야, 복지정책, 실업정책, 그리고 시민권과 공직윤리 개혁 등에 대해 살펴보게 될 것이다.

그리고 그의 행정적 위업 중 하나로 웅대한 꿈을 가지고 제국의 수도 로마를 재개발하려는 도시기획에 대한 것도 살펴 볼 것이다. 카이사르의 수도 재개발 구상은 정치, 행정, 사법, 종교, 그리고 경제가 혼연일체가 되는 방식을 채택하였는데 이를 위해 '카이사르의 포럼', '사이프타 율리아', 도심 확장을 위해 '세르비우스' 성벽 철거 그리고 물류유통 개선을 위한 '오스티아' 항만 설비 개선과 '테베레' 강 개선사업 등을 살펴 볼 것이다.

제3장은 고대 로마 시대의 행정사상가인 아우구스투스의 삶을 살펴보고 그런 다음 행정과 관련되어지는 아우구스투스의 사상과 철학에 대해 살펴 볼 것이다.

우선 먼저 주권재민사상이 담긴 행정을 일구어 냈다는 점을 살펴볼 것이다. 그리고 이어 외유내강(外柔內剛)의 정신이 담긴 행정을 살펴보고 군제개혁 행정과 예산 및 재정개혁에 담긴 행정을 살펴 볼 것이다.

다음 그가 일구어 낸 조세 행정에 대해 살펴 볼 것이다. 아우구스투스가 '팍스 로마나'의 기반을 쌓아 올릴 때 가장 심혈을 기울인 문제 가운데 하나가 조세제도였다. 그는 가능하면 로마 제국의 세금 체계를 단순하게 만들려고 했다. 특히 그는 상속세라는 기발한 세제를 발명하여 활용하였을 뿐만 아니라 노예 해방 세도 신설하였는데 이러한 것들에 대해 살펴 볼 것이다.

다음으로 그가 실시한 도시기획 행정에 대해서도 살펴 볼 것이다. 그는 도시기획가로서의 비범성과 이를 뚝심 있게 밀고 나가며 지원하는 능력도 가지고 있었다. 그는 도시기획에 대한 비범한 아이디어를 현실화시키는데 있어서 빼놓을 수 없는 혜안을 지닌 대표적인 로마의 지도자이었다.

로마의 이상적인 도시모델이 된 '베르보니아' 도시기획을 추진하고, '로마 포럼'을 확장시키고, 율리우스 카이사르에 의해 철거된 '세르비우스' 성벽을 다시 견고하게 축성 보완하는 등 도시 재건계획을 구상하고 추진시켰을 뿐만 아니라, 수도교를 건설하고 하수도를 재정비하는 등 많은 도시기획과 관련된 행정을 과감하면서도 정교하게 추진시켜 나갔다. 이러한 내용들을 보다 면밀하게 이 장에서는 살펴보게 될 것이다.

제4장에서는 고대 로마 시대의 행정사상가들인 키케로와 소(小) 카토의 삶을 살펴보고 그런 다음 행정과 관련되어지는 이들의 사상과 철학에 대해 살펴 볼 것이다.

우선 그가 제시한 공무원의 이상적인 공복관(公僕觀)을 살펴 볼 것이다. 현재 공직자를 일컫는 영어 적 표현 즉 공중(公衆)의 하인(public servant) 혹은 시민의 하인(civil servant)이라는 용어를 처음으로 사용을 하여 공직자의 어원적 의미를 시민들을 받들고 섬기는 사람으로 규정을 한 것이다. 또한 짧은 기간이기는 했지만 '실리시아'의 총독직도 무난하게 치러 냄으로써 중앙과 지방에서 행정에 대한 능력을 대내·외적으로 검증을 받았으며 이러한 경험은 그 당시 지방행정의 폐단을 비판 할 수 있는 안목을 가질 수 있게 만들어 주기도 하였는데 이러한 것들을 이 장에서 살펴보게 될 것이다.

다음 소 카토는 유능한 로마의 행정가로서 행정의 부패를 근절시키는데 많은 노력을 기울여 올바른 공직 관과 행정에 관한 공직윤리를 설정하였을 뿐만 아니라, 실제로 행정을 펼쳐 나가는데 있어서도 다른 어떤 동료나 정치가들 보다 더 솔선수범을 하고 진솔하고 성실한 자세로 몸소 실천을 해 나감으로써 공직자의 귀감이 되었던 것을 이 장에서 살펴보게 될 것이다.

제5장에서는 유럽의 행정사상가들인 유스티와 베르그 그리고 로렌츠 폰 슈타인의 삶을 살펴보고 그런 다음 행정과 관련되어지는 이들의 사상과 철학에 대해 살펴 볼 것이다.

우선 유스티는 국가의 목적을 국가재산을 증대시키고 이를 유지하며, 국가재산을 유효하게 사용하는 것으로 보았으며, 국가재산의 증대와 유지를 다루는 정치학과 경찰학을 관방학으로 새롭게 분리시키고, 나아가 정치학과 경찰학을 구별시켰으며, 국가재산을 유효하게 사용하는 것을 다루는 학문인 재정학으로부터 분리시켰는데 이에 대해 이 장에서 살펴보게 될 것이다.

다음 베르그의 경찰이론에 따르면 국가는 공공복리의 발전에 필요한 조건을 창설하는데 부족함이 없으며, 국가의 임무는 개인의 안전을 도모하는 것이고 일반적 복지라는 명목 하에 개인을 침해한다는 것은 질서 있는 국가에서는 있어서는 안 된다는 것과 행정과 입법의 분리, 경찰법과 행정법의 세분이 이루어지지 못했다는 아쉬움이 있으나 어쨌든 이 이론이 민주주의 국가발전의 중요한 출발점이 되었다는 점 등에 대해 이 장에서 살펴보게 될 것이다.

그 다음 로렌츠 폰 슈타인은 관방학을 집대성한 학자로 매우 유명하며, 유럽에서 행정학을 일반적 연구체계로 그리고 하나의 독립된 학문영역으로 개발하고 집대성하려고 시도한 마지막 학자이기도 하며 처음으로 근대국가를 행정국가로 기술하기도 하였다. 또한 슈타인은 헌법과의 관련에서 행정의 적극적 개념을 수립함과 동시에 행정의 각 분과를 국가, 사회의 생활영역이라 규정하고 외무, 재무, 법무, 군무 및 내무행정의 5개 분야로 명백히 구분하였고 행정과 관련하여 특기할 점은 헌정과 행정을 구분하였는데 이것은 정치와 행정의 구분을 의미한다. 이러한 내용 등에 대해 이 장에서 살펴보게 될 것이다.

제6장에서는 유럽의 행정사상가인 나폴레옹 보나파르트의 삶을 살펴보고 그런 다음 행정과 관련되어지는 그의 사상과 철학에 대해 살펴 볼 것이다.

우선 나폴레옹은 로마 제국 당시의 행정제도를 자신의 제국에 그대로 재현을 시키려고 하였고 중앙집권을 위해 지방행정을 통제하려 하였다. 그리고 전문성을 강조하였으며 이를 위해 재무행정과 참모 제도를 발전시켰다. 참모 제도의 메카로 '국참사원'을 신설하고 이 기구를 통해 통치수반을 여러 면에 걸쳐 도움으로서 참모기능의 커다란 역할을 수행토록 하였다. 그리고 고급공무원의 능력발전에 대해서도 기여를 하였다.

다음 군사청과 행정청 간의 조화를 모색하였을 뿐만 아니라 인사행정에 대한 개혁을 단행하였다. 이는 로마제국이 강력한 군대제도를 유지하면서 행정제도와 조화를 이루는 것과 매우 유사한 것으로 그는 이해를 했던 것이다.

그리고 그는 언론에 대한 통제를 강화하였고, 경찰조직과 이와 연관된 네트워크를 구축하여 이를 활용하였다. 또한 종교 개혁과 민법을 집대성하였으며, 군대를 개편하고 교육 개혁을 단행하였다. 이러한 그의 행정에 대한 업적들을 볼 때 프랑스의 행정을 나폴레옹과 분리해서 생각할 수 없고 프랑스 행정에 대한 나폴레옹의 영향력은 매우 컸다는 점을 부인 할 수 없다. 이러한 내용 등에 대해 이 장에서 살펴보게 될 것이다.

제7장에서는 유럽의 행정사상가인 막스 베버의 삶을 살펴보고 그런 다음 행정과 관련되어지는 그의 사상과 철학에 대해 살펴 볼 것이다.

우선 사회학을 비롯한 여러 학문 분야에서 다재다능한 천재적 업적을 일구어 낸 막스 베버는 계층제를 중심으로 하는 관료제가 이것을 필요로 하는 사회·경제적 조건에 따라 역사적으로 면면히 흥성하고 발전하였다고 주장을 하였으며, 프러시아 군대조직을 모태로 하여 가장 능률적인 조직형태로 계층제적 개념을 담고 있는 이상적인 관료제를 모형으로 설정하였다.

또한 잠재적인 정치적 세력으로서 관료제는 법에 의한 지배에 복종치 않고 오히려 이를 통제하려고 할 경우에 법치주의의 기본 원칙에 위험을 초래할 수 있음을 경고하기도 하였다. 그의 행정사상과 관련하여 그가 제시한 관료제모형, 합리성과 이상적 관료제, 가치중립적인 사회과학의 구축, 마르크스 적 시각과 베버의 사회학적인 접근, 그리고 베버의 관료제에 대한 여러 비판 등에 대해 이 장에서 살펴보게 될 것이다.

제8장에서는 미국의 행정사상가인 알렉산더 해밀턴의 삶을 살펴보고 그런 다음 행정과 관련되어지는 그의 사상과 철학에 대해 살펴 볼 것이다.

우선 해밀턴은 강력한 연방 중심의 행정국가로의 지향을 강조하였다. 그리고 행정 관료에게 넓은 재량과 권한을 부여한다는 주장을 하였고, 산업국가로의 사회 발전을 예측하였으며, 철저하게 국익위주의 국제관을 피력하고 실천하였던 점을 살펴보고, 행정학자 리처드 스틸만이 본 해밀턴의 행정사상에 대해 살펴볼 것이다.

해밀턴의 행정사상을 평가하자면 강력한 행정기구를 갖는 강한 정부를 이루어 내는 것이고 행정의 주 임무를 공적으로 규정되어 설정된 목적들을 효과적으로 수행하는 것으로 보았으며 국민을 위해 좋은 일을 활력적으로 해 나가는 정부 상을 선호하였던 것이다. 이러한 내용에 대해 이 장에서 살펴보게 될 것이다.

제9장에서는 미국의 행정사상가인 토머스 제퍼슨의 삶을 살펴보고 그런 다음 행정과 관련되어지는 그의 사상과 철학에 대해 살펴 볼 것이다.

우선 지방분권적 민주국가를 지향하고, 국민 아래 봉사하는 제한된 정부를 지지하였던 제퍼슨의 행정사상을 살펴보고, 이어서 리처드 스틸만이 본 제퍼슨의 행정사상을 살펴볼 것이다.

그리고 제퍼슨은 국민들이 직접 정치나 행정과정에 참여해야 한다고 보았고 행정목적은 영역제한인데 이것은 행정이 입법, 사법에 관여해서는 안 되며, 각 행정부서간의 영역도 구별되어야 한다고 주장을 하였다. 또한 행정재량권의 정도는 기능적 전문성으로 엄격히 제한하며 단지 직무와 관련된 기능에 대해서만 좁게 인정을 하여야 하며 중앙집권 및 분권의 정도에 있어서는 권력남용을 배제하기 위해 권위의 분권화를 가능하면 극대화시켜야 한다고 주장을 하였다. 이러한 내용에 대해 이 장에서 살펴보게 될 것이다.

제10장에서는 미국의 행정사상가인 제임스 매디슨의 삶을 살펴보고 그런 다음 행정과 관련되어지는 그의 사상과 철학에 대해 살펴 볼 것이다.

우선 매디슨은 미국정치 분석에 있어 도당(徒黨)을 중시하였으며, 행정 권력의 집중화를 우려한 점을 살펴보고, 리처드 스틸만이 본 매디슨의 행정사상을 살펴볼 것이다.

그리고 매디슨의 행정사상을 평가하자면 행정의 목적은 집단대표성을 통해 사회균형을 모색하여 육성하는 것으로 보았고, 나름대로 대표성을 띄고 있는 각 이익집단, 다원적 집단들이 자신들이 가지고 있는 대표성을 중심으로 서로 간에 합동하고 양도하고 타협하는 것 등을 통해 행정과정의 균형을 이루어 나간다고 생각하였는데 이러한 내용에 대해 이 장에서 살펴보게 될 것이다.

제11장에서는 엽관주의의 원조로 여겨지는 앤드루 잭슨의 삶을 살펴보고 그런 다음 행정과 관련되어지는 그의 사상과 철학에 대해 살펴 볼 것이다.

우선 잭슨이 제시하고 실천해 나간 잭슨 식 민주주의와 이것으로 인해 나타나게 된 엽관제에 대해 살펴보고 엽관제를 가장 많이 실시했던 에이브러햄 링컨에 대해 살펴볼 것이다. 그리고 엽관제가 가지고 온 엽관제의 역기능과 이것을 시정코자 한 팬들턴 법의 제정에 대해 살펴보고 건국 초에는 실적제가 없었는가 하는 것과 만약 있었다면 어떠했으며 왜 이것이 사라졌는가 하는 점에 대해 살펴보고 잭슨 식 민주주의가 남긴 족적에 대해 살펴볼 것이다.

그리고 잭슨의 행정사상을 평가하자면 잭슨은 민주화를 위해 인사교체제도를 창시했으나 그 제도의 결과를 예측하지 못했다는 한계를 노정 시키고 말았으나 이러한 오점에도 불구하고 잭슨 식 민주주의는 미국 정치, 행정의 역사적 흐름에 있어 커다란 족적을 남겼던 점 등을 중심으로 하고 있는 내용에 대해 이 장에서 살펴보게 될 것이다.

제12장에서는 미국 행정학의 아버지인 우드로 윌슨의 삶을 살펴보고 그런 다음 행정과 관련되어지는 그의 사상과 철학에 대해 살펴 볼 것이다.

아직 학문적으로 체계를 잡지 못한 초기의 미국행정의 흐름을 독자적으로 사상적이고 이론적인 기초 위에 집대성을 한 사람이 바로 윌슨인데 그가 생각한 행정발전의 단계를 살펴보고, 그가 천명한 정치행정이원론과 비교분석 적 관점에 입각한 토착화를 살펴보고 윌슨의 정치행정이원론 주장에 대한 이견들을 살펴볼 것이다.

윌슨은 행정을 구체적이고 제도적인 집행 다른 말로 하자면 효과적이고 능률적인 집행으로 보았으며, 행정의 분야를 경영의 분야로 보고 정치와 행정의 이원론을 주장하였다. 그러나 행정의 명확한 범위를 정하지는 못하고 단지 행정을 정치나 법의 수단적인 관리도구라고 생각을 했기 때문에 리그스나 스틸만은 모두 윌슨이 정치문제로부터 행정의 문제를 분리시키는데 있어 분리의 기준을 구체화하지 않았다는 점을 지적하고 있는 것이다. 이에 착안하여 나름대로 분리의 기준을 제시하려고 한 사람이 바로 프랭크 굳노우이다. 이러한 내용에 대해 이 장에서 살펴보게 될 것이다.

제13장에서는 윌슨의 후예들로써 프랭크 굳노우, 레오나르도 화이트 그리고 윌리엄 윌로우비를 들고 그들의 삶을 살펴보고 그런 다음 행정과 관련되어지는 그들의 사상과 철학에 대해 살펴볼 것이다.

우선 굳노우는 행정에 대한 지나친 정당정치의 개입이 정책의 능률적 집행을 저해한다고 생각을 했다. 따라서 행정이 정치다툼에서 오염되지 않도록 분리돼야 할 뿐만 아니라 정책결정 과정으로부터도 분리돼야 한다는 정치행정이원론을 체계화했다. 이러한 그의 주장은 시정개혁운동의 방향을 설정하고 모색하는 데도 큰 도움이 됐다. 이러한 내용에 대해 이 장에서 살펴보게 될 것이다.

다음 미국 최초의 행정학 교과서인 『행정학입문』을 집필한 화이트는 행정을 하나의 과학적 학문으로서 그리고 또 다른 의미의 예술적 학문으로서 승화를 시키고자 노력을 하였다. 그의 정치, 행정 사상에 있어 철학적 지향은 고전 해밀턴주의에 가까웠다고 말 할 수 있을 것이다. 화이트로서는 당연히 활력이 있는 정부가 좋은 행정부라고 생각하였으며 입법부보다 행정부, 특히 행정수반에게 보다 많은 권한이 부여되어야 한다고 주장하였다. 이러한 내용에 대해 이 장에서 살펴보게 될 것이다.

그리고 윌로우비는 화이트와는 달리 입법이 주가 되는 행정을 강조했는데 이러한 접근은 제퍼슨의 시각과 상통하는 일면이 있다고 볼 수 있다. 이러한 내용에 대해 이 장에서 살펴보게 될 것이다.

제14장에서는 과학적 관리와 인간관계의 원조로 일컬어지는 프레더릭 테일러와 엘톤 메이요를 들고 그들의 삶을 살펴보고 그런 다음 행정과 관련되어지는 그들의 사상과 철학에 대해 살펴볼 것이다.

우선 테일러가 주창한 과학적 관리법의 내용, 그리고 테일러의 과학적 관리법에 대한 비판에 대해 이 장에서 살펴보게 될 것이다.

그리고 메이요가 주창한 인간관계론의 내용과 다니엘 벨, 드와이트 왈도, 라인하드 벤딕스나 로이드 피셔 등이 제시한 인간관계론에 대한 비판의 내용을 이 장에서 살펴보게 될 것이다.

제15장에서는 행정학 정통이론 또는 고전 행정이론의 원조로 일컬어지는 루더 규릭의 삶을 살펴보고 그런 다음 행정과 관련되어지는 그의 사상과 철학에 대해 살펴볼 것이다.

우선 규릭은 원리적 접근법을 창안하고, 행정의 내용을 POSDCORB로 이해하여 미국행정학 정통이론의 대두에 중요한 역할을 수행하였다. 행정의 원리에 입각하여 규릭이 제시하는 세 가지 기본적인 조정원칙을 살펴보자면, 첫째 명령의 통일, 둘째 참모조직의 필요성, 셋째 통솔의 범위이다. 참모조직의 필요성은 전문화의 원리와 부서편성의 원리와 관련을 갖는다. 이러한 내용에 대해 이 장에서 살펴보게 될 것이다.

제16장에서는 행정국가를 일구어낸 대통령인 프랭클린 루스벨트의 삶을 살펴보고 그런 다음 행정과 관련되어지는 그의 사상과 철학에 대해 살펴볼 것이다.

우선 루스벨트는 위헌시비에 까지 휘말리면서도 자신의 소신을 굽히지 않았으며 그의 이러한 탁월한 리더십은 공황극복에 커다란 활력소를 제공해 줄 수 있었던 것이다. 경제공황 극복과 세계대전에서의 승리를 가져 오기 위한 그의 정책적인 노력은 시장에 대한 정부개입을 자연스럽게 받아들이도록 하는 시민적 정서를 낳았을 뿐만 아니라 전쟁 수행을 위한 정부의 역할 증대를 가져오게 만들었다.

이로 인해 정부의 비대화 현상이 나타났고 특히 입법부나 사법부보다 행정부의 권력과 영향력이 보다 더 증대되었으며 이러한 현상은 자연스럽게 행정수반인 대통령의 권한이 강화되는 변화가 나타나게 되었던 것이다. 실제적으로도 경제공황을 극복하는 과정과 세계대전을 치르면서 행정부의 조직이나 기관수가 말로 형용하기 어렵게 크게 증대되었으며 이에 따라 관료들의 수도 많이 늘어나게 되었으며 그로 인해 행정부의 규모는 더욱 커지게 되었다.

어쨌든 이러한 현상은 제퍼슨이나 매디슨 등과 같은 건국의 아버지들은 인정하고 싶지 않겠지만 유럽의 관방학자인 로렌츠 폰 슈타인이 최초로 언급을 하였던 행정국가가 완전히 정치적, 문화적으로 토양이 전혀 다른 미국에서 자리를 잡기 시작한 것이다. 이러한 내용에 대해 이 장에서 살펴보게 될 것이다.

제17장에서는 정통파 행정이론의 비판과 행정국가에 대해 가치규범 적 관점에서 논의를 전개해 나간 드와이트 왈도의 삶을 살펴

보고 그런 다음 행정과 관련되어지는 그의 사상과 철학에 대해 살펴볼 것이다.

우선 왈도가 제시한 행정의 시원(始原)에 대해 언급을 하고 행정에 있어서 가치와 사실과의 관계에 대해 살펴볼 것이다. 그리고 전통적 고전이론들과 민주성과 능률성의 관계에 대해 살펴보고 그가 행정학의 새로운 지평으로 시사 한 행정학과 예술과의 학문적 접목을 살펴 볼 것이다.

더불어 왈도가 가치 규범적 접근을 지향하기 때문에 자연과학적 방법론을 전적으로 부정한다는 사실은 잘못된 이해라는 점에 대해 살펴보고자 한다. 또한 이와 연관하여 인간은 자연 질서 안에서 존재하고 일련의 행정문제가 자연과학적 방법에 의하여 접근될 수 있다는 것은 대부분 인정하여야 하지만 종국적으로 행정이라는 문제는 가치와 깊게 연결될 수밖에 없다는 점을 인정해야 한다는 그의 주장에 대해서도 살펴 볼 것이다.

특히 앞서 언급했듯이 왈도는 문학과 예술을 새롭게 학문적으로 개척해 나가야 할 새로운 행정학의 신 지평으로 받아들여야 한다고 주장을 하였다. 그리고 예술이나 문학이 행정문제에 새로운 발상의 전환을 통해 문제해결의 처방전을 제시해 줌으로써 행정에 기여할 수 있다고 주장을 하였다. 이러한 내용에 대해서도 이 장에서 살펴보게 될 것이다.

제18장에서는 정통파 행정이론을 비판하고 행정행태 적 연구를 주장하는 허버트 사이몬의 삶을 살펴보고 그런 다음 행정과 관련되어지는 그의 사상과 철학에 대해 살펴볼 것이다.

우선 사이몬은 조직의 의사결정에 대해 강조를 하였다. 사이몬은 앞선 조직론 자들이 제시했던 것과는 완전히 상반되고 차별화

된 다른 접근법을 제시하고 있는 것이다. 즉 그는 행정이론에 있어서 행위과정 못지않게 의사결정과정에 관심을 기울여야 함을 강조한 것이다. 그리고 그는 행정의 과학화를 주장하였고, 이러한 맥락에서 논리실증주의에 입각한 행정학을 정립하고 이와 상반된 고전 정통이론을 비판하였다. 그리고 더 나아가 제한된 합리성과 만족모형을 주장하였다. 이러한 내용들에 대해서 이 장에서 살펴보게 될 것이다.

제19장에서는 정의이론의 원조로 일컬어지는 존 롤스의 삶을 살펴보고 그런 다음 행정과 관련되어지는 그의 사상과 철학에 대해 살펴볼 것이다.

우선 롤스가 제시하고 있는 정의관에 대해 살펴 볼 것이다. 그가 제시한 정의의 두 원칙은 다음의 두 가지 명제로 구성되어 있다. 첫째, 모든 사람은 다른 사람의 자유와 상충되지 않는 한도 내에서 가장 광범한 자유를 누릴 동등한 권리를 가져야 한다는 것이다. 여기에서 특기할 점은 아무리 경제적, 사회적 이익이 크다 해도 인간에게 주어진 권리를 파기하진 못한다는 점이다.

둘째, 사회적, 경제적 불평등은 다음의 두 가지 조건들을 충족시킬 때에만 비로소 공정하다는 것이다. 하나는 불평등으로 인해 생겨난 이득은 이득을 가장 적게 얻은 최소 수혜자에게 유리하도록 쓰여야 한다는 것이고, 다른 하나는 불평등의 근원이 되는 직위와 직무는 모든 사람들에게 균등하게 개방되어 있어야 한다는 것이다.

다음으로 그가 제시하는 정의관에서 본 신행정학에 대해 살펴볼 것이다. 그의 사회형평을 기저로 하는 정의관의 분석시각에서 신행정학을 조망코자 하는 것인데 이를 위해 롤스의 정의관과 신행정학의 태동배경과 신 패러다임으로써의 유사점에 대해 살펴본 후 구체적으로 두 이론 간의 연계성을 고찰토록 할 것이다.

다음 행정학의 발전에 새로운 정신을 불어넣어 주는 청량제로서 롤스의 정의론에서 내건 사회형평론은 신행정학의 기본철학과 어우러져 현재 행정체계에서 난제로 여겨지는 인권유린, 일명 양극화로 표현되는 분배 불평등 등의 문제들을 해결해 낼 수 있는 잠정적인 처방전 또는 만능 약으로서의 역할 등에 쓰이고 있는데 이에 대해 이 장에서 살펴보게 될 것이다.

그리고 이 책을 집필하는데 있어 저자의 전작인 『행정의 역사와 이론』,[2] 『행정기획의 역사와 이론』,[3] 『기획의 역사』,[4] 그리고 『행정철학의 이해』[5] 등에 쏟아진 연구의 결과들이 많은 도움이 되었다. 이러한 선행적인 연구결과들이 없었다면 이번의 저서집필은 힘들었을 것으로 사료가 된다.

나름대로 행정철학과 사상 그리고 이론분야에서 대표성이 있는 인물을 선정하여 그들이 가지고 있는 생각과 학문적 위업들을 제시해 보고자 하였으나 뜻한 대로 이루어지지 못한 것 같아 아쉬움이 크다. 그러나 우리나라 속담에 "첫술에 배부르지 않다."는 말이 있듯이 이러한 뜻을 이루는데 있어 첫걸음을 옮긴 것이라 스스로 위로하면서 집필을 마무리하려 한다. 아무쪼록 새로운 의욕으로 나름대로 노력한 결과라는 점을 이해하고 이번 기회에 이루어지지 못한 부족한 점들은 차후에 다시 수정, 보완하고자 하니 학계의 여러 선, 후학 그리고 동료들의 기탄없는 충고와 가르침을 기대하는 바이다.

이 책을 출간하는데 많은 도움을 주신 분들에게 따뜻한 감사의

---

2) 이병철, 『행정의 역사와 이론』 (부산 : 도서출판 금정, 2003).
3) 이병철, 『행정기획의 역사와 이론』 (울산 : 울산대학교 출판부, 2006).
4) 이병철, 『기획의 역사』 (울산 : 울산대학교 출판부, 2011).
5) 이병철, 『행정 철학의 이해』 (울산 : 울산대학교 출판부, 2013).

정을 전하고 싶다. 무엇보다 먼저 학문적 우인들에게 감사의 뜻을 전하고 싶다. 그리고 저자로 하여금 책을 출간할 수 있도록 도와준 울산대학교 학교당국에 대해서도 감사를 드린다. 그리고 좋은 책을 만들기 위해 여러모로 노력을 아끼지 않으신 울산대학교 출판부 직원 여러분들과 보이지 않는 곳에서 관심을 가지고 보살펴 주시고 염려를 해 주신 많은 분들에게 진심어린 감사의 뜻을 드리고 싶다.

2015년 12월
울산대학교 문수캠퍼스 연구실에서
이병철

차 례

5_유럽의 행정사상가들 : 유스티와 베르그 그리고 로렌츠 폰 슈타인 / 129

6_유럽의 행정사상가 : 나폴레옹 보나파르트 / 141

7_유럽의 행정사상가 : 막스 베버 / 157

8_미국의 행정사상가 : 알렉산더 해밀턴 / 173

9_미국의 행정사상가 : 토머스 제퍼슨 / 185

10_미국의 행정사상가들 : 제임스 매디슨 / 197

16_행정국가를 일구어낸 대통령 : 프랭클린 루스벨트 / 289

17_정통파 행정이론의 비판과 행정국가 : 드와이트 왈도 / 303

18_정통파 행정이론의 비판과 행정행태 : 허버트 사이몬 / 323

19_정의이론의 원조 : 존 롤스 / 341

1/

고대 그리스 시대의 행정사상가들 : 히포다무스, 플라톤 그리고 아리스토텔레스

1. 히포다무스(Hippodamus)

1.1 삶의 발자취

히포다무스는 기원전 498년 고대 그리스의 아나톨리아 서부 해안에 자리 잡고 있던 이오니아의 밀레토스(Miletos)라는 도시에서 태어났고 이곳에서 살았다고 전해진다. 그가 활동하던 당시 밀레토스는 바다를 접하고 있는 항구도시였으나, 인근을 흐르는 멘데레스 강 유역의 지각 활동의 영향으로 인해 현재는 내륙 지방으로 바뀌어 있다 한다. 그가 활동하던 시절의 밀레토스는 고대 그리스인들에게 정복이 되어 식민지가 된 뒤 인근의 이집트 등과 활발한 교역 등을 통해 상공업이 융성하여 이오니아 지방의 가장 큰 상공업과 문화가 융성하는 도시로 발전되어졌다.[1)]

또한 이 도시는 당시 철학의 중심지로도 유명하였다. 이러한 사실을 뒷받침이나 하듯 고대 그리스의 철학자 아리스토텔레스(Aristotle)가 최초의 유물론 학파인 밀레토스 학파의 시조로 널리 알려진 철학자이며 수학자였던 탈레스(Thales)[2)]를 '철학의 아버지'라고 칭했다 하는데, 바로 이곳이 탈레스가 태어난 고향이기도 하다.

그러나 이러한 도시의 정신적 그리고 물질적인 융성도 한계에 부닥치게 되는데 페르시아(Persia)와의 전쟁으로 인해 몰락하였기 때문이다. 전쟁에서 패한 뒤 한때 놀랄 만큼 융성했던 도시가 잿더미로 변한 폐허가 되었던 것이다. 그러나 불행 중 다행으로 이 도시는 히포다무스에 의해 다시 재건이 되었다. 현재 가장 눈에 띄는 대형 건축물로는 일만 오천 여명을 수용할 수 있는 원형극장과 세계 최대 규모였다는 공중목욕탕이 있는데 이는 지금까지 잘 보전이 되어있다.[3)] 히포다무스는 당대

---

1) 이병철, 「기획의 역사」(울산 : 울산대학교 출판부, 2011), 49쪽. ; https://en.wikipedia.org/wiki/Hippodamus_of_Miletus

2) 고대 그리스 철학자인 탈레스는 기원전 624년에 출생을 했고 기원전 545년에 사망을 하였다. 탈레스는 세계를 구성하는 물질의 근원은 물(水)이라고 보았다. 이러한 그의 주장은 자연과 그 다양성을 자연 그 자체로부터 설명하고자 한 유물론의 입장으로 이해할 수 있다. http://terms.naver.com/entry.nhn?docId=389648&cid=41978&categoryId=41985

3) 여홍구, 「도시와 인간」(파주 : 나남출판, 2005). ; Leonardo Benevolo, 「세계도시사」(서울 : 세진, 2003). ; 아이다 다케후미. 「도시디자인의 계보」(서울 : 발언, 1993). ; http://www.happycampus.com/doc/8660648

어느 누구와 비교를 해보아도 손색이 없는 고대 그리스의 최대 건축가로 그리고 도시기획가로 명성을 남기고 기원전 408년에 영면하였다.4)

1.2 히포다무스와 행정

고대 그리스 철학자인 아리스토텔레스가 전하는 말에 따르자면, 그는 도시기획에 있어서 타의 추종을 불허하는 선구자이고 개척자였던 모양이다. 그는 일만 여명의 자유 남성시민을 위시해 여성 시민, 어린아이들 그리고 노예들까지 합쳐 오만 여명이 거주할 수 있는 이상적인 도시를 설계하였을 뿐만 아니라, 도시의 여러 가지 기능적 문제들에 대해서도 깊은 연구를 하였다. 그리고 이에 그치지 않고 한 걸음 더 나아가 이러한 문제들을 국가 행정체계와 연결 지어 진단하고 해결을 하려는 노력도 아끼지 않았다.5)

1) 히포다무스 식 격자형 도시모형

건축학으로 체계적인 수련을 받은 히포다무스는 도시의 물리적 기획에 대한 이론을 개발해 내었다. 그는 당시 도시기획의 모범으로 여겨졌던 메소포타미아의 수메르(Sumer) 지역과 이집트(Egypt) 지역에 소재한 여러 도시들을 직접 방문을 하여 면밀하게 관찰을 하였다. 그런 후, 도시공간의 기하학적인 배

4) https://en.wikipedia.org/wiki/Hippodamus_of_Miletus
5) 이병철, 「기획의 역사」, 49쪽.

분을 위해 바둑판식의 격자형(格子型 : gridiron) 도로체계가 필요하다는 것을 인지하고 이를 도시기획의 새로운 대안으로 제안하였다.[6]

일명 히포다무스 식 격자형 도시모형(Hippodamian gridded city model)으로 불리어지는 이것은 당시 세인들의 공감을 얻어 널리 확산이 되었다. 그리고 이에 힘입어 고대 그리스와 고대 로마 시대에 있어 대부분의 신도시 계획에 이와 같은 도로형식을 따르게 하여 도시기획의 표준적 모델이 되었다.[7] 이러한 격자형 모형이 최초로 적용이 된 것은 기원전 5세기 중반으로, 그리스 아티카(Attica) 주에 소재한 도시로, 아테네 도시 지역의 일부를 구성했던 항구도시 피레아스(Peiraeus)이었다.[8]

2) 민주적 도시 주거 공간 배치 : 접근성과 사생활 배려

히포다무스는 시민들의 공공서비스에 대한 접근성을 높이기 위해 시민들이 거주하는 주거공간을 공공건물이나 공공영역이 머무는 공간에 가깝도록 근접하여 배치하도록 설계를 하였다. 이로 인해 시민들은 보다 쉽고 편하게 공공서비스를 받을 수 있게 되었다.

---

6) 이병철, 「기획의 역사」, 49쪽.
7) http://en.wikipedia.org/wiki/Peiraeus ; 이병철, 「앞의 책」, 49-50쪽.
8) 피레아스는 기원전 5세기경에 아테네의 항구 역할을 맡으면서 크게 발전하였으며, 아테네의 모든 수입과 통관이 집중되는 전형적인 항구로 커졌다 한다. 그러나 고대 그리스의 피레아스 항구는 기원후 4세기 이후부터 점차 쇠퇴하였다 한다. https://ko.wikipedia.org/wiki/%ED%94%BC%EB%A0%88%EC%95%84%EC%8A%A4 ; http://en.wikipedia.org/wiki/Peiraeus ; 이병철, 「앞의 책」, 49-50쪽.

이에 그치지 않고 그는 주거지역에 들어서는 주택들의 배치에도 세심한 배려를 하였다. 그는 개인의 은밀하고 내밀한 사생활이 노출되지 않고 보장이 될 수 있도록 주택들을 배열시켰다. 이와 같이 그가 심사숙고하여 설계한 주거공간의 배열 하나 하나에도 시민들의 삶을 존중하는 고대 그리스의 민주주의 정신이 배어있음을 엿볼 수 있게 한다.[9]

3) 격자형 도로체계와 아고라

히포다무스는 바둑판식의 직사각형 도로의 교차되는 중앙을 활용하는 아이디어까지 내 놓았다. 그는 아고라(agora)라고 이름 붙여진 직사각형 도로의 교차되는 중앙을 시장이요 시민의 사교장이며 직접 민주주의를 위한 정치적인 집회장소로 활용되는 다목적 공간으로 만들어 이것을 도시기획의 중요한 한 요소로 개념화 시켰다.

물론 도시의 핵심적인 중심 역할을 하는 다목적 공간이기에 도시 내외를 연결하는 도로나 또는 도시내부를 관통하는 중요 간선도로가 이곳으로 연결되도록 설계를 하였으며, 이로 인해 아고라를 중심으로 여러 갈래의 방사상의 도로가 뻗쳐나가는 도시기획의 원형을 만들어 냈던 것이다.[10] 일상적으로 고대 도시의 아고라의 위치는 시민이 자주 모이는 도시의 중심가에 두어 시민들 간의 상품 거래나 물물교역 등 도시 생활을 편리하

9) 이병철, 「행정기획의 역사와 이론」(울산 : 울산대학교 출판부, 2006), 163쪽. ; 이병철, 「기획의 역사」, 50쪽.
10) 이병철, 「기획의 역사」, 50쪽.

게 할 수 있도록 배려를 하였다.[11)]

그리고 이러한 이유에서 아고라는 도시로 진입하는 주된 입구와 도시 내에서 가장 높은 지대에 위치한 아크로폴리스(acropolis)의 입구 사이에 위치하고 있었으며, 시가지는 아고라 주위에 방사선 상으로 뻗어 나가는 도로를 끼고 동심원 상으로 위치하여 마치 물에 파문이 일어나는 모양새와 유사하게 시간이 흐름에 따라 점차적으로 중심에서 외곽으로 발전되어 나갔다.[12)]

4) 도시의 정신적 지주로서의 아크로폴리스

고대 도시에서 아고라 못지않게 중요한 것이 아크로폴리스인데 이것의 위치는 그리스어인 아크로(acro)가 높다는 뜻을 의미하는데서 유추 할 수 있듯이, 도시 지형 중에서 고도 상 가장 높은 곳이 선택이 되었다. 높이 솟은 언덕 위에 자신들의 수호신을 모신 아크로폴리스를 형성하여 신성한 지역, 즉 성역으로 만들었다.[13)]

이 당시 고대 그리스인들은 자신의 정체성과 도시 활동의 구심점을 종교에 두고 있었기 때문에 자신들이 가장 성스럽다고 생각하는 곳에 아크로폴리스를 형성하고 성역화 된 이곳에 자신들을 지켜주는 신이 존재한다고 생각을 했다. 따라서 신이 자신들을 지켜주는 이 도시를 떠나거나 또는 버려서는 안 된다

---

11) R. E. Wycherley, *How the Greeks Built Cities* (New York : Doubleday, Inc., 1969), p.35. ; R. E. Wycherley, *How the Greeks Built Cities : The Relationships of Architecture and Town Planning to Everyday Life in Ancient Greece*, 2nd edition (New York : W. W. Norton & Company, 1976).
12) 이병철, 「앞의 책」, 50쪽.
13) 이병철, 「앞의 책」, 50-51쪽.

는 깊은 신앙적 믿음을 가지고 있었던 것이다.[14)]

고대 그리스의 대표적인 중심 국가 중 하나였던 아테네(Athens)의 경우도 이러한 믿음에서 예외가 아니었다. 도시의 높은 언덕에 아크로폴리스를 형성시키고 이곳에 전쟁의 신인 아테나(Athena) 여신을 모신 도리스 양식의 파르테논(Parthenon) 신전[15)]을 세웠다. 이 신전의 건축은 기원전 5세기 중엽 아테네의 모든 시민에게 공직을 개방하는 것을 골자로 하는 민주제를 지지했던 페리클레스(Pericles)가 주도를 하였다. 그는 당대의 이름난 건축가 피디아스(Fidias)에게 이 신전을 짓게 만들었다.[16)]

아테네의 민주주의 상징이며 수호신과 같은 역할을 했던 파르테논 신전은 아크로폴리스의 중심에서 아테네라는 도시 국가 즉 폴리스(polis)를 굽어 내려 살피는 형상을 함으로써 아테네의 중심으로서의 역할을 톡톡히 해냈을 뿐만 아니라 아테네인들의 믿음의 중심으로 인지되었다. 그리고 파르테논 신전의 북쪽에 위치하고 있는 이오니아식 신전인 에레크테이온(Erechtheion) 신전 역시 아크로폴리스의 중앙을 차지하면서 성역 중 성역으로 자리매김을 하였다.[17)]

또한 아크로폴리스 인근에 자리 잡고 있는 프닉스(pnyx) 언

---

14) 이병철, 「앞의 책」, 50-51쪽.

15) 그리스 아테네의 아크로폴리스에 있는 신전으로 기원전 479년에 페르시아인이 파괴한 옛 신전 자리에 아테네인이 아테네의 수호여신 아테나에게 바친 것으로서, 도리스식 신전의 극치를 나타내는 걸작이다. 기원전 447년에 기공하여, 기원전 438년에 완성하였다. http://100.naver.com/100.nhn?docid=157081

16) 건축물인 제우스 신상과 파르테논 신전의 아테나 여신상의 총지휘를 맡은 이가 바로 피디아스이다. ; 이병철, 「앞의 책」, 51쪽.

17) 이병철, 「앞의 책」, 52쪽.

덕에서는 정치적 집회였던 민회가 열렸던 장소가 위치하고 있다. 이곳은 민주주의의 상징인 민회가 열리는 곳으로 이 당시 민회는 입법부, 사법부, 행정부의 역할을 하는 것이었다. 이러한 제반 위치를 고려 해 볼 때, 고대 그리스의 도시기획가들은 아크로폴리스의 중심적 위치 그리고 그 곳에 위치한 상징적 신전들이 아테네를 대표하는 곳이며 아테네인들의 심적 구심점으로 작용하도록 하였던 것이다.[18)]

5) 도시 중심으로의 아고라

고대 그리스의 도시기획가들은 이에 그치지 않고 이것을 중심으로 해서 구릉의 기슭에 도시의 시민들이 삶을 영위해 가는 시가지를 형성시켰다. 물론 이 시가지의 중심에 아고라를 위치시키고 있음은 두말을 할 필요가 없다. 어원적 의미로 사람들이 모인다는 뜻을 가진 아고라는 토론의 장으로 도심의 광장을 의미하였으나 어원을 좀 더 거슬러 올라가보면 원래 시장의 의미를 가진 것이었다 한다.[19)]

고대 아테네에 존재했던 아고라의 공간적 배치를 이해의 편의를 위해 입체화하여 설명을 해보면, 광장을 중심으로 하여 이 광장을 둘러싸고 중앙 주랑, 아탈로스 주랑(Stoa of Attalos),[20)]

18) 이병철, 「앞의 책」, 52쪽.
19) 이병철, 「앞의 책」, 52-53쪽.
20) 아탈로스 주랑(Stoa of Attalos)은 아크로폴리스 북쪽에 있는 고대 아고라(아테네 아고라)의 동쪽 끝에 있다. 2층 건물로 고대 그리스 유적 가운데 유일하게 거의 완벽하게 복원된 건축물이라고 한다. 아탈로스 주랑은 길이가 120m, 너비가 20m에 이르는 건축물이다. 바깥쪽 기둥은 단순하고 남성미가 넘치는 도리아식이고 안쪽 기둥은 부드러운 이오니아식이다. http://kin.naver.com

시민 법정, 만남의 장소, 그리고 500인단 회의소가 위치하고 있었으며 광장 안에는 마음껏 자신의 민의를 표출할 수 있는 자유 연설대가 위치하였다. 이 아고라는 앞서 언급했듯이 정치적 집회장소로도 활용이 되었지만 시장과 같이 상업적인 용도의 모임이 이루어지는 장소이기도 했던 것이다.[21]

한마디로 시민의 생활 무대가 되는 다목적 용도로 사용을 할 수 있도록 설계가 됨으로 해서 공공건물을 위시해 시장, 그리고 극장 등이 시민의 광장인 이곳을 중심으로 구성되도록 한 것이다.[22] 기원전 6세기경에 건설 된 고대 그리스에서 가장 오래된 극장으로 알려진 디오니소스 극장(Theater of Dionysos)도 이곳에 위치하고 있었다 한다. 건설 될 당시 약 만 칠천 명 정도의 관객을 수용할 수 있는 규모였다고 하니 지금의 기준으로 본다고 하여도 큰 극장이었음에 틀림이 없다.[23]

이러한 아고라 설치의 정당성과 도시 내의 위치 그리고 이의 내용구성 모두가 바로 도시 설계자이자 기획가였던 히포다무스의 격자형 도시모형과 그의 아이디어에 기초를 하고 있다는 점을 잊어서는 안 될 것이다.

/open100/

21) A. W. Lawrence, *Greek Architecture*, Fifth Edition (New Haven, Connecticut : The Yale University Press, 1996).

22) R. E. Wycherley, *How the Greeks Built Cities : The Relationships of Architecture and Town Planning to Everyday Life in Ancient Greece*, 2nd edition (New York : W. W. Norton & Company, 1976).

23) 이병철, 「앞의 책」, 53쪽.

6) 도시 건축규제

히포다무스는 공공장소에 대한 사적 침해를 막고 토지의 효율적인 활용을 위해 건축규제도 이루어지도록 했다고 하는데 이러한 사실을 지금의 도시기획 규제와 견주어 볼 때 놀라운 일이 아닐 수 없다. 이러한 그의 도시기획에 대한 철학과 이러한 정신이 깃든 설계는 고대 그리스뿐만 아니라 해외로도 수출이 되어 많은 외국 도시기획의 전형이 되기도 하였다.[24)]

그리스의 식민도시, 예를 들면 지금의 터키에 위치한 아나톨리아 서부 해안에 있던 고대 그리스 이오니아의 도시였던 밀레토스(Miletus)나 고대 그리스의 주택정원으로 유명했던 밀레토스 인근에 자리 잡고 있던 고대 도시 프리에네(Priene), 그리고 지금의 이탈리아에 위치한 튜리(Thurii) 등에도 폭 넓게 파급이 되었던 것이다.[25)]

7) 도시기획의 물리적 한계

히포다무스는 도시기획의 물리적 한계에 대해서도 깊은 혜안을 가지고 있었다. 기원전 400년에 이미 아테네는 시민인구 4만 명에다가 10만 여명에 이르는 노예와 각국의 외국인으로 넘쳐나는 세계에서 가장 큰 도시가 되어 있었다. 그는 그리스

---

24) 이병철, 「행정기획의 역사와 이론」, 163-164쪽. ; 그리스의 도시기획가들은 자신들의 건물이나 도로 그리고 숲과 나무들을 배열하고 정렬하는데도 획일적인 단일 모형을 채택하였다. 이런 맥락에서 볼 때 그리스의 도시기획은 정해진 마스터플랜에 따라 엄격하게 설계되고 적용이 된 것으로 볼 수 있다. Constantinos A. Doxiadis, *Architectural Space in Ancient Greece* (Cambridge, Massachusetts : The MIT Press, 1977). ; 이병철, 「기획의 역사」, 53-54쪽.

25) 이병철, 「행정기획의 역사와 이론」, 163-164쪽. ; 이병철, 「기획의 역사」, 53-54쪽.

에서 가장 발달된 대표적인 도시국가이며 나아가 그리스 문화를 대변하는 중심지로써 아테네는 최소한 이 정도의 크기와 위용을 갖추어야 한다고 생각을 하였지만, 다른 한편으로는 아테네 이외의 다른 기타의 도시들은 적정규모가 1만 명 정도 선을 유지하는 것이 이상적이라고 생각하였다.[26]

그가 이런 생각을 한 것은 도시가 가지고 있는 물리적 한계를 고려한 것으로 도시에 거주하는 자들이 소비할 식량과 물의 물리적인 공급한계를 염두에 두었기 때문이다. 이것이 고대 그리스나 로마뿐만 아니라 21세기 현재에 이르기까지 도시기획을 할 때 물리적 성장의 한계로 도시의 규모를 결정할 때 반드시 고려해야 하는 핵심적 요인으로 자리를 잡게 만든 대표적인 사례가 되는 것이다.[27]

히포다무스가 이룩한 도시기획의 전형들은 앞에서 살펴 본 것처럼 고대 그리스와 고대 로마 그리고 현재까지 중요한 도시기획의 본보기로 인식이 되고 활용이 되고 있는 것이다. 그런 의미에서 현재의 도시기획과 관련된 행정이나 규제 등에 있어 그의 혼과 철학은 지속적으로 영향력을 발휘하고 있다 해도 과언이 아닐 것으로 사료가 된다.

---

26) 이병철, 「기획의 역사」, 54쪽.
27) 이병철, 「행정기획의 역사와 이론」, 164쪽. ; 이병철, 「기획의 역사」, 54쪽.

2. 플라톤(Plato)

2.1 삶의 발자취

고대 그리스의 대표적 철학자 중 하나인 플라톤의 출생연도에 대해서는 언제 태어났는지 정확하고 확실한 역사적 기록을 찾기는 어려운 듯싶다. 일반적으로 기원전 428년 혹은 427년 또는 424년이나 423년으로 보고 있는 것 같으나 확실하지는 않은 것 같다. 그의 사망 시기 역시 기원전 348년 혹은 347년으로 명확하지는 않다.

플라톤은 고대 그리스의 철학자이며 사상가로서 아테나이의 명문 가정에서 출생을 하였다. 젊었을 때는 소크라테스(Socrates)의 제자이었으며 아리스토텔레스의 스승이기도 하였다. 그는 특히 자신의 스승이었던 소크라테스에게서 많은 것을 배웠고 그로 인해 그에게서 많은 영향을 받았던 것으로 추정이 된다.[28]

이렇게 볼 수 있는 이유는 그의 저서 모두 소크라테스가 주인공으로 된 변증론에 관한 대화편이어서 그와 스승과의 학설을 구별하기 힘들기 때문이다. 그가 저술한 영역을 살펴보면 매우 광범위한 것을 알 수 있다. 정치학이나 윤리학, 형이상학은 물론이고 인식론의 영역까지 많은 철학적 논점들에 대해 저술을 하였다.[29]

그가 이러한 광범한 영역에 걸쳐 저술한 것 중 가장 중요한

---

28) https://ko.wikipedia.org/wiki/%ED%94%8C%EB%9D%BC%ED%86%A4
29) https://ko.wikipedia.org/wiki/%ED%94%8C%EB%9D%BC%ED%86%A4

것은 역시 그의 대화편이라 할 수 있는데 이곳에서 저술된 내용이 학설 상 소크라테스와 크게 다르지 않다는 점도 그의 철학적 원천이 소크라테스에게서부터 발원이 되었다는 주장에 힘을 보태는 요소가 되는 것이다. 이러한 점을 고려해볼 때 플라톤의 많은 아이디어들, 적어도 그의 초기 연구들은 아마도 소크라테스의 것을 빌려오거나 발전시킨 것으로 볼 수 있지 않을까 싶다. 또한 스승 소크라테스가 정치범으로 몰려 억울하게 죽음을 맞이한 것에 큰 충격을 받은 나머지, 자신이 꿈꿔왔던 정치가로서의 꿈을 접고 정의를 가르치기로 결심한 것에서도 스승이 준 영향력의 그림자를 찾아 볼 수 있는 것이다.30)

그는 현대 대학의 원형 또는 모태가 되었다고 할 수 있는 세계 최초의 고등 교육 기관인 아카데메이아(academia)를 아테네에 설립하였으며, 아카데메이아에서 폭넓은 주제를 가지고 강의를 하였다.31)

철인 정치론을 전개한 플라톤은 시민이 아니라 기본적으로 귀족이 정치의 중심에 서는 귀족정을 옹호하였다. 일반적으로 귀족정은 계급이나 신분이 평등한 사회가 아닌 불평등한 신분사회를 옹호하는 것으로서, 플라톤은 이러한 불평등한 신분사회를 옹호하였다. 그러나 그가 말하는 귀족정의 궁극적인 목적과 그 실현 양태는 우리가 일반적으로 알고 있는 귀족정과는 일정한 거리를 두는 것이라는 점을 유념할 필요가 있다.32)

그가 말하는 귀족정에서의 왕은 노블레스 오블리주(noblesse

---

30) https://ko.wikipedia.org/wiki/%ED%94%8C%EB%9D%BC%ED%86%A4
31) https://ko.wikipedia.org/wiki/%ED%94%8C%EB%9D%BC%ED%86%A4
32) https://ko.wikipedia.org/wiki/%ED%94%8C%EB%9D%BC%ED%86%A4

oblige)와 같은 높은 신분으로써 일반시민과는 완연히 다른 차별성에 입각하여, 당연히 가지고 실천해야 할 도덕적 의무를 중시해야 함을 강조하는 것이었다. 이러한 높은 도덕적 의무의 실현으로 한 가지 예를 들자면 왕의 사유재산은 자신의 것이므로 자신이 마음대로 사용할 수 있다는 생각에 그치지 말고 한 걸음 더 나아가 오직 공공의 이익에 부응하는 방향으로만 사용되어져야 한다고 플라톤은 주장했던 것이다. 마땅히 그렇게 사용될 때에 정의는 실현이 되는 것이고 왕의 노블레스 오블리주에 따르는 의무는 이행되는 것으로 이해를 하고 있었던 것이다.[33)]

그러나 이것과 관련하여 분명히 이해해야 할 점은 그렇다고 왕 밑의 귀족들까지도 사유재산을 자신의 이익이 아닌 공공의 이익을 위해 공유하자는 것은 아니라는 점이다. 가장 높은 신분의 상징인 왕이라면 최소한 그만큼의 도덕적 의무를 실천해야 함을 강조해서 이야기하는 것으로 이해 할 수 있는 것이다.[34)]

그는 많은 저술활동을 펼쳐 세간의 관심을 가지게 만든 「향연(饗宴)」(Symposium), 「국가」(The Republic), 「파이돈」(Phaedo), 「파이드로스」(Phaedrus) 등을 출간하였다. 그리고 357년 디오뉘시오스 2세(Dionysius II)의 현실 정치 참여의 간청을 받자 망설이던 끝에 다시 시켈리아로 가서 이상 정치를 펴보려 하였으나 실패하고 1년 만에 귀국하여 「법률」(Laws) 등 몇 개의 저서를 더 출간하였다.[35)] 그런 후 81세에 세상을 떠났다.[36)]

---

33) https://ko.wikipedia.org/wiki/%ED%94%8C%EB%9D%BC%ED%86%A4
34) https://ko.wikipedia.org/wiki/%ED%94%8C%EB%9D%BC%ED%86%A4
35) https://ko.wikipedia.org/wiki/%ED%94%8C%EB%9D%BC%ED%86%A4
36) https://en.wikipedia.org/wiki/Plato ; https://ko.wikipedia.org/wiki/%

플라톤의 죽음과 관련된 몇 가지 흥미로운 이야기가 있는데 이를 소개하자면 우선 젊은 소녀가 그를 위해 피리를 연주해주는 동안 침대에서 죽음을 맞이했다는 것이다. 또 다른 이야기는 결혼식 피로연 석에서 죽었다는 이야기도 있으며, 또 다른 이야기는 잠자다가 죽었다는 것이다.[37] 최후의 순간을 어떻게 마무리했는지 정확히는 알 수 없으나 아무튼 당대의 최고의 철학자들 중에 하나이었으므로 죽음에 대한 이야기도 흥미롭고 다채로운 듯 싶다.

2.2 플라톤과 행정

고대 그리스의 도시기획가들에 대한 기록이 그렇게 많지 않음에도 불구하고 플라톤이나 아리스토텔레스 같은 철학자들이 도시 기획과 관련되어 많이 언급이 되는 점은 특이하다고 볼 수 있다. 이런 면에서 볼 때 그 당시의 철학자들이 도시와 관련된 문제들에 대해 많은 관심과 깊은 숙고를 했던 것이 분명하지 않나 싶다. 플라톤이나 아리스토텔레스 역시 이 문제에 대해 고민을 했던 글들과 그들의 철학적 사색이 낳은 결과들을 보면 이들이 이러한 문제를 철학적 사유의 대상으로 삼고 보다 나은 살기 좋은 도시를 만들어나가려는 의지와 대안적 생각들을 쉴 새 없이 토해냈음을 알 수 있다.[38]

플라톤은 우선 시민들의 정신세계를 지배하는 신성한 사원

ED%94%8C%EB%9D%BC%ED%86%A4

37) https://en.wikipedia.org/wiki/Plato

38) 이병철, 「기획의 역사」, 55쪽.

들이 아고라 주변에 위치해야 한다고 주장하였다. 그리고 도시가 가지고 있는 순결성을 유지하기 위해 사원들은 도시를 원처럼 둘러싸듯이 하여 위치해야 한다고 충고하였다.[39] 신성한 사원을 통해 온갖 세파에 더럽혀진 도시를 정화하거나 또는 오염될 것을 사전에 차단하려는 의도가 배어있는 것이 아닌가하는 생각을 해 볼 수 있다.

그리고 한 발 더 나아가 플라톤은 관공서나 법원 같은 공공기관 역시 너무나 신성한 것이기 때문에 사원과 근접한 곳에 위치를 시켜야 한다고 제언을 하였다.[40] 이러한 것을 볼 때 아마도 플라톤은 관공서나 특히 법원과 같은 공공기관을 사회적 또는 국가적 정의를 지키는 보루 또는 시민에게 봉사하는 신성한 곳으로 여긴 것이 아닌가 하는 생각이 든다.

그리고 시민들의 삶의 보금자리인 주택들은 거주를 위한 목적 못지않게, 유사시 도시방어를 위해 성벽처럼 기능할 수 있도록 조성이 되어져야 한다고 주장을 하였다. 당시로서는 여러 도시 국가들이 난립을 하고 국가의 정의는 힘에 의해 결정이 되는 환경아래에서 도시 국가의 생존에 중요한 변수로 외부로부터의 침략으로부터 자신을 지켜내는 방위수단을 고려하지 않을 수 없었을 것이다. 이러한 관점에서 볼 때 그는 주택을 시민들의 주거목적에 합당한 존재로 인식하면서도 한 걸음 더 나아가 유사시 성벽과 같이 도시를 방어하는데 있어 주요한 수단으로도 생각했음을 미루어 짐작할 수 있는 것이다.[41]

---

39) E. J. Owens, *The City in the Greek and Roman World*, Reprint edition (New York : Routledge, 1992), p.4.

40) *Ibid.*, p.4.

그는 이에 그치지 않고 주택의 편의성을 고려하여 접근성을 증대시키는 방안에 대해서도 고민을 했던 듯싶다. 즉 주택 간의 접근성을 증대시키고 나아가 다른 공공시설이나 사원 등과의 교통의 원활한 소통을 위해 도로와 주택이 서로 면하게 설계되어져야 한다고 제안을 한 사실을 통해 이러한 그의 깊은 생각을 알 수 있는 것이다.42)

이외에 플라톤은 실제 정부에 들어가 정책이나 행정을 오랜 기간 동안 그리고 깊이 경험하지는 않았지만 정부를 조직하고 관리하는 일에 대해서도 많은 관심을 가졌던 듯 싶다. 존 가우스(John Gaus)의 말에 의하면 그는 「국가」라는 글에서 인사행정 등 정부를 조직하고 관리하는 일에 대해 나름대로의 보고서 또는 논문을 집필하여 이러한 관심사를 대외적으로 표출을 하였다 한다.43) 이런 맥락에서 본다 해도 플라톤은 그저 단순한 철학자로서의 역할에 만족했던 것만은 아닌 것 같으며 행정가로서의 면모도 가지고 있지 않았나 생각해 볼 수 있는 것이다.

41) *Ibid.*, p.4.
42) *Ibid.*, p.4.
43) Dwight Waldo, "Organization Theory : An Elephantine Problem", *Public Administration Review*, Vol.21 (Autumn 1961), p.217.

3. 아리스토텔레스(Aristotle)

3.1 삶의 발자취

고대 그리스의 철학자로 널리 알려져 있는 아리스토텔레스는 기원전 384년에 마케도니아의 스타게이라(Stagira)에서 태어났다. 그의 아버지는 마케도니아 왕의 시의(侍醫)였다. 그는 어려서부터 자연 과학에 대한 관심이 남다르게 컸다 한다. 17세에 아테네로 여행하여 플라톤(Plato)이 건립한 아카데메이아(Academy)에서 플라톤을 스승으로 모시고 배움을 얻었으며, 플라톤이 죽을 때까지 20년간 이곳에 머무르며 철학연구에 몰두하였다 한다.[44] 그리고 플라톤이 사망하고 난후 소아시아로 옮겼다 한다.

아리스토텔레스의 인생에 있어서 가장 커다란 전환점은 아마도 알렉산더 대왕(Alexander the Great)과의 만남이 아니었을까 싶다. 앞으로 최고의 명장 겸 세계 정복 왕으로 등극할 알렉산더와 당대 최고의 철학자 중 하나인 아리스토텔레스와의 역사적 만남은 그야말로 극적인 상황이자 역사적 대사건으로도 해석할 수 있을 것이다.

이러한 역사적이고 숙명적인 만남은 아리스토텔레스가 기원전 342년 마케도니아의 왕자였던 알렉산더의 가정교사가 되면서 그와 첫 대면을 하게 되는 것이다. 그는 기원전 342년부터

---

44) https://ko.wikipedia.org/wiki/%EC%95%84%EB%A6%AC%EC%8A%A4%ED%86%A0%ED%85%94%EB%A0%88%EC%8A%A4

기원전 340년까지 가정교사로서 알렉산더에게 가르침을 주며 함께 했던 것이다.45)

기원전 323년 알렉산더 대왕이 죽자, 아리스토텔레스를 평소에 곱지 않은 시선으로 보고 있던 아테네 시민들로부터 신을 모독한다는 이유로 고소를 당했다.46) 그는 이러한 날선 압박에 신변의 위험을 크게 느껴 고향인 칼키스(Chalcis)로 쫓겨 가듯이 도망을 갔으며 이듬해인 기원전 322년 사망을 하였다.47)

이미 앞에서도 언급을 하였듯이 그는 당대 최고의 철학자 중의 하나인 플라톤의 수제자이었으며, 당대 최고의 명장이었던 정복 군주 알렉산더 대왕의 스승이기도 하였다. 그는 소크라테스와 플라톤과 어깨를 함께 하면서 고대 그리스의 가장 영향력 있는 학자로 자리매김을 하였다. 그리고 고대 그리스 철학이 현재의 서양 철학의 근본을 이루는 데에 커다란 이바지를 하였다.48)

---

45) 알렉산더는 16세가 될 때까지 철학자 아리스토텔레스에게 가르침을 받았다 한다. https://ko.wikipedia.org/wiki/%EC%95%8C%EB%A0%89%EC%82%B0%EB%93%9C%EB%A1%9C%EC%8A%A4_3%EC%84%B8_%EB%A9%94%EA%B0%80%EC%8A%A4 ; https://ko.wikipedia.org/wiki/%EC%95%84%EB%A6%AC%EC%8A%A4%ED%86%A0%ED%85%94%EB%A0%88%EC%8A%A4

46) 알렉산더가 인도 원정길에 요절한 뒤 마케도니아가 분열되면서 아리스토텔레스는 아테네의 미움을 사게 되었다. 자신들을 정복한 마케도니아 출신인데다 그 마케도니아 왕의 스승이기까지 했기 때문이다. 결국 알렉산더 대왕이 죽자 아테네의 신을 모독했다는 누명을 쓰고 추방당했으며, 칼키스라는 작은 섬나라로 도망가서 연구를 계속하다 이듬해 위염으로 사망했다. https://namu.wiki/w/%EC%95%84%EB%A6%AC%EC%8A%A4%ED%86%A0%ED%85%94%EB%A0%88%EC%8A%A4

47) https://ko.wikipedia.org/wiki/%EC%95%84%EB%A6%AC%EC%8A%A4%ED%86%A0%ED%85%94%EB%A0%88%EC%8A%A4

48) https://ko.wikipedia.org/wiki/%EC%95%84%EB%A6%AC%EC%8A%A

아리스토텔레스의 글은 도덕과 미학, 논리와 과학, 정치와 형이상학을 포함하는 것으로 학문적 깊이와 넓이에 있어서 타의 추종을 불허할만하였으며, 서양 철학의 포괄적인 체계를 처음으로 창조하는데 크게 기여를 하였다. 그는 물리학, 형이상학, 시, 생물학, 동물학, 논리학, 수사학, 정치, 윤리학, 도덕 등 광범위한 학문적 영역을 넘나들면서 다양한 주제로 책을 저술하였다.[49]

특히 그는 여러 주제 중 '정의가 무엇인가?'에 대해 주된 관심을 두었던 것 같다. 그는 이러한 관심과 숙고 끝에 도달한 결론으로 정의를 다음과 같이 규정하고 있다. "정의는 동등한 사람이 똑같은 배당을 받는 것"을 의미하며, "불공정(unjust)이 불평등을 의미한다면 공정(just)은 평등(equal)을 의미하는 것"이라고 규정을 하여, 정의를 평등의 개념으로 환원하고 있다.[50]

3.2 아리스토텔레스와 행정

도시기획과 관련된 행정에 있어서 아리스토텔레스의 충고는 앞서 언급한 플라톤의 충고보다 좀 더 구체적이고 종합적이라고 볼 수 있다. 그는 도시에 거주해야하는 시민의 건강과 정치적, 군사적 안녕이 다른 어떤 것보다 도시기획에서 가장 먼저

4%ED%86%A0%ED%85%94%EB%A0%88%EC%8A%A4

49) https://ko.wikipedia.org/wiki/%EC%95%84%EB%A6%AC%EC%8A%A4%ED%86%A0%ED%85%94%EB%A0%88%EC%8A%A4

50) 이종수 · 윤영진 · 곽채기 · 이재원 외, 「새 행정학 2.0」(서울 : 대영문화사, 2014), 109쪽.

고려해야 할 중요 요소라는 점을 분명히 하고 있다.[51)]

그러나 유사시 도시 방어적 관점에서 시민의 안녕과 직결되는 성벽을 쌓는 문제에 있어선 플라톤과 입장을 달리하고 있는 점이 특이하다. 또한 도시의 입지를 선정하는데 있어 물을 필수적 요인 중에 하나로 반드시 고려해야 한다는 점도 강조하고 있는데[52)] 이는 앞서 우리가 살펴보았듯이 히포다무스가 도시 성장의 물리적 한계로 제시했던 기본 요소 중 하나인 물을 거론했다는 점에서 그가 도시기획에 있어서도 상당한 식견을 가지고 있었음을 알 수 있는 것이다.

앞서 히포다무스의 도시 입지 선정과 도시의 규모 결정에 꼭 고려해야 할 요소로 도시에 거주하는 자들이 소비할 식량과 물의 물리적인 공급한계에 대해 언급을 했는데 이 점에 대해서 아리스토텔레스의 생각은 히포다무스와 다르지 않기 때문이다.

또한 그의 이러한 생각은 고대 그리스와 고대 로마뿐만 아니라 21세기 현재에 이르기까지 도시기획과 관련 된 행정을 할 때 물리적 성장의 한계로 도시의 규모를 결정할 때 반드시 고려해야 하는 핵심적 요인으로 자리를 잡게 만든 것이다. 그러한 점에서 미래를 내다보는 그의 혜안을 높게 평가할 수 있는 것이다.

---

51) E. J. Owens, *The City in the Greek and Roman World*, Reprint edition (New York : Routledge, 1992), p.4. ; 이병철, 「기획의 역사」, 55-56쪽.
52) *Ibid.*, p.4. ; 이병철, 「앞의 책」, 55-56쪽.

4. 플라톤과 아리스토텔레스의 도시기획 행정에 대한 일치되는 생각들

플라톤과 아리스토텔레스는 이상적인 도시국가를 정립하는 데 있어 이론적이고 사회적이고 도덕적인 개념에 대해 많은 관심을 기울이고 깊은 숙고를 하였다는 점에서는 서로 일치한다. 그리고 도시기획가들이 도시를 형성하고 이를 관리해 나가는 데 있어 반드시 참고해야 할 중요 요인들, 즉 시민들이 몸을 담고 살아야 할 주택이나 건물의 위치나 방향, 시민들의 생명과 재산의 안녕을 위한 도시의 방어, 시민들의 쾌적한 건강, 도시와 주택 그리고 건물들의 심미적이고 예술적인 아름다움과 기능적 효율성과 편의성 등의 조화로운 접목을 위한 배려 등에 대한 전반적인 고려사항들을 제시하고 있는 점도 서로 일치한다.[53]

플라톤과 아리스토텔레스의 생각이 일치되는 여러 것 중에 우리가 큰 관심을 가지고 살펴보아야 할 것은 이들이 도시기획과 관련하여 똑같은 목소리로 우려를 표명한 것으로 현재 우리들도 겪고 있는 교외 화(suburbanization) 현상이다. 이미 이 현상은 기원전 400년경에 철학자이며 예지자 그리고 선각자였던 소크라테스 역시 우려를 표명하며 공감한 사실이다. 소크라테스는 플라톤과 아리스토텔레스가 함께 내지르는 우려의 목소리에 앞서 교외 화가 가져 올 역기능에 대해 언급을 하였다.[54]

---

53) *Ibid.*, p.5. ; 이병철, 「앞의 책」, 56쪽.
54) 이병철, 「앞의 책」, 56-57쪽.

그는 교외 화로 인해 도시가 쇠퇴되고 이로 인해 도시의 민주화가 후퇴되는 것을 걱정하면서 도시로 대변되는 그리스 문명이 계속 성장하지 않으면 결국에는 쇠퇴하게 될 것이라고 경고를 한바 있었다. 소크라테스의 이러한 경고에 이어 플라톤과 아리스토텔레스 역시 부자들과 지도층이 도시를 뒤로하고 도시 밖으로 나가게 되면 민주주의에 커다란 위협이 될 것이라고 똑같은 경고를 하고 나온 것이다.[55)]

그러나 미래를 내다보는 지혜로운 혜안을 지닌 철학자들의 경고에도 불구하고 이러한 현상은 고대 그리스의 도시들에서 실제로 일어나고 말았다. 자신들의 보다 나은 안락한 삶을 살아가기 위해 민주화를 위한 논쟁과 시민참여를 뒤로하고 부자와 지도층이 서로 앞을 다투며 도시 밖으로 나가게 된 것이다. 물론 그들이 떠난 빈자리는 탐욕스런 정치가나 졸부들이 차지하고 도시의 재산과 보물을 약탈하는 천박하고 혼탁한 행태가 일어났던 것이다.[56)]

이렇게 됨으로써 소크라테스나 플라톤 그리고 아리스토텔레스의 우려와 경고는 말로써 끝나는 것이 아니라 현실로 다가서게 되었던 것이다. 고대 그리스는 이러한 현상의 심화로 인해 다시 한 번 더 곤궁의 상태로 빠지게 되며 설상가상(雪上加霜)으로 거듭된 전란(戰亂)은 도시를 더욱 황폐화시켰다. 결국 고대 그리스는 찬란하고 풍요로운 문명과 문화를 뒤로 하고 기원전 146년에 고대 로마의 속국이 되어 멸망해버리고 마는 것이다.[57)]

---

55) 이병철, 「앞의 책」, 56-57쪽.
56) 이병철, 「행정기획의 역사와 이론」, 164쪽. ; 이병철, 「기획의 역사」, 57쪽.
57) 이병철, 「기획의 역사」, 57쪽.

2/

고대 로마 시대의 행정사상가 : 율리우스 카이사르

1. 삶의 발자취

율리우스 카이사르(Gaius Julius Caesar)는 기원전 100년 7월 12일에 출생을 하였고 기원전 44년 3월 15일 사망하였다. 카이사르는 귀족인 율리우스 씨족 가문에서 태어났으며, 아버지는 그와 이름이 같은 가이우스 율리우스 카이사르이며 어머니인 아우렐리아 코타는 여러 집정관을 배출한 영향력 있는 가문 출신이었다. 카이사르에게는 누이가 둘 있었는데 모두 이름이 율리아였다 한다.[1)]

---

1) https://ko.wikipedia.org/wiki/%EC%9C%A8%EB%A6%AC%EC%9A%B0%EC%8A%A4_%EC%B9%B4%EC%9D%B4%EC%82%AC%EB%A5%B4

카이사르는 젊었을 때 무척이나 방종한 생활을 해서 산더미 같은 빚더미 위에 앉아 고통을 당하곤 하였다 한다.[2] 그는 말년에 와서야 인정이 많고 인심이 후해졌으며, 자기 아래 사람을 사랑했다하는데, 특히 그는 옛날의 원한에 대해서 이를 오래 간직하지 않는 관대하고 인의에 넘치는 인물로 바뀌었다고 한다.[3]

1.1 카이사르의 정관계 진출과 위기

기원전 69년에 그는 관직의 길로 나아가게 된다. 재무관으로 선출이 된 것이다. 그러나 그의 야망에 견주어 볼 때 재무관이라는 직책은 너무나 작고 초라한 것이었는지 모른다. 그는 알렉산더 대왕이 세계를 제패할 때와 같은 나이임에도 불구하고 자신이 이루어 낸 것이 너무나 적다는 생각을 하였고 이러한 불만과 나름대로의 깨달음으로 인해 그는 재무관직을 조기에 사직 요청하였다. 그의 사직 요청은 승인이 되었고 그는 보다 큰 꿈을 가지고 로마 정계로 되돌아왔다.[4]

---

2) 법무관직을 수행한 뒤 카이사르는 히스파니아 울테리오르(이베리아 바깥) 속주 총독으로 임명되었으나, 아직도 상당한 빚을 지고 있던 터라 로마를 떠나기 전에 빚쟁이들을 설득해야 하였다. 그는 로마의 갑부인 마르쿠스 리키니우스 크라수스의 도움을 받았다. 폼페이우스에 반대하는 자신을 지지하는 대가로 크라수스는 카이사르의 빚 일부를 지불하고, 나머지 빚에는 보증을 서 주었다. 그렇게 하고도 카이사르의 법무관 임기가 끝나 일반 시민 지위가 되면 빚 때문에 기소될 수 있었기 때문에 그는 임기가 끝나기도 전에 속주로 떠났다. https://ko.wikipedia.org/wiki/%EC%9C%A8%EB%A6%AC%EC%9A%B0%EC%8A%A4_%EC%B9%B4%EC%9D%B4%EC%82%AC%EB%A5%B4

3) 왕경국 · 장윤철 외 편저, 「유식의 즐거움」 (서울: (주)휘닉스, 2008), 381쪽.

4) https://ko.wikipedia.org/wiki/%EC%9C%A8%EB%A6%AC%EC%9A%B0%EC%8A%A4_%EC%B9%B4%EC%9D%B4%EC%82%AC%EB%A5%B4

기원전 63년 집정관이었던 키케로(Marcus Tullius Cicero)는 공화국을 장악하려는 카틸리나의 음모를 알렸으며, 이로 인해 로마의 정계는 발칵 뒤집혔다. 카툴루스 등은 카이사르가 이 음모와 연관이 있다는 혐의를 가지고 고발까지 하였다. 이듬해 법무관으로 선출된 카이사르는 이 음모 연루 문제의 처리를 놓고 벌어진 원로원 회의에 참석을 하였다.[5] 반역 음모자를 사형에 처하자는 의견이 개진이 되었는데 이에 대해 카이사르는 설득력 있게 이를 반박하면서 종신 징역에 처할 것을 제안하였으나, 이 문제에 대해 강경한 입장을 굽히지 않은 소(小) 카토(Marcus Porcius Cato Uticensis)의 연설로 결국 음모자들은 처형이 되었다.

다음 해 이 반란 음모 사건을 조사하기 위해 위원회가 구성되었으며, 카이사르는 다시 공범 혐의로 고발되어 위기를 맞게 되었다. 그러나 카이사르에게는 다행스럽게도, 키케로는 카이사르가 이 음모에 대해 알고 있는 것을 스스로 보고한 적이 있다고 증언을 하여 비로소 이 문제로부터 자유로울 수 있었다. 이후 기원전 59년에 카이사르와 비불루스는 집정관으로 당선되었다.[6]

EC%8A%A4_%EC%B9%B4%EC%9D%B4%EC%82%AC%EB%A5%B4

5) https://ko.wikipedia.org/wiki/%EC%9C%A8%EB%A6%AC%EC%9A%B0%EC%8A%A4_%EC%B9%B4%EC%9D%B4%EC%82%AC%EB%A5%B4

6) https://ko.wikipedia.org/wiki/%EC%9C%A8%EB%A6%AC%EC%9A%B0%EC%8A%A4_%EC%B9%B4%EC%9D%B4%EC%82%AC%EB%A5%B4

1.2 카이사르의 기회 : 그라쿠스 형제의 개혁정책과 실패

카이사르에게 새로운 전기를 마련해 주는 대형 사건이 발발하게 된다. 바로 호민관이었던 티베리우스 그라쿠스(Tiberius Sempronius Gracchus)와 동생인 가이우스 그라쿠스(Gaius Sempronius Gracchus)[7] 형제의 개혁정책과 이에 반발한 귀족계급들의 저항과 뒤를 이은 그라쿠스 형제의 살해 사건이 발생하는 것이다. 평민의 이익을 대변하는 두 호민관의 살해라는 대형 악재 사건으로 인해 이 사건과 직접적으로 또는 간접적으로 연관되어있는 귀족과 평민 계급 간의 갈등으로 인해 로마가 새로운 갈등과 소요의 소용돌이로 휘말려 들어가는 사태를 맞이하게 되는 것이다.

이해의 편의를 위해 이와 관련된 내용을 살펴보고 넘어가도록 한다.

앞서 언급을 하였듯이 그라쿠스 형제가 호민관이 되어 개혁안[8]을 주도하였으나 모두 살해당하고 말았다. 우선 형인 티베

---

7) 티베리우스와 가이우스 그라쿠스 형제는 기원전 2세기의 로마에서 모든 사람이 부러워할 만한 환경에서 태어났다. 그들의 외할아버지는 한니발을 쓰러뜨린 스키피오 아프리카누스였다. 또한 아버지는 두 번이나 집정관에 오른 유력자였다. 계급으로서는 평민계급이었지만 '평민귀족'이라고 불리었을 만큼 재산이 많았다. 그래서 그라쿠스 형제는 '은수저를 입에 문 채 태어났다'는 표현이 잘 어울리는 출신이었다. 시오노 나나미 지음 · 한성례 옮김, 「또 하나의 로마인 이야기」 (서울: 부엔리브로, 2007), 181–182쪽.

8) 이러한 개혁안으로 제정 된 리키니우스 섹스티우스 법의 성립으로 로마 공화정이 본격적으로 시작이 되었다고 해도 과언이 아니다. 이 법의 주 된 목적은 귀족과 평민의 대립을 해소시키고자 한 것이다. 시오노 나나미 지음 · 한성례 옮김, 「앞의 책」, 101쪽.

리우스가 살해당한 이유는 그가 개혁의 선두에 서는 것 자체가 기득권을 움켜쥐고 있는 귀족들에게는 원로원9)의 권위에 대한 도전으로 비쳐졌던 것이다. 로마의 국책을 결정하는 권리는 어디까지나 원로원에 있다는 것이 그들의 생각이었기 때문이다. 게다가 티베리우스의 농지개혁은 원로원의 기득권을 심대하게 침해하는 것이기도 했다.10)

또한 이들의 일반적인 생각은 한 사람의 정치가에게 시민들의 인기가 몰리는 현상을 공화정에 대한 반역, 즉 원로원에 대한 반역으로 여겼던 것이다. 티베리우스에게서 공화정을 타도하겠다는 생각을 조금도 발견할 수 없었지만, 공화정 유지를 지상 명제로 생각하는 원로원에게는 그의 개혁적 존재가 위협적으로 다가섰던 것이다. 이러한 이유로 인하여 원로원의 반티베리우스 파 의원들은 자신의 노예들까지 무기를 들게 해서 그라쿠스의 재선을 실력으로 저지하려고 했다. 당연히 원로원 의원들과 이들을 지지하고 따르는 무리와 티베리우스의 개혁을 지지하는 자들은 로마 중심부에서 유혈충돌을 하게 되었고, 이 혼란 속에서 티베리우스와 그의 지지자 300명이 참살을 당하고 말았다.11)

이러한 참혹한 살육이 일어난 다음에 형이 이루지 못한 유지를 따르기 위해 그의 동생인 가이우스 역시 호민관이 되어 여

---

9) 로물루스가 창립한 원로원은 당초 정원 100명으로 시작하였으나 그 후 제5대 왕 타르퀴니우스에 의해 정원이 배증되었다. 이를 브루투스는 300명까지 늘렸다. 시오노 나나미 지음 · 한성례 옮김, 「앞의 책」, 70쪽.
10) 시오노 나나미 지음 · 한성례 옮김, 「앞의 책」, 184-185쪽.
11) 시오노 나나미 지음 · 한성례 옮김, 「앞의 책」, 184-185쪽.

러 개혁을 시도하였다. 그 중 원로원을 가장 크게 자극한 것은 시민권 개혁 법안이었다. 이 법안의 요지는 로마 연합 내의 보이지 않는 벽인 시민권 구분을 철폐해 버려야 한다는 것이다. 만약 가이우스의 안이 통과되면 머지않아 로마연합 내의 모든 사람들이 로마 시민권을 획득하게 되고, 그렇게 되면 원로원의 권위도 상실 될 것이라고 그들은 생각했던 것이다. 왜냐하면 원로원이 권위가 있는 것은 로마가 연합 중에서 특별한 지위를 차지하고 있기 때문이라고 생각하기 때문이다.[12)]

원로원은 마침내 그를 제거하기 위한 최종 수단을 취하게 되는데 그것이 바로 원로원 최종 권고(senatus consultum ultimum)라는 것이었다. 나중에 카이사르에게도 선포하는 원로원의 이 최종 권고는 일종의 비상사태 선언이었다. 이 권고가 나오면 반국가적 행위를 저지른 사람은 재판 없이도 처형마저 가능하게 되어 있었다.

원로원은 원로원 최종 권고를 통해 가이우스를 국가의 적으로 매도한 것이다. 가이우스는 신변의 위협을 느끼고 일단 도주를 결의하지만 자신의 정적들에게 쫓기다가 결국은 테베르 강가의 숲 속에서 자살을 하고 만다. 그러나 원로원은 그의 죽음만으로는 만족하지 못하고 그의 편이라고 간주되는 사람들을 모두 끌어다 사형시켰는데 그 숫자가 3,000명에 달했다고 전해진다.[13)] 차후에 돋아날지도 모르는 후환의 싹까지 잘라버리는 냉혹한 처사였던 것이다.

12) 시오노 나나미 지음 · 한성례 옮김, 「앞의 책」, 186-188쪽.
13) 시오노 나나미 지음 · 한성례 옮김, 「앞의 책」, 189쪽.

1.3 카이사르와 삼두정치

이 여파로 귀족과 평민의 갈등은 더욱 심화되었고 정국은 혼돈스럽게 흘러가고 있었다.[14] 이러한 상황에서 율리우스 카이사르(Gaius Julius Cesar)가 마르쿠스 크라수스(Marcus Licinius Crassus) 장군과 그나에우스 마그누스 장군, 일명 폼페이우스(Gnaeus Pompeius) 장군과 연합하여 제1차 삼두정치(Troica)를 펼치면서 귀족세력을 견제하게 되었다.[15]

사실 폼페이우스와 크라수스는 기원전 70년에 함께 집정관직을 역임한 이래 물과 기름처럼 서로 겉돌면서 상호 적대 관계에 놓여 있었다. 그러나 두 사람 중 어느 한쪽으로 기울어져도 손해라는 사실을 간파한 카이사르의 중재에 의하여 두 사람을 화해시키고 비공식적 정치 제휴를 하게 되는데 이것이 바로 제1차 삼두 정치라고 하는 것이다. 카이사르, 폼페이우스, 그리고 크라수스 세 사람은 충분한 자금과 더불어 강력한 정치적 영향력을 갖추고 있어서 삼두정치의 틀은 나름대로 강건해 보였다. 특히 카이사르는 이러한 정치 제휴를 보다 단단하게 강

---

14) 마리우스(Gaius Marius)가 무자비한 권력을 행사하다가 술라(Lucius Cornelius Sulla)에 의해 제지를 당하였다. 술라는 권력을 장악한 후 원로원을 부활시키고 호민관제도를 폐지시켰으며 화폐에 자신의 이름과 흉상을 새겨놓고 전횡을 일삼음으로써 전통을 파괴하였다. 그 후 전쟁기간동안 지도자는 루쿠루스, 폼페이우스 그리고 크라수스로 바뀌게 되었다. 그중 폼페이우스는 가장 높은 명성과 인기를 누렸으며 군대의 도움을 받고 크라수스의 지지를 받아 원로원을 굴복시켰다. 그리고 호민관제도를 부활시켰다. 그 당시 율리우스 카이사르는 군사적 명성을 드높이다가 결국 집정관이 되었고 이를 통해 폼페이우스와 크라수스와 함께 최고 권력을 균점하게 되는 지위에 까지 오르게 되는 것이다. *Ibid.*, pp.109-110.

15) 이병철, 「행정의 역사와 이론」(부산 : 도서출판 금정, 2003), 34-35쪽.

화시키기 위해 일종의 정략결혼을 주선하여 자신의 딸인 율리아를 폼페이우스와 결혼을 시킨다.16)

1.4 카이사르의 개혁정책과 갈리아 원정

카이사르는 집정관으로 있으면서 나름대로 개혁적인 노력들에 많은 힘을 기울였다. 카이사르는 우선 현대의 신문격인 악타 디우르나(Acta Diurna)를 광장에 붙여 원로원과 민회의 의사록을 있는 그대로 시민에게 공개하게 하였다. 그리고 공직자가 1만 세스테르티우스 이상의 선물을 받지 못하게 하는 공직자 윤리에 관한 율리우스 판례법인 율리우스 레페르토리를 제정하여 공직 생활의 정화를 도모하였다.17)

이에 그치지 않고 카이사르는 빈민에게 공유지를 재분배하는 농지법(lex iulia de agraria)을 제안하였는데, 앞서 언급한 그라쿠스 형제가 제출하려했던 농지법과 거의 같은 것이었다. 단지 그라쿠스 형제와 다른 점은 기존체제 내에서 개혁을 실시하려 했기 때문에 보수파를 회유하려는 시도를 적극적으로 했다는 점이다. 물론 기득권을 침해당한 보수파의 강한 반대에 직면하였지만 카이사르는 삼두정치가 가지고 있는 강력한 힘을 이용했다. 폼페이우스는 필요할 경우 무력도 불사하겠다고 나서면서 카이사르의 법안에 대해 적극적인 지지를 표명했으며,

---

16) https://ko.wikipedia.org/wiki/%EC%9C%A8%EB%A6%AC%EC%9A%B0%EC%8A%A4_%EC%B9%B4%EC%9D%B4%EC%82%AC%EB%A5%B4

17) https://ko.wikipedia.org/wiki/%EC%9C%A8%EB%A6%AC%EC%9A%B0%EC%8A%A4_%EC%B9%B4%EC%9D%B4%EC%82%AC%EB%A5%B4

크라수스도 마찬가지로 이를 지지하였다.[18)]

카이사르 인생에 있어 또 다른 하나의 중요한 계기를 만든 것은 바로 갈리아 원정(Gallic Wars)이었다. 이 원정은 결과적으로 성공적이었으며 카이사르의 힘과 명성을 높여주는 계기가 되었을 뿐만 아니라 다른 한편으로는 그의 세력 확장을 시기하고 경계하는 세력들에겐 커다란 위협이 되었다. 역사가인 플루타르코스(Plutarch)의 주장에 따르자면, 갈리아 전쟁 기간 동안 로마군이 3백만 명의 적과 싸웠으며, 그 가운데 1백만 명을 죽이고, 나머지는 노예로 삼았고, 300개 부족이 복속되었으며, 800개 도시가 파괴되었다는 것이다.[19)] 이러한 전과를 곧이곧대로 믿기에는 어려운 면이 있고 다소 과장은 되었을 것으로 짐작은 되나 그가 일구어 낸 전과는 상당했던 것으로 미루어 짐작할 수 있다.

서유럽에 로마문화를 전파하는 중요한 계기가 되었다는 점에서도 갈리아 원정이 가져다 준 역사적 의미는 상당하다고 평가할 수 있다. 갈리아 원정 이후, 갈리아는 빠르게 로마의 속주(屬州)로 변모되어졌고 로마의 문명을 받아들였기 때문이다. 전쟁이 끝나고 카이사르는 정복한 전 지역을 갈리아 코마타(Gallia comata)라는 하나의 속주로 두었는데, 결과적으로 보면 원정을 통해 얻은 갈리아 일대는 카이사르의 세력기반이 되어 그가 폼페이우스와의 내전에서 승리할 수 있게 일조했던 것이다.[20)]

---

18) https://ko.wikipedia.org/wiki/%EC%9C%A8%EB%A6%AC%EC%9A%B0%EC%8A%A4_%EC%B9%B4%EC%9D%B4%EC%82%AC%EB%A5%B4

19) https://ko.wikipedia.org/wiki/%EC%9C%A8%EB%A6%AC%EC%9A%B0%EC%8A%A4_%EC%B9%B4%EC%9D%B4%EC%82%AC%EB%A5%B4

1.5 카이사르 루비콘 강을 건너다 : 로마 내전

기원전 50년, 갈리아 원정의 성공은 그의 세력 확장을 시기하고 경계하는 세력들에겐 커다란 위협이 될 수밖에 없었다. 이러한 세력들이 다수 모여 있던 원로원은 카이사르의 정치적 경쟁자인 폼페이우스와 결탁하여 카이사르에게 전임 집정관 임기가 만료되었으므로 군대를 해산하고 로마로 귀환하도록 명령을 내리는 한편, 카이사르가 두 번째로 출마하려는 집정관 선거에 부재중 입후보를 금지시켰다. 이러한 원로원의 명령을 접한 카이사르는 집정관의 면책권이 없거나 군사력이 없는 상태로 자신의 정치적 적들이 장악하고 있는 로마로 들어가는 것은 정치적으로나 군사적으로 발가벗겨져서 무장해제가 되는 것이나 마찬가지여서 분명히 기소되고 정계에서 밀려나리라고 판단하였다.[21)]

기원전 49년 1월 7일, 집정관 가이우스 마르켈루스는 원로원 최종권고를 발동시켰고, 그 전권을 위임받은 폼페이우스는 카이사르를 불복종과 대역죄 혐의로 고발하였다. 사태가 이 지경에 이르게 되자 더 이상 물러설 곳도 없이 벼랑 끝까지 몰린 카이사르는 나름대로 최후의 결단을 내리고 기원전 49년 1월 12일, 단 일개 군단만 이끌고 이탈리아의 북방 경계선인 루비콘 강까지 당도하였다.[22)]

---

20) https://ko.wikipedia.org/wiki/%EC%9C%A8%EB%A6%AC%EC%9A%B0%EC%8A%A4_%EC%B9%B4%EC%9D%B4%EC%82%AC%EB%A5%B4
21) https://ko.wikipedia.org/wiki/%EC%9C%A8%EB%A6%AC%EC%9A%B0%EC%8A%A4_%EC%B9%B4%EC%9D%B4%EC%82%AC%EB%A5%B4

루비콘 강가에서 그가 "아직까지는 마음을 돌려 그냥 돌아갈 수도 있다. 그러나 저 다리를 건너고 나면 모든 것은 힘과 운에 맡길 수밖에 없다."[23]며 망설일 때 어디선지 울려 퍼지는 진군 나팔소리에 힘입어 "주사위는 던져졌다."[24]는 유명한 말을 남기면서 기원전 49년 1월 10일 루비콘 강을 건너 로마로 진격하여 드디어 로마를 점령한다.[25]

로마시대의 역사가인 플루타르코스의 주장에 따르면 카이사르가 루비콘 강을 건너면서 아테나이의 극작가 메난드로스의 작품에 나오는 구절인 "주사위를 던져라!"를 그리스어로 인용하였다고 썼고, 역사가인 수에토니우스(Gaius Suetonius Tranquillus)는 이 문장을 라틴어로 "주사위는 던져졌다."라고 썼다 한다.[26]

---

22) https://ko.wikipedia.org/wiki/%EC%9C%A8%EB%A6%AC%EC%9A%B0%EC%8A%A4_%EC%B9%B4%EC%9D%B4%EC%82%AC%EB%A5%B4

23) 왕경국 · 장윤철 외 편저, 「유식의 즐거움」, 383쪽.

24) 카이사르는 연극 배우적인 소질이 있었던 듯 싶다. 군대를 이끌고 루비콘 강을 건너 이탈리아로 들어가는 것은 폼페이우스와의 전쟁을 의미하는 것이어서 예하의 장군들도 긴장을 하고 있었다. 이러한 분위기를 간파한 카이사르는 참모들 앞에서 루비콘 강을 건널 것인가 말 것인가를 놓고 마치 무대 위의 연극배우처럼 독백을 했다. 나팔을 불다가 잠시 후 루비콘 강의 다리를 건너간 키 큰 병사를 손으로 가리키며 말했다. "저것을 신이 보내는 신호로 생각하자. 적들에게 복수하기 위하여 신호를 따르자. 주사위는 이미 던져졌다." 카이사르는 손으로 루비콘 강을 가리키고 시선은 장군들에게로 향한 채 엄숙하고 극적인 어조로 말했다. 사실 장군들은 주저하고 있었다. 그러나 그의 웅변에 압도되어 마음을 바꾸었다. 평범하고 단조로운 연설이었다면 결코 그러한 효과를 내지 못했을 것이다. 장군들은 같은 대의를 향해 하나로 뭉쳤다. 우리도 이미 알고 있듯이 카이사르는 군대를 이끌고 루비콘 강을 건넜고 이듬해 폼페이우스를 무찌르고 로마의 독재자가 되었다. 로버트 그린 지음 · 안진환 이수경 옮김, 「권력의 법칙」 (서울 : (주)웅진씽크빅, 2009), 24쪽. ; 카이사르는 뒤돌아서서 제13군단 병사들을 향해 큰 소리로 외쳤다. "앞으로 나아가자. 신들이 기다리는 곳으로, 우리를 모욕한 적이 기다리는 곳으로, 주사위는 던져졌다!" 시오노 나나미 지음 · 한성례 옮김, 「또 하나의 로마인 이야기」, 34쪽.

25) 이병철, 「행정의 역사와 이론」, 35쪽.

그 후 기원전 48년 8월 9일 그리스 테살리아 지방의 파르살루스(Pharsalus) 평원27)에서 폼페이우스 장군이 군사를 수습하여 시저에게 최후의 반격을 가하다 실패를 하자 그는 이집트로 도망가서 프톨레마이어스(Ptolemy) 왕에게 구원을 요청하나 결국 살해되고 말았다.28)

플루타르코스나 카시우스 디오 같은 로마시대의 역사가들에 따르면, 향유 항아리에 담긴 폼페이우스의 목29)과 도장을 겸한 폼페이우스의 금반지를 본 카이사르의 뺨에는 눈물이 흘러내렸다고 한다.30)

율리우스 카이사르는 폼페이우스의 살해에 대한 책임을 물어31) 프톨레마이어스 왕을 축출하고 카이사르를 처음 만날 때

---

26) https://ko.wikipedia.org/wiki/%EC%9C%A8%EB%A6%AC%EC%9A%B0%EC%8A%A4_%EC%B9%B4%EC%9D%B4%EC%82%AC%EB%A5%B4

27) 해발 500미터도 안 되는 구릉에 둘러싸인 평원은 동서가 20킬로미터, 남북이 17킬로미터였다. 다리가 없어도 건널 수 있는 강이 평원의 북쪽을 가로질러 동쪽으로 흐르고 있다. 카이사르와 폼페이우스의 결전무대가 되지 않았다면 이 평원은 테살리아 지방에 흔히 있는 산간 평야의 평범한 밀밭으로 끝났을 것이다. 시오노 나나미 지음 · 김석희 옮김, 「로마인 이야기 : 율리우스 카이사르 (하)」, 5권 (서울: 한길사, 1999), 151쪽.

28) 엄밀히 말하면 BC 80년대의 마리우스파와 술라파의 싸움을 제1차 내란이라 부르고, BC 40년대 전반 카이사르파와 폼페이우스파의 싸움을 제2차 내란이라고 부른다.

29) 카이사르는 이집트 왕실이 향유 항아리에 담아서 보내온 폼페이우스의 목을 화장하여 미망인에게 보냈다. 미망인 코르넬리아는 그 유골을 폼페이우스가 어느 곳보다도 좋아한 알바의 별장 뜰에 묻었다고 한다. 시오노 나나미 지음 · 김석희 옮김, 「앞의 책」, 201-202쪽.

30) 시오노 나나미 지음 · 김석희 옮김, 「앞의 책」, 192쪽.

31) 폼페이우스를 직접 죽인 것은 로마인인 셉티무스지만, 그 행위를 사주한 것은 소년 왕의 측근들이다. 로마인은 동족을 살해한 외국인을 용서하지 않는다. 더구나 폼페이우스는 전직 집정관의 지위를 가진 어엿한 공인이었다. 성문을 닫는 정도라면 패배자가 당하는 비운에 불과하지만, 죽이는 것은 다른 문제다. 카이사르는 알렉산드리아에 상륙했을 때부터 폼페이우스 살해를 모의하

양탄자에 말린 모습으로 나타나, 양탄자가 카이사르의 발치에서 펼쳐지도록 극적 연출을 하여[32] 카이사르의 마음을 사로잡았다는 일화로 유명한 클레오파트라(CleopatraVII)를 왕으로 책봉하였다. 이에 주변국이 자극을 받아 동요하니 율리우스 카이사르는 이를 힘으로 제압하는데 소아시아지역의 전투에서 승리한 율리우스 카이사르는 "왔노라, 보았노라, 이겼노라(Veni, Vidi, Vici)"라는 유명한 말을 남겼다 한다.[33]

율리우스 카이사르는 기원전 44년 2월 15일 원로원과 민회로부터 제왕이나 황제에 비견되는 종신 독재관(dictator perpetua)에 임명되었고, 성대한 취임식을 거행하였다. 이로써 형식이야 어찌되었든 사실상 공화정은 붕괴하고 제정이 시작 된 거나 마찬가지였다. 드디어 그는 명실상부한 로마의 최고지도자가 되고 종신독재자가 되었으며 에스파냐지구 사령관, 갈리아지구 사령관, 동방지구 사령관을 겸임하였다.[34]

고 실행한 사람들을 그대로 내버려둘 마음은 전혀 없었다. 시오노 나나미 지음 · 김석희 옮김, 「앞의 책」, 206쪽.

32) 로버트 그린 지음 · 안진환 이수경 옮김, 「권력의 법칙」 (서울: (주)웅진씽크빅, 2009), 33쪽.

33) 기원전 48년 말, 카이사르는 임기 1년의 독재관으로 임명되었다. 기원전 47년 초 몇 달간 이집트에서 지낸 카이사르는 중동 지역으로 가서 젤라 전투에서 폰토스 왕 파르나케스 2세를 이겼다. 이 승리를 기념하여 그는 원로원에 보낸 서한에 "왔노라, 보았노라, 이겼노라"라고 적었다. https://ko.wikipedia.org/wiki/%EC%9C%A8%EB%A6%AC%EC%9A%B0%EC%8A%A4_%EC%B9%B4%EC%9D%B4%EC%82%AC%EB%A5%B4 ; 이병철, 「행정의 역사와 이론」, 35-36쪽.

34) 이병철, 「행정의 역사와 이론」, 36쪽. ; 시오노 나나미 지음 · 한성례 옮김, 「또 하나의 로마인 이야기」, 233쪽.

1.6 카이사르의 암살과 최후 : “브루투스, 너마저?”

이러한 율리우스 카이사르의 절대 권력에 반감을 지닌 자들이 없지 않았다. 이들은 절대 권력을 거머쥔 율리우스 카이사르를 제거하고 로마의 공화정을 지속시키기 위해 기원전 44년 3월 15일 마르쿠스 브루투스(Marcus Junius Brutus)와 가이우스 카시우스 롱이누스(Gaius Cassius Longinus)를 주동으로 하는 일파 10여 명이 율리우스 카이사르 암살을 모의하고 원로원에서 결국 그를 살해하기에 이른다.[35)]

로마시대의 역사가인 플루타르코스와 수에토니우스의 주장을 종합하면 카이사르의 마지막은 이러했던 듯싶다.

> “카이사르가 원로원에 들어섰을 때, 원로원 의원인 루키우스 킴베르(Lucius Tillius Cimber)가 추방당한 자신의 형제를 귀환시켜달라며 청원을 하였고 다른 음모자들이 킴베르를 지지하면서 카이사르를 둘러쌌다. 카이사르가 킴베르의 청을 거절하자 킴베르는 그의 어깨를 잡더니 카이사르의 투니카를 잡아당겼고 카이사르가 킴베르에게 “웬 무례한 짓인가!”라고 소리칠 때 카스카(Publius Servilius Casca Longus)가 단검을 빼내들어 단번에 독재관의 목을 내리 찔렀다. 카이사르는 재빨리 뒤돌아보며 팔로 카스카를 잡았고 카이사르가 라틴어로 “카스카! 이 천한 자야, 무슨 짓이냐?”라고 말하자 겁을 먹은 카스카는 그리스어로 “동지들, 도와주시오!”라고 외쳤다. 순식간에 브루투스를 비롯한 모든 암살자

---

35) 이병철, 「앞의 책」, 36쪽. ; 시오노 나나미 지음 · 한성례 옮김, 「앞의 책」, 233쪽.

들이 칼을 들어 그를 공격하였으며 카이사르는 도망치려 하였으나, 피 때문에 분별을 잃고 발을 헛디뎌 넘어져 주랑 현관 아래 계단에 무방비로 쓰러졌고, 암살자들은 그를 계속 찔러댔다."[36]

결국 그는 56번 째 생일을 넉 달 앞두고 이렇게 허무하게 그리고 처참하게 암살을 당했다.[37] 살해된 장소가 원로원이었고 그에게 로마내전 당시 패해서 죽음을 당했던 폼페이우스의 상(像) 밑에서 살해를 당했다는 것[38]은 역사적으로 상당한 아이러니라 할 수 있다. 그리고 역사가들에 의해 그의 죽음은 상당히 극적이었던 것으로 묘사가 되어있다.

"카이사르는 심지어 죽어가면서도 극적 효과를 잊지 않았다. 그는 옷을 끌어올려 얼굴을 덮고 옷의 아랫부분은 다리위에 걸쳐 드리워지도록 하여, 천에 덮인 채 품위 있는 모습을 보이고자 했다. 로마의 역사가 수에토니우스의 말에 따르면, 브루투스가 두 번째 칼을 찌르려고 하자 카이사르는 그리스어로 "브루투스, 너마저?"라는 마지막 말을 던졌다고 한다. 마치 연극 대사처럼 말이다."[39]

---

36) 에우트로피우스에 따르면, 카이사르를 암살하는 데 60명 혹은 그 이상의 사람들이 가담하였다고 하며 카이사르는 23번 칼에 찔렸다 한다. 수에토니우스에 따르면, 나중에 의사가 부검하기를, 그의 가슴에 두 번째로 찔린 상처 그 하나가 치명적인 일격이었다고 한다. https://ko.wikipedia.org/wiki/%EC%9C%A8%EB%A6%AC%EC%9A%B0%EC%8A%A4_%EC%B9%B4%EC%9D%B4%EC%82%AC%EB%A5%B4

37) 시오노 나나미 지음 · 김석희 옮김, 「로마인 이야기 : 율리우스 카이사르 (하)」, 359쪽.

38) 왕경국 · 장윤철 외 편저, 「유식의 즐거움」, 381쪽.

39) 로버트 그린 지음 · 안진환 이수경 옮김, 「권력의 법칙」, 25–26쪽.

그러나 "내가 시저를 사랑하지 않은 것이 아니라, 그 이상으로 로마를 사랑했기 때문이다."40)라고 변명하며 자신의 행위를 정당화하려고 했던 브루투스와 그 일파 역시 율리우스 카이사르의 추종자인 마르쿠스 안토니우스(Marcus Antonius)에 의해 제거된다. 카시우스는 필리피 전투(Battle of Philippi)41) 초반에 안토니우스에게 대패를 한 후 자결을 택하게 되고, 브루투스는 후반에 옥타비아누스와 안토니우스의 연합군에 패배하여 피신하라는 권유도 거절하고 스스로 자신의 목숨을 거두게 된다.42) 결국 안토니우스 와 마르쿠스 레피두스(Marcus Aemilius Lepidus)의 수중으로 율리우스 카이사르가 놓게 된 권력이 떨어지게 되는 것이다.43)

1.7 카이사르의 저작

카이사르를 정치권력이란 야욕으로 가득 찬 무관으로만 생각을 하는 사람도 있을지 모르지만 어떻게 보면 그는 문무를 겸비한 지략가로 볼 수도 있다. 이렇게 볼 수 있는 이유로는 그가 생전에 훌륭한 웅변가이자 산문 작가로 인정을 받고 있었을 뿐만

40) 이 말은 영국의 문호 세익스피어가 만들어 낸 이야기라는 설도 있다. 왕경국 · 장윤철 외 편저, 「앎의 책」, 382쪽.

41) 필리피 전투는 기원전 42년 10월 마케도니아 필리피 근처에서 벌어진 2번에 걸친 전투를 말한다. 로마 공화정 말기 제2차 삼두정치의 옥타비아누스, 안토니우스의 군대와 카이사르의 암살주동자인 브루투스와 카시우스가 이끄는 군대와의 전투이다. https://ko.wikipedia.org/wiki/%ED%95%84%EB%A6%AC%ED%94%BC_%EC%A0%84%ED%88%AC

42) 시오노 나나미 지음 · 김석희 옮김, 「로마인 이야기 : 율리우스 카이사르 (하)」, 446-447쪽.

43) 이병철, 「행정의 역사와 이론」, 36쪽.

아니라, 당시 로마의 지성이며 석학으로 인정을 받고 있던 키케로도 카이사르의 수사와 문체를 높이 평가하였기 때문이다.[44]

키케로는 카이사르의 대표작인 「갈리아 전쟁기」가 "알몸과 같고 순수하며, 의복과 같은 미사여구를 죄다 벗어 던져버렸을 때 생겨나는 매력으로 충만해있다."고 평가 한 후 "카이사르는 역사를 쓰려는 자들에게 사료를 제공할 작정으로 썼을지 모르나, 그 은혜를 입는 자들은 군더더기를 덧붙여 화려하게 장식한 역사를 쓰는 바보들뿐이고, 사려 깊고 현명한 이들에게는 역사를 쓸 의욕마저 꺾어 버리는 결과를 낳았다." 라고 평가했다.[45]

그의 유명한 작품 가운데는 마리우스의 아내인 아주머니 율리아의 장례 연설과, 키케로의 「카토」 회고에 대응하여 카토를 비난한 글인 「안티-카토」가 있다. 불행히도 그의 글과 연설문 상당수는 유실되어 찾아 볼 수가 없다. 가장 큰 원인은 그의 사후에 그가 신격 화 됨에 따라 「갈리아 전쟁기」와 「내란기」 등 몇몇 문서들을 제외한 그와 관련된 글과 연설문들을 전량 회수하여 폐기하도록 아우구스투스 황제가 명령을 했기 때문이다.[46]

그가 쓴 회고록으로는 「갈리아 전쟁기」와 「내란기」가 있는데, 전자는 갈리아 전쟁 당시 갈리아와 브리타니아에서 벌인 군사 작전을 기록하였으며, 후자에서는 이집트에서 폼페이우스가 죽은 직후에 일어난 내전을 다루었다. 또 각각 알렉산드

---

44) https://ko.wikipedia.org/wiki/%EC%9C%A8%EB%A6%AC%EC%9A%B0%EC%8A%A4_%EC%B9%B4%EC%9D%B4%EC%82%AC%EB%A5%B4
45) https://ko.wikipedia.org/wiki/%EC%9C%A8%EB%A6%AC%EC%9A%B0%EC%8A%A4_%EC%B9%B4%EC%9D%B4%EC%82%AC%EB%A5%B4
46) https://ko.wikipedia.org/wiki/%EC%9C%A8%EB%A6%AC%EC%9A%B0%EC%8A%A4_%EC%B9%B4%EC%9D%B4%EC%82%AC%EB%A5%B4

리아, 북아프리카, 이베리아 반도에서 수행한 전투에 대해 쓴 「알렉산드리아 전기」, 「아프리카 전기」, 「히스파니아 전기」 등 세 저작도 역사적으로 카이사르의 것으로 알려졌으나, 실제 저자 여부는 아직도 불투명하다.[47)]

이러한 저서의 줄거리는 당시 전쟁 중이나 직후에 전선에서 급송한 공문서로서, 1년 단위로 써서 출간되었다. 카이사르의 저서는 문체 면에서 볼 때 분명하게 단순하고 직설적이나, 사실은 대단히 복잡하고 그의 정치적 주장을 선전하는 방향으로 미묘하게 편향되어 있고 특히 로마, 이탈리아, 속주의 평범한 소 귀족 독자를 대상으로 삼고 있음을 알 수 있다.[48)]

이러한 모든 면을 고려해 볼 때 카이사르는 독일의 역사가 크리스티안 몸젠(Christian M. T. Mommsen)이 평가하듯이 "그야말로 로마 역사상 최고의 창조적 천재였다."라고 보아도 지나침이 없을 것이다.[49)]

2. 율리우스 카이사르와 행정

율리우스 카이사르 때의 행정은 지금의 행정과 비교를 해 보아도 손색이 없을 정도로 상당한 수준을 유지하고 있었던 것으로 평가된다.[50)]

---

47) https://ko.wikipedia.org/wiki/%EC%9C%A8%EB%A6%AC%EC%9A%B0%EC%8A%A4_%EC%B9%B4%EC%9D%B4%EC%82%AC%EB%A5%B4

48) https://ko.wikipedia.org/wiki/%EC%9C%A8%EB%A6%AC%EC%9A%B0%EC%8A%A4_%EC%B9%B4%EC%9D%B4%EC%82%AC%EB%A5%B4

49) 시오노 나나미 지음 · 한성례 옮김, 「또 하나의 로마인 이야기」, 35쪽.

2.1 행정 관료제 개혁

기원전 509년에 루키우스 브루투스(Lucius Junius Brutus)에 의해 시작된 공화정은 집정관[51], 원로원, 그리고 시민회라고 일컬어지는 세 기둥에 의해 유지되고 있었다. 로마의 정치와 군사를 담당하는 집정관, 그 집정관을 보좌하는 원로원, 그리고 집정관 등 국가의 요직에 오르는 사람을 선출하는 시민회라고 불리어지는 이들 세 기관이 조화와 균형을 이루어 로마의 공화정이 가능하게 되어있었다.[52]

우선 관료 계층제의 최정상에 행정을 전담하는 임기 1년의 집정관이 2명 존재하여 왔는데 이 제도를 카이사르는 바꾸지 않았다. 바꾸지 않은 이유는 불분명하지만, 형식적으로는 보기 좋게 집정관이 두 명이라고 하여도 실질적인 권력을 카이사르가 배타적으로 모두 틀어쥐고 있는 이상 다른 한 명의 집정관은 허수아비나 마찬가지인 존재였기 때문일 것으로 추정을 해 볼 수 있다. 이러한 추정은 다음과 같은 사실로 인해 힘을 얻게 된다. 즉 두 명 가운데 하나는 독재관인 카이사르가 겸하고 있고, 종신 독재관에 대해서는 집정관의 권한인 거부권(veto power)을 행사할 수 없도록 되어 있었기 때문에, 동료 집정관이라 해도 실질적으로 종신 독재관인 카이사르를 견제하기 보다는 보필하

---

50) 이병철, 「행정의 역사와 이론」, 40쪽.

51) 기원전 509년 루키우스 유니우스 브루투스 등에 의해 제7대 왕 '오만왕 타르퀴니우스'가 추방당한 이후에는 한 명의 왕을 대신해 집정관을 매년 두 명씩 선출하고 이 두 명의 집정관이 정치의 최고책임자가 되었다. 시오노 나나미 지음 · 한성례 옮김, 「또 하나의 로마인 이야기」, 281쪽.

52) 시오노 나나미 지음 · 한성례 옮김, 「앞의 책」, 168쪽.

는 부독재관과 같은 존재로 전락한 신세였기 때문이다.53)

「로마인 이야기」라는 책을 출간하여 유명세를 탔던 시오노 나나미 역시 이를 외양상으로는 공화정의 형태로 남겨 놓되 실질적인 내용은 제정으로 바꾸겠다는 카이사르의 의도가 내밀하게 반영된 제도일 것으로 추측하고 있다.54)

이러한 추측의 실질적인 논거로 기원전 45년 집정관은 카이사르와 파비우스이었고, 파비우스가 사망한 뒤에는 트레보니우스가 뒤를 이었으며, 기원전 44년도 집정관은 카이사르와 안토니우스였다는 것이다. 파비우스나 트레보니우스 그리고 안토니우스는 세 명 모두 카이사르 휘하에서 군단장을 지낸 사람들이었다. 따라서 동료 집정관이라기보다는 종신 독재관인 카이사르의 보좌역이라고 하는 편이 현실에 가깝다고 볼 수 있다. 최고제사장 외에는 모든 관직을 복수제로 하여 견제와 균형을 통해 한 개인에게 권력이 집중되는 것을 막아 온 로마 공화정은 이미 사형선고를 받은 것과 다름이 없게 된 셈이다.55) 어쨌든 이들은 일종의 계선조직으로서 자신들 휘하의 행정 관료들을 통솔하고 지도하는 위치에 존재하게끔 하였던 것에는 변함이 없다.56)

그리고 집정관의 막료조직 또는 참모조직으로는 궁내대신이 있었는데 이들은 집정관의 행정운영을 보조하고 그에 따른 참

53) 시오노 나나미 지음 · 김석희 옮김, 「로마인 이야기 : 율리우스 카이사르 (하)」, 306쪽.
54) 시오노 나나미 지음 · 김석희 옮김, 「앞의 책」, 306쪽.
55) 시오노 나나미 지음 · 김석희 옮김, 「앞의 책」, 306-307쪽.
56) 이병철, 「행정의 역사와 이론」, 40쪽.

모 적 조언을 하였으며, 그 외에 치안과 경비 그리고 이와 관련된 질서유지에 관련된 업무를 총괄적으로 관장하였다. 이러한 행정구조의 구성과 운영의 목적은 명령 및 지휘계통을 명료하게 하고 나아가 의사소통과 전달의 효율적인 관리를 위한 것이었을 뿐만 아니라 집정관의 최종적 정책결정을 보조하고 지원하며 그의 결정을 효과적으로 집행하기 위한 것이었음은 의심의 여지가 없는 것이다.[57]

다음으로 카이사르는 속주의 안전보장을 담당하고 있는 속주 총독만 예외로 하고 모든 공직의 임기를 1년으로 정해 놓은 공화정 시대의 제도를 바꾸지 않았다.[58] 이는 되도록 많은 사람이 공직을 경험하게 하여 제국 통치에 필요한 인재를 육성하려는 의도[59]가 깔려 있었던 것이 아닌가 하는 추정을 해 볼 수 있는 것이다.

또한 로마 제국의 안전보장을 최전선에서 담당하는 사람들인 프라이토르(Praetor)라고 이름 붙여진 법무관[60]의 정원을 루키우스 술라(Lucius Cornelius Sulla Felix)[61]가 정한 8명에서 16

57) 이병철, 「앞의 책」, 40쪽.

58) 정해진 임기가 없는 것은 최고 제사장과 종신 독재관 뿐인데 이 두 가지 공직은 모두 카이사르가 맡고 있었다. 시오노 나나미 지음 · 김석희 옮김, 「로마인 이야기: 율리우스 카이사르 (하)」, 307쪽.

59) 시오노 나나미 지음 · 김석희 옮김, 「앞의 책」, 307쪽.

60) 고대 로마의 관리 명칭을 일컫는 것으로 오늘날의 대법관과 같은 개념이다. 원래 로마 공화정 시대인 기원전 450년까지 프라이토르라는 직책은 로마의 최고위 관리의 명칭이었으나 콘술(집정관)제도가 도입된 이후에 콘술 다음가는 직책으로 평가되었다. 로마 제정 당시에는 명예직으로 축소되었다. https://ko.wikipedia.org/wiki/%EB%B2%95%EB%AC%B4%EA%B4%80

61) 루키우스 코르넬리우스 술라는 유구르타 전쟁 때 마리우스 군단 내에서 회계검사관을 맡은 것이 계기가 되어 출세의 끈을 붙잡은 남자로서 동맹자 전쟁 직후에 술라가 집정관으로 취임하자 선임자인 마리우스와 격렬하게 대립을

명으로 두 배 늘렸다. 그리고 출납을 담당하는 직책, 즉 콰이스토르(Quaestor)로 불려 진 회계감사관도 두 배인 40명으로 늘렸다.[62] 이 직책은 자격 연령이 30세로 정해져있어서 주로 젊은 이들로 자리가 채워져 있었고 젊은이들에게 매우 인기가 높았다. 이 직책이 인기가 높았던 이유로는 이 직책에 젊은 나이에 진입을 하는 것은 로마 정계로 들어가는 등용문을 통과한 것이나 마찬가지여서 많은 젊은이들의 선망의 대상이 되는 관직이었다고 볼 수 있었기 때문이다. 사실상 이 직책을 지낸 사람에게는 거의 자동적으로 원로원 의석이 주어졌다.

그리고 수도 로마의 시장, 즉 아이딜리스(Aedilis)로 불려 진 안찰관도 4명에서 6명으로 정원을 늘렸는데 그 이유는 로마를 하드웨어와 소프트웨어 양면에서 손색이 없는 세계의 수도로 변모시킬 생각을 갖고 있었기 때문이다.[63]

2.2 다양한 개혁조치들

1) 지방자치단체 개혁

이상은 국정 전반에 대한 행정 개혁적 성격을 띠는 것이지만 본국 안에 있는 지방자치단체, 즉 무니키피아(Municipia)에도

하였다. 이 대립이 그 후 6년에 걸쳐서 계속된 내란으로 확대되었으며 결국 술라는 자신의 사병을 이끌고 쿠데타를 일으켰다. 원로원을 거의 위협하는 형태로 임기 무기한의 독재관에 취임함으로써 정권을 장악하였다. 시오노 나나미 지음 · 한성례 옮김, 「또 하나의 로마인 이야기」, 199-201쪽.

62) 시오노 나나미 지음 · 김석희 옮김, 「로마인 이야기 : 율리우스 카이사르 (하)」, 307-308쪽.

63) 시오노 나나미 지음 · 김석희 옮김, 「앞의 책」, 307-308쪽.

속주에 인정된 것과 비슷한 자치권이 인정되고 있었다. 지방자치단체에는 지방장관, 즉 프라이펙투스(praefectus)가 중앙에서 파견되어 지방의회와 함께 해당 지방을 다스렸다. 지방의회를 구성하는 의원들은 그 지방에 거주하는 로마 시민권 소유자의 직접 선거로 선출되었다. 이러한 지방자치단체에 대한 행정적 제도는 이미 술라가 통치하던 시대 때 실시되어졌던 것이다.[64]

이에 대해 카이사르는 개혁의 칼날을 대는데 그 내용은 다음과 같다. 우선 지방의회 의원이 될 수 있는 자격 연령, 다시 말하자면 피선거권 연령을 세 가지로 나누어, 병역 무경험자일 경우 30세 이상, 군단 보병으로 병역을 경험한 자는 23세 이상, 그리고 기병 내지 백인대장으로 병역을 경험한 자는 20세 이상으로 차별화 하였다. 한 걸음 더 나아가 선거권은 있지만 피선거권이 없는 사람까지도 구체적으로 명기 했는데 이러한 부류로는 범죄자, 위증자, 군단에서 탈영하거나 추방된 자, 검투사, 배우, 그리고 매춘업자 등이 속했다.[65]

또한 특기할 것으로는 일찍이 노예였다가 자유를 얻은 해방노예, 즉 리베르투스(Libertus)도 지방의회 의원이나 지방자치단체의 공무원이 될 수 있도록 문호를 전향적으로 개방한 것을 들 수 있다. 카이사르는 공직에 종사하는 해방노예를 더 이상 리베르투스라고 불러서도 안 된다고 포고까지 하였다. 카이사르 통치하의 로마제국이 효율적으로 기능을 발휘할 수 있도록 하기 위한 새로운 피의 수혈을 이루기 위함이었다.[66]

---

64) 시오노 나나미 지음 · 김석희 옮김, 「앞의 책」, 308쪽.
65) 시오노 나나미 지음 · 김석희 옮김, 「앞의 책」, 308쪽.
66) 시오노 나나미 지음 · 김석희 옮김, 「앞의 책」, 308-310쪽.

2) 속주에 대한 개혁

다음으로 로마 제국의 핵심 요체 중 하나인 속주, 즉 프로빈키아(provincia)를 술라는 10개로 나누었지만, 카이사르는 18개로 나누었다. 이러한 속주의 재편성은 방위상의 이유뿐만 아니라 각 속주의 경제력도 기준으로 삼았다.[67]

중앙집권과 지방분권을 균형 있게 병용하는 것이야말로 제국 통치의 열쇠라고 생각한 카이사르는 본국과 속주와의 관계를 착취적 식민 통치의 지배자와 피지배자로는 생각지 않았다. 그가 생각하는 속주는 행정상의 필요에서 생긴 행정구획에 불과했다. 카이사르는 로마 시민의 속주 이주를 누구보다도 강력하게 장려하여 식민도시를 건설하는데 도움이 되도록 했다. 기록상으로는 8만 명이나 되었다고 한다.[68]

로마 본국 안에 있는 지방자치단체와는 다르게 속주 통치의 최고 책임자인 총독은 지방장관과는 달리, 속주 통치 이외에 방위 의무도 짊어지고 있다. 카이사르는 속주의회를 공식적으로 인정했다. 속주의회는 각 속주의 내부 사정에 따라 구성방법이 달라서, 선거로 의원을 뽑는 경우도 있었고 부족장이 자동적으로 의원이 되는 경우도 있었다. 로마인과 마찬가지로 도시국가의 역사를 갖고 있는 그리스인에게는 선거제가 당연했지만, 갈리아나 에스파냐에서는 선거가 현실적인 방안이 아니었기 때문이다. 중앙집권과 지방분권은 제국 통치만이 아니라 속주 안에

---

67) 시오노 나나미 지음 · 김석희 옮김, 「앞의 책」, 310-311쪽.
68) 시오노 나나미 지음 · 김석희 옮김, 「앞의 책」, 314쪽. ; 시오노 나나미 지음 · 한성례 옮김, 「또 하나의 로마인 이야기」, 218-220쪽.

서도 병용되어야 한다는 것이 카이사르의 생각이었다.69)

또한 카이사르는 이때까지 속주민으로 한 단계 낮은 지위에 놓여 있던 사람들에게까지 로마 시민권을 개방하는 전향적인 조치를 취하였다. 이 조치로 인해 비로소 로마는 인류사상 최초의 보편 제국이 될 수 있었다.70)

3) 세제와 사법 개혁

카이사르는 이제까지 시행된 푸블리카누스(publicanus)라는 민영 징세제를 폐지하고, 공영 징세제를 위해 공영 징세기관을 설치하였는데 이는 납세자 명단도 공개하여 마치 유리지갑을 들여다보듯이 징세를 하도록 하여 징세의 투명도를 높이고 징세관의 재량권이 작용할 수 있는 소지를 되도록 줄여서 조세제도를 공정하게 운영하기 위함이었다.71)

그리고 카이사르는 셈프로니우스(Sempronius) 법을 부활시켜 사법 개혁을 단행하였다. 셈프로니우스 법은 가이우스 그라쿠스의 제안으로 성립이 된 법으로 어떤 죄를 지은 사람도 재판을 하지 않고 항소할 기회도 주지 않은 채 형에 처해지는 것을 금지시키는 법이었다.72)

원로원은 원로원 최종 권고라는 비상사태 선포로 이에 대항을 하였다. 이 권고가 발동되면 그 대상이 된 사람은 반역자로

---

69) 시오노 나나미 지음 · 김석희 옮김, 「로마인 이야기 : 율리우스 카이사르 (하)」, 315쪽.

70) 시오노 나나미 지음 · 한성례 옮김, 「또 하나의 로마인 이야기」, 197쪽.

71) 시오노 나나미 지음 · 김석희 옮김, 「로마인 이야기 : 율리우스 카이사르 (하)」, 218쪽.

72) 시오노 나나미 지음 · 김석희 옮김, 「앞의 책」, 317쪽.

규정이 되어 재판 절차도 없이 또 항소할 기회도 주지 않은 채 즉각 사형에 처할 수 있었다. 이 권고에 의해 처음으로 희생이 된 사람이 셈프로니우스 법의 입안자인 가이우스 그라쿠스였다. 카이사르는 셈프로니우스 법의 부활이라는 사법개혁을 통해 원로원 최종권고라는 강력한 무기를 원로원에서 완전히 빼앗아 버렸다.[73]

또한 키케로나 브루투스 같이 속주민과의 융합을 싫어하는 보수파들의 반발을 무릅쓰고 갈리아를 비롯한 속주의 유력자들에게 원로원 의석을 제공하여 원로원의 정원을 900명까지 늘리는 방법을 통해 원로원을 종이호랑이 또는 이빨 빠진 사자로 만들어 버렸다.[74]

카이사르는 이에 그치지 않고 사법 개혁의 일환으로 배심원의 자격조건을 40만 세스테르티우스 이상의 재산을 가진 사람으로 규정하여 배심원 구성 비율을 둘러싼 다툼을 종식시켰으며, 재판이 나온 뒤의 항소를 민회가 아닌 종신 독재관인 카이사르 자신에게 제기하도록 바꾸었다. 그리고 정치범에 대한 최고형을 사형이 아닌 추방형으로 바꾸어 규정했다.[75]

4) 통화를 비롯한 금융 개혁

로마는 건국 이후 500년 가까이 자신이 만든 통화를 갖고

---

73) 시오노 나나미 지음 · 김석희 옮김, 「앞의 책」, 317쪽.
74) https://ko.wikipedia.org/wiki/%EC%9C%A8%EB%A6%AC%EC%9A%B0%EC%8A%A4_%EC%B9%B4%EC%9D%B4%EC%82%AC%EB%A5%B4
75) https://ko.wikipedia.org/wiki/%EC%9C%A8%EB%A6%AC%EC%9A%B0%EC%8A%A4_%EC%B9%B4%EC%9D%B4%EC%82%AC%EB%A5%B4

있지 않았는데 카이사르는 통화에 대한 개혁조치를 단행하였다. 로마가 최초로 통화를 만든 것은 이탈리아 반도를 통일하고 난 후 기원전 267년이며, 그때까지는 남부 이탈리아의 그리스 계 도시국가가 발행하는 통화가 로마에서도 그대로 통용이 되었다. 그리고 자국 통화가 발행된 후에는 원로원이 조폐권을 장악하였으나 카이사르는 이것을 빼앗아 국립 조폐소를 개설하여 그 곳에서 금화와 은화를 만들게 하였다.[76] 이것 역시 원로원의 강력한 발톱 하나를 빼버리는 조치로 볼 수 있다.

로마 패권 아래 있는 모든 지방의 경제를 일체화시키려면 중앙집권적으로 통화를 통일하는 것이 편리하겠지만 카이사르는 통일 통화보다는 기축 통화를 확립하려 하였다. 그래서 로마 통화 이외에 다른 통화의 발행이나 유통을 금지시키지 않았다.[77]

카이사르는 이에 그치지 않고 금융 개혁도 실시하였다. 이자율의 제한을 연리 12% 이하로 정하였고 물가가 폭등한 내전 이전으로 담보물의 가치를 평가하는 것으로 문제를 해결했다.[78]

5) 율리우스력과 교통규제 개혁

기원전 46년, 카이사르는 대신관으로서 1년을 365일로 정하고, 4년에 한 번 윤년을 두는 태양력 율리우스력도 제정하였다. 구 로마력을 철저히 검사한 그의 업적은 매우 오랜 세월동안 영향력을 이어갔다.[79] 7월의 여러 유럽 어 명칭, 가령 영어의

---

76) 시오노 나나미 지음 · 한성례 옮김, 「또 하나의 로마인 이야기」, 221-222쪽.
77) 시오노 나나미 지음 · 한성례 옮김, 「앞의 책」, 221-222쪽.
78) https://ko.wikipedia.org/wiki/%EC%9C%A8%EB%A6%AC%EC%9A%B0%EC%8A%A4_%EC%B9%B4%EC%9D%B4%EC%82%AC%EB%A5%B4

'July' 등은 그를 기념하여 그의 이름인 율리우스에서 기원한 것이다.[80]

이외에 카이사르는 낮에 수레가 다닐 수 없게 함으로써 혼잡한 로마의 교통을 규제하는 법률을 제정하였고,[81] 기존에는 없었던 치안대를 만들어 치안대책을 강구했으며, 갈리아전쟁 당시 카이사르에게 후방지원을 아끼지 않은 것에 대한 보상으로 북이탈리아의 주민들에게 로마 시민권을 제공했으며, 늪지를 개척하는 사업과 해방노예 등용을 추진했다.[82]

6) 복지정책의 개혁

카이사르는 복지정책에 있어서도 앞서 나가는 조치들을 시행해 나갔다. 우선 국가에서 곡물의 일정량을 의무적으로 매입하도록 법으로 규정을 하였을 뿐만 아니라, 곡물을 수매하는데 있어서도 국가 보조금을 대도록 제도화하였다.[83]

또한 곡물 수령자의 수를 기존보다 줄였으며, 모든 수령자는

---

79) 율리우스력은 1582년에 교황 그레고리오 13세가 수정하여 오늘날의 그레고리오력이 되었다. https://ko.wikipedia.org/wiki/%EC%9C%A8%EB%A6%AC%EC%9A%B0%EC%8A%A4_%EC%B9%B4%EC%9D%B4%EC%82%AC%EB%A5%B4

80) https://ko.wikipedia.org/wiki/%EC%9C%A8%EB%A6%AC%EC%9A%B0%EC%8A%A4_%EC%B9%B4%EC%9D%B4%EC%82%AC%EB%A5%B4

81) 이 법률로 인해 로마 시민들은 밤에 다닐 수밖에 없는 수레의 소음을 들으며 잠을 자야했다고 한다. https://ko.wikipedia.org/wiki/%EC%9C%A8%EB%A6%AC%EC%9A%B0%EC%8A%A4_%EC%B9%B4%EC%9D%B4%EC%82%AC%EB%A5%B4

82) https://ko.wikipedia.org/wiki/%EC%9C%A8%EB%A6%AC%EC%9A%B0%EC%8A%A4_%EC%B9%B4%EC%9D%B4%EC%82%AC%EB%A5%B4

83) https://ko.wikipedia.org/wiki/%EC%9C%A8%EB%A6%AC%EC%9A%B0%EC%8A%A4_%EC%B9%B4%EC%9D%B4%EC%82%AC%EB%A5%B4

특별 명부에 기록하도록 하였다. 특히 공짜로 밀을 배급받는 사람의 수를 32만 명에서 단번에 15만 명으로 줄였다. 그리고 어떤 경우에도 15만 명 이상으로 늘리는 것을 금지했다. 또한 이 일만 전담하는 안찰관을 두 명 두었는데 이유는 세대주의 소득과 가족 수 등을 엄격히 조사하여 무상배급을 받을 필요가 있는지 없는지를 공정하게 심사하기 위해서였다. 공정한 심사만이 소맥법[84)]을 정치투쟁에서 지키고, 진정한 의미의 복지로 돌아가는 길이라고 생각했기 때문이다.[85)]

32만 명에서 단번에 15만 명으로 줄이게 될 경우 빈민들의 불만과 저항이 거세질 것으로 생각을 해 볼 수 있을 텐데, 실제로는 빈민층의 저항과 불평불만은 일어나지 않았다. 정치투쟁의 도구가 되었기 때문에 무상배급을 받을 필요가 없는 사람들까지 혜택을 받고 있었다는 증거로 볼 수 있는 현상이었다.[86)]

카이사르가 생각하는 복지는 현재 기준으로 본다하여도 상당히 합리적인 내용을 담고 있다. 목적의식 없이 그냥 퍼 주는 것이 아니라, 생계비가 보장되는 일자리를 얻을 수 있을 때까지 일시적이고 한시적으로 지원해 주는 방식이었다.[87)]

7) 실업정책의 개혁

카이사르가 생각하는 실업정책은 지금의 기준으로 본다고

---

84) 빈민층에 대한 밀 배급을 규정한 법이다. 시오노 나나미 지음 · 김석희 옮김, 「로마인 이야기 : 율리우스 카이사르 (하)」, 320쪽.
85) 시오노 나나미 지음 · 김석희 옮김, 「앞의 책」, 321쪽.
86) 시오노 나나미 지음 · 김석희 옮김, 「앞의 책」, 321쪽.
87) 시오노 나나미 지음 · 김석희 옮김, 「앞의 책」, 320-321쪽.

하여도 상당히 진일보한 것이었다. 실업문제는 퍼주는 방식의 복지로는 해결되지 않고 일자리를 주는 것만이 유일한 해결책이라고 생각했던 것이다. 카이사르는 처음 집정관에 취임한 기원전 59년에 농지개혁이자 실업 대책이기도 한 농지법(lex iulia de agraria)[88)]을 그라쿠스 형제 이후 70년 만에 부활을 시켰다. 또한 로마 군단은 군 복무를 통해 실업자를 흡수하는 기능을 계속 수행하고 있었다.[89)]

참고로 카이사르가 부활시킨 농지법의 내용은 다음과 같다.

> "첫째, 국유지 임차권은 상속할 수 있으나 20년 동안 남에게 양도할 수 없다. 둘째, 국유지 임차 신청자격은 폼페이우스와 5년 종군한 자와 3명의 자녀를 둔 무산자로 정한다. 셋째, 250헥타르 이상 부정 임차지를 환수하는 비용은 폼페이우스가 미트라다테스 전쟁 후 국고에 납입한 2억 세스테르티우스로 한다. 넷째, 부정 임차지 반환에 따른 보상금 액수는 재무관이 결정한다. 다섯째, 임차 농지 재분배는 20명의 상설위원으로 구성하고 법안 제출자는 그 위원회에 참여하지 않는다."[90)]

빈민에게 공유지를 재분배하는 농지법에 따라 실업자가 빌릴 수 있는 본국의 국유지에는 한계가 있다고 생각한 카이사르

---

88) 카이사르가 제안한 농지법은 그라쿠스 형제가 제출하려했던 농지법과 거의 같은 것이었다. https://ko.wikipedia.org/wiki/%EC%9C%A8%EB%A6%AC%EC%9A%B0%EC%8A%A4_%EC%B9%B4%EC%9D%B4%EC%82%AC%EB%A5%B4

89) 시오노 나나미 지음 · 김석희 옮김, 「앞의 책」, 321쪽.

90) https://ko.wikipedia.org/wiki/%EC%9C%A8%EB%A6%AC%EC%9A%B0%EC%8A%A4_%EC%B9%B4%EC%9D%B4%EC%82%AC%EB%A5%B4

는 실업자나 제대 군인[91]에게 토지를 주어 이주시키는 곳을 본국으로만 국한시키지 않고 여러 속주에 분산을 시켜 공간을 확대하는 정책을 시행했다.[92]

심지어 카이사르는 포에니 전쟁(Punic War)을 통해 로마가 멸망시키고 소금까지 뿌려서 불모지로 만들어버린 카르타고(Carthago)와 코린트를 재건시켜 새롭게 부활시켰다. 불모지화된 이 땅을 그대로 방치하는 것은 잘못된 것이란 생각을 하고 있었던 것이다.[93] 카이사르의 이러한 생각에 힘입어 재건된 카르타고는 로마 제정시대에 들어와 크게 발전하여 아프리카 속주의 주도가 되었다.[94] 카이사르가 이런 식으로 이주시킨 로마인은 세대주만 해도 8만 명에 이르렀다고 하니 그 규모가 엄청났음을 이해할 수 있는 것이다.[95]

카이사르는 그라쿠스 형제와는 달리 기존체제의 틀 속에서 개혁을 실시하려 했기 때문에 보수파를 회유하려는 다각적인 시도를 하였다. 그러나 개혁 자체가 기득권을 건드리는 것이기 때문에 보수파의 강한 반대에 직면할 수밖에 없었다. 그럴 때마다 카이사르는 삼두정치를 함께 떠받치고 있는 두 정치적 거물들의 강력한 힘을 이용하여 정면으로 이를 돌파하였다. 삼두

91) 기원전 47년에서 44년까지 카이사르는 그의 전역 병 약 15,000명에게 토지를 분배하는 계획까지 세운바 있었다. https://ko.wikipedia.org/wiki/%EC%9C%A8%EB%A6%AC%EC%9A%B0%EC%8A%A4_%EC%B9%B4%EC%9D%B4%EC%82%AC%EB%A5%B4

92) 시오노 나나미 지음 · 김석희 옮김, 「로마인 이야기 : 율리우스 카이사르 (하)」, 321–324쪽.

93) 시오노 나나미 지음 · 김석희 옮김, 「앞의 책」, 321–324쪽.

94) https://ko.wikipedia.org/wiki/%EC%9C%A8%EB%A6%AC%EC%9A%B0%EC%8A%A4_%EC%B9%B4%EC%9D%B4%EC%82%AC%EB%A5%B4

95) 시오노 나나미 지음 · 김석희 옮김, 「앞의 책」, 321–324쪽.

정치의 한 축을 떠받치고 있는 폼페이우스는 필요할 경우 무력도 불사하며 지지했으며, 크라수스도 마찬가지로 이에 동참을 하였다.[96]

8) 시민권과 공직윤리 개혁

카이사르는 교사와 의사에게 시민권을 제공하는 제도를 만들어 로마의 교육과 의료 수준을 향상시키는데도 매진을 하였고, 공직윤리 확립에도 많은 정성을 기울였다. 특히 카이사르가 공직윤리 확립에 많은 관심과 정성을 경주한 것을 볼 때 공직부패는 바로 국가의 멸망과 직결된다는 생각을 가지고 있지 않았나 생각해 볼 수 있다. 그는 공직자가 1만 세스테르티우스 이상의 선물을 받지 못하게 하는 공직자 윤리에 관한 율리우스 판례법으로 율리우스 레페르토리를 제정하여 공직 생활의 정화를 도모하였다.[97]

2.3 수도 재개발 도시기획

카이사르는 웅대한 꿈을 가지고 제국의 수도인 로마를 재개발하려고 하였다. 카이사르의 수도 재개발 구상은 정치, 행정, 사법, 종교, 그리고 경제가 혼연일체가 되는 방식을 채택하였다.[98]

---

96) https://ko.wikipedia.org/wiki/%EC%9C%A8%EB%A6%AC%EC%9A%B0%EC%8A%A4_%EC%B9%B4%EC%9D%B4%EC%82%AC%EB%A5%B4

97) https://ko.wikipedia.org/wiki/%EC%9C%A8%EB%A6%AC%EC%9A%B0%EC%8A%A4_%EC%B9%B4%EC%9D%B4%EC%82%AC%EB%A5%B4

98) 시오노 나나미 지음 · 김석희 옮김, 「앞의 책」, 331쪽.

로마 포럼으로 널리 알려져 있는 포로 로마노(Foro Romano) 안에 있는 신전들이나 카피톨리노(Capitolino) 언덕에 서 있는 신전들처럼 카이사르 이전의 신전들은 서로 고립되어 있었던 것이 일반적인 형태였다. 이렇게 세워지게 되었던 이유는 그리스 신전 양식을 모방하였기 때문이었다.[99] 그러나 카이사르는 이러한 과거 답습 적이며 일상적인 양식을 거부하였다.[100]

1) 카이사르의 포럼

그가 기원전 55년부터 시작해서 기원전 46년에 준공한 카이사르의 포럼이 그 대표적인 예이다. 이 포럼은 길이가 165미터에 달하고 너비가 75미터에 이르는 것으로 이곳에 상점이 늘어서게 하여 종교와 경제가 동거를 하게하였을 뿐만 아니라, 로마 최초의 국립도서관이 들어서도록 계획을 하고 다른 쪽에는 학교가 들어서도록 계획을 함으로써 도서관과 학교를 유기적으로 연계시켜 교육의 질을 증대시킬 수 있도록 설계를 하여 건설을 하였던 것이다.[101]

2) 사이프타 율리아

이러한 그의 노력은 성벽 밖에 펼쳐져 있는 마르스 광장에도 미쳤는데 카이사르는 이곳에 사이프타 율리아를 건설하였다. 민회 투표장 겸 시민들에게 휴식처를 제공하는 것이 주된 목적

---

99) 시오노 나나미 지음 · 김석희 옮김, 「앞의 책」, 331쪽.
100) 이병철, 「기획의 역사」 (울산: 울산대학교 출판부, 2011), 79-80쪽.
101) 시오노 나나미 지음 · 김석희 옮김, 「앞의 책」, 331-332쪽. ; 이병철, 「기획의 역사」, 80쪽.

이었다.[102] 이 건축물은 길이가 300미터이고 너비가 125미터에 달하는 규모이면서 사방을 원기둥으로 떠받치는 건물구조를 가지고 있었다. 그는 또한 반원형 석조 극장을 건설할 계획을 세웠고 이것은 그의 실질적인 후계자인 아우구스투스 황제에 의해 완성이 되었다.[103]

3) 도심 확장 위해 세르비우스 성벽 철거

카이사르는 로마의 도심을 확장하기 위해 기원전 6세기부터 제6대 왕 세르비우스 툴리우스(Servius Tullius)가 세운 총 길이 8킬로미터에 이르고 성문이 열네 군데나 되는 세르비우스 성벽을 허물어버렸다.[104] 이 성벽은 실제로 제2차 포에니 전쟁 당시 카르타고의 명장 한니발(Hannibal)이 침공해 왔을 때 로마를 확고하게 지켜내는데 큰 역할을 한 것이었다.

시오노 나나미는 한니발이 그토록 강렬하게 로마를 무찌르고 싶어 하고 그것을 위해서는 어떠한 희생도 감수해온 그가 자신의 손아귀에 거의 굴러들어 온 로마를 지척에 두고 로마를 둘러싸고 있는 성벽을 결국 넘지 못하고 이탈리아 남부로 회군

102) 시오노 나나미 지음 · 김석희 옮김, 「앞의 책」, 335쪽. ; 이병철, 「기획의 역사」, 80쪽.

103) 이 극장은 아우구스투스가 자신의 일찍 죽은 조카를 기리는 뜻에서 '마르켈루스 극장' 이라고 이름을 지었다고 한다. 시오노 나나미 지음 · 김석희 옮김, 「앞의 책」, 335쪽. ; 이병철, 「기획의 역사」, 80쪽. ; https://ko.wikipedia.org/wiki/%EC%9C%A8%EB%A6%AC%EC%9A%B0%EC%8A%A4_%EC%B9%B4%EC%9D%B4%EC%82%AC%EB%A5%B4

104) 오늘날에는 테르미날 역 앞과 아벤티노 언덕과 카피톨리노 언덕 위에 성벽의 흔적이 조금 남아있다. 시오노 나나미 지음 · 김석희 옮김, 「앞의 책」, 338쪽. ; 이병철, 「기획의 역사」, 80쪽.

을 하는 모습을 「로마인 이야기」에서 잘 묘사를 하고 있다. 그만큼 이 성벽은 카르타고의 명장 한니발에게 처참하게 유린될 위기에 처한 로마를 지켜내는데 큰 역할을 했던 것이다.[105)]

그러나 카이사르는 지체 없이 자신의 결심에 따라 로마 방어에 핵심이었던 성벽을 허물어버렸던 것이다. 이러한 그의 처사는 성벽이 없이도 로마를 지키고 평화를 유지할 수 있다는 그의 강인한 자신감을 드러내는 행동으로 볼 수도 있는 것이다.[106)]

4) 오스티아 항만 설비 개선

그는 이외에 많은 공공사업을 펼쳤다. 그 중 로마의 외항이었던 오스티아의 항만 설비를 개선시킨 것이 유명하다. 물론 대규모 사업이었기 때문에 카이사르 당대에는 완성을 보지 못하고 후대의 클라우디우스(Tiberius Claudius) 황제와 트라야누스(Nerva Traianus) 황제에 이르러서야 이루어질 수 있었다.[107)]

반월형의 항구는 클라우디우스 황제가 건설을 하여 완공을 하였고 육각형의 항구는 트라야누스 황제가 건설을 하여 완공을 하였다고 한다.[108)] 이 반월형과 육각형의 항구는 서로 하나로 맞추어져 구성이 되었으며 각기 오른쪽과 왼쪽에 위치를 하였고 서로 통할 수 있게 수로로 연결이 되어있었다고 한다.[109)]

---

105) 이병철, 「기획의 역사」, 80쪽.
106) 이병철, 「앞의 책」, 81-82쪽.
107) 시오노 나나미 지음 · 김석희 옮김, 「앞의 책」, 341쪽.
108) 크리스 스카레 지음 · 윤미경 옮김, 「로마 황제」 (서울: 갑인공방, 2004), 55쪽.
109) 이병철, 「기획의 역사」, 82쪽.

5) 테베레 강 개선사업

아우구스투스 황제가 비현실적이라고 생각하여 착공조차 하지 않은 테베레 강을 새롭게 개발하려고 했던 사업도 원래는 카이사르가 착안한 공공사업이었다. 이 사업은 구불구불한 테베레 강의 흐름을 종래의 물줄기와 바티칸 배후를 흐르는 지류로 양분하여 테베레 동안(마르스 광장)의 홍수를 막는 동시에 테베레 서안(바티칸)을 로마 시내로 끌어들이는 사업이었다.110)

아우구스투스 황제는 카이사르가 원대하게 구상했던 이 사업을 불발로 그치게 만들었지만 어쨌든 로마에 직접적인 피해를 입히는 홍수를 막기 위해 제방축조를 통해 이 문제를 해결한 것으로 알려지고 있다. 이러한 카이사르의 노력에 의해 로마는 광대한 제국의 수도로서 손색이 없는 모양새와 기능을 구비하게 되었고 나아가 새로운 형태의 도시로 자리매김을 하게 되는 것이다.111)

110) 시오노 나나미 지음 · 김석희 옮김, 「앞의 책」, 341쪽.
111) 이병철, 「기획의 역사」, 82쪽.

3/

고대 로마 시대의 행정사상가 : 아우구스투스

1. 삶의 발자취

아우구스투스(Augustus)는 재위 기간이 기원전 27년부터 서기 14년까지 이어진 로마 제국의 초대 황제였다. 그의 본명은 가이우스 옥타비아누스(Gaius Octavius)이었으며 기원전 63년 9월 23일 로마 시에서 탄생하였으나 아버지의 고향인 벨리트라이로 이사를 가서 거기서 주로 자랐다. 그의 친 증조부는 제2차 포에니 전쟁 당시 시칠리아에서 군단 사령관을 맡았고, 그의 조부는 지방의 여러 공공기관에 재직하였으며 아버지인 가이우스 옥타비우스는 옥타비아누스가 태어나자마자 곧바로 마케도니아의 총독을 지냈고, 옥타비아누스의 어머니인 아티아

발바 카이소니아는 율리우스 카이사르의 조카딸이었다.[1)]

아우구스투스라는 칭호를 원로원에서 부여받기 전까지의 본 이름은 가이우스 옥타비우스 투리누스(Gaius Octavius Thurinus), 줄여서 옥타비아누스였으며, 기원전 44년 율리우스 카이사르의 양자가 되어서야 비로소 귀족의 지위를 얻을 수 있었다. 이유는 어머니가 귀족 출신이지만 아버지가 평민 출신이어서 옥타비아누스가 카이사르의 양자가 되기 전까지는 평민이었던 탓이다.

그는 기원전 44년 자신의 외할머니 율리아 카이사리스의 남동생이자 자신의 외종조부 격인 카이사르가 암살되자 군사들과 함께 마케도니아로 피신하라는 장교들의 조언을 거절하고 이탈리아로 가서 자신의 잠재적인 정치적 세력을 규합하려 하였다. 브룬디시움 근처에 있는 루피아이라는 곳에 상륙하고 난 뒤, 카이사르의 유언장에 적힌 내용을 전해들은 옥타비아누스는 카이사르 재산의 2/3를 상속받는 것뿐만 아니라 정치적으로도 자신이 카이사르의 진정한 정치적인 후계자가 되기로 하였다.

기원전 43년 8월 19일 옥타비아누스는 집정관으로 임명되었고 친척인 퀸투스 페디우스는 공동 집정관이 되었다. 한편, 마르쿠스 안토니우스(Marcus Antonius)는 친(親) 카이사르파인 마르쿠스 레피두스(Marcus Aemilius Lepidus)와 동맹을 구축하였다. 기원전 43년 10월, 볼로냐 근처에서 열린 회담에서 옥타비아누스는 안토니우스, 레피두스와 함께 군사 독재 체제인 제2차

1) 이 절에서 서술된 아우구스투스의 삶의 발자취에 대한 자료는 다음을 참고하였다. https://ko.wikipedia.org/wiki/%EC%95%84%EC%9A%B0%EA%B5%AC%EC%8A%A4%ED%88%AC%EC%8A%A4

삼두 정치를 결성하였다. 삼두 정치를 행한 집정관의 한 사람으로서 옥타비아누스는 효과적으로 로마와 속주를 지배하였다.

기원전 42년 1월 1일 로마 원로원은 율리우스 카이사르를 신으로 선포하고 신성한 율리우스(Divus Iulius)라 부르게 하였으며, 옥타비아누스는 자신을 신의 아들(Divi filius) 임을 강조하고 자신이 하는 일에 정당성을 확보하였다. 삼두 정치의 한 축인 안토니우스는 이집트에서 클레오파트라(Cleopatra VII)와 불륜을 저지르고 세 명의 아이들까지 낳았으며, 옥타비아누스와의 불편한 관계가 계속 악화되었다. 기원전 40년 가을, 옥타비아누스와 안토니우스는 브룬디시움 조약에 서명하였는데, 이 조약에 의거하여 레피두스는 아프리카를, 옥타비아누스는 서방을, 그리고 안토니우스는 동방을 맡기로 하였다.

옥타비아누스는 안토니우스와의 확고한 동맹을 위해 자신의 친누나인 소 옥타비아를 안토니우스에게 시집을 보냈으며 안토니우스와의 사이에서 대 안토니아와 소 안토니아 두 명의 딸을 낳았다. 그러나 클레오파트라와 결혼 한 안토니우스는 전처인 옥타비아를 로마로 되돌려 보냈는데 이것이 옥타비아누스에게는 안토니우스를 비판하는 좋은 명분이 되었다. 안토니우스가 로마인 배우자를 부정하고 동방의 정부와 불륜을 저지르고 있다는 선동을 하였던 것이다. 민심은 갈수록 안토니우스와 멀어지기 시작하였다.

기원전 33년 1월 1일 옥타비아누스가 다시 집정관에 선출되자 그는 원로원 회의에서 안토니우스가 가지고 있는 작위와 자식들이나 친척들 그리고 여왕인 클레오파트라에게 나눠준 영토 문제에 대해 맹렬한 공격을 퍼붓기 시작하였으며, 기원전 32년 말, 원로원은 안토니우스의 집정관의 권한을 공식적으로 박탈하고 클레오파트라가 다스리고 있는 이집트에 선전 포고하였다.

이러한 일련의 사태와 함께 제2차 삼두 정치도 깨지게 되는데, 다른 집정관이었던 레피두스는 옥타비아누스에게 항복하고 최고 제사장(pontifex maximus)의 직함을 사용할 수 있도록 허락을 받긴 하였으나 삼두 정치 체제에서 쫓겨나고 공직 생활 역시 끝이 나면서 이탈리아의 카페 키르케이에 있는 장원으로 유배되었다. 그리고 마르쿠스 안토니우스 역시 기원전 31년 클레오파트라와의 연합함대를 구성하여 악티움 해전(Battle of Actium)에서 옥타비아누스의 군대에게 맞서 싸웠으나 결국 패전 한 뒤 자살하였다.

제2차 삼두 정치의 붕괴 후 옥타비아누스는 대외적으로 로마 공화정을 부활시키고 정부에 관한 권한은 로마 원로원에게 주었으나, 사실상 권력은 그의 손안에 틀어쥐고 있었다. 아직 로마는 형식상으로는 공화정이었고 로마 시민은 군주제와 독재라면 진저리를 쳤기 때문에 옥타비아누스는 이러한 시민 정서를 거스르지 않기 위해서 서두르지 않고 원로원과 로마 시민이 원하는 것들에 장단을 맞춰가며 차근차근 권력을 손에 넣었던 것이다.

이러한 사려 깊은 옥타비아누스의 접근에 만족한 로마 원로원은 그에게 '존엄한 자'라는 뜻의 아우구스투스(Augustus)라는 칭호를 수여하고, 기원전 29년에 원로원은 옥타비아누스에게 제일인자라는 뜻이 담긴 국가 제1시민(princeps civitatis)이라는 칭호를 부여했다. 흔히 프린켑스라고만 쓰는 이 칭호는 공화정 시대에 지도급 원로원 의원으로 인정받은 집정관 역임자이며 높은 위신과 덕망을 지닌 자를 뜻했다.

아우구스투스는 기원전 27년에 내전을 종식시키기 위해 위임받았던 여러 특권을 원로원에 되돌려주겠다고 발표했다. 하지만 아우구스투스는 여전히 집정관이었고, 원로원은 아우구스투스가 갖고 있는 금화와 은화 발행권을 되찾아올 만한 힘이 없었다. 또한 아우구스투스는 직접적으로 속주와 군대를 다스리지는 않았지만, 여전히 로마 제국의 병사들에게 강한 지지를 얻고 있었으며, 그의 후원에 힘입어 출세한 많은 지지자, 피보호자, 그리고 어마어마한 부로 표현되는 그의 유무형의 자산은 로마의 그 누구와도 비교할 수 없는 경지에 이르렀다. 형식상으로는 프린켑스였지만 실질적으로는 임페라토르(Imperator) 즉 황제이었던 것이다.

아우구스투스의 통치는 재위 기간 내내 로마의 평화(Pax Romana)라 불리는 태평성대를 이루었다. 아우구스투스는 로마 제국의 영토를 넓혔으며, 제국의 국경과 동맹국을 보호하였고 파르티아(Parthia)와 평화 협정도 체결하였다. 그는 로마의 조세 체계를 개선하였고 파발을 위해 육로 교통망을 구축하였으며 상비군과 소수의 해군 그리고 황제의 친위대인 로마 근위대를 창설하였다. 또한 로마에 경찰청과 소방청을 설치하였고 로마시의 상당 부분을 재개발하였다.

아우구스투스는 서기 14년 8월 19일 캄파니아(Campania)의 놀라(Nola)에서 77세의 나이로 세상을 떴다. 아내 리비아 드루실라의 팔에서 맞이한 편안한 죽음이었다고 전해진다.[2] 이후 마르스 광장을 지나 아우구스투스 영묘 앞 광장에서 유해를 화장하였고, 영묘에 묻혔다. 그의 황위는 의붓아들이자 양자인 티베리우스(Tiberius Julius Caesar Augustus)가 물려받았다. 아우구스투스는 죽기 전에 자신의 업적을 기록으로 남겼는데, 이것은 「아우구스투스 업적록」(Res Gestae Divi Augusti)으로 불리며 아직까지도 남아 있다. 서기 14년 그가 죽은 직후, 원로원과 민회는 아우구스투스를 신으로 선포하였고 로마인들의 숭배를 받았다.

카이사르가 제국의 설계도를 만들고 아우구스투스가 설계도에 따라 그대로 돌을 쌓아올림으로써 찬란했던 고대 로마제국이 건설되었던 것이다. 고대 로마 제국의 건설에서 이 둘의 업적을 뺀다면 남는 것은 별로 없을 것이란 말이 결코 지나친 말이 아님을 알 수 있는 것이다.

2. 아우구스투스와 행정

이집트의 여왕이었던 클레오파트라와 율리우스 카이사르 아들인 카이사리온에게 동로마지역을 상속·계승시키려고 했던

2) 시오노 나나미 지음 · 한성례 옮김, 「또 하나의 로마인 이야기」 (서울 : 부엔리브로, 2007), 276쪽.

마루크스 안토니우스[3]와 크레오파트라의 연합군을 악티움 해전[4]에서 격파하고 로마분열의 위기를 극복한 로마의 영웅 옥타비아누스는 로마 원로원으로부터 아우구스투수[5]라는 칭호를 영예롭게 부여받는다.

실제로 그는 로마 제일의 지도자로 발판을 굳히고 종전까지의 공화정에 종언을 고하고 새로운 로마 제정의 기치를 높이 들게 된다. 그는 로마를 새로운 제국으로 일으켜 세우는 초석을 놓고 로마의 번영과 평화의 상징이 된다. 그의 이러한 로마사적 위업에 못지않게 행정사적으로도 커다란 이정표를 제시하고 있다.[6]

이 시기의 체제는 일명 원수 정치(元首政治)라고도 불리어 지며, 아우구스투스는 호민관 직권, 집정관대행(proconsul) 명령권, 집정관 명령권 등 공화제적 관직에 부수 하는 권한을 종신토록 보유하고 전 제국의 약 절반에 달하는 속주의 통치권을 장악하였다. 여기에서 제국 최대의 부호인 동시에 사병(私兵)이나 다름없는 대규모 상비군을 거느린 아우구스투스의 권한은 황제 이상의 것이 되었다. 그리고 이 시기를 정점으로 하여 점차적으로 제국의 관료제기구가 정비되어지기 시작하였다.[7]

---

3) 기원전 83년에 출생을 하여 기원전 30년에 사망했다.
4) 악티움은 그리스 북서부의 안부라키아 만 앞에 있는 반도이다. 육전(陸戰)을 주창한 안토니우스도 해상 결전을 고집한 클레오파트라의 의견을 받아들여 해상에서 옥타비아누스 함대와 격돌하게 되었다. 양 진영은 각각 500척 이상의 함선을 보유하였으나 옥타비아누스의 부장 아그리파가 바람의 방향을 계산한 교묘한 전술로 기선을 제압, 안토니우스 함대를 격파하였다. 안토니우스는 남쪽으로 달아나는 클레오파트라 함대에 실려 이집트로 도망했다. 육상과 해상 전투는 잠시 더 계속되었으나 옥타비아누스군의 대승리로 끝났다. 이병철, 「앞의 책」, 36쪽.
5) '존엄한 자'라는 의미를 가진다.
6) 이병철, 「행정의 역사와 이론」(부산 : 도서출판 금정, 2003), 37쪽.

2.1 행정사상과 일반 행정

1) 주권재민사상이 담긴 행정

그는 우선 나라의 황제도 그의 권력이 국민으로부터 부여된다고 보았고 그러기에 권력이 강한 황제라도 국가의 대표로서 통치하는 것이며 그 권력은 국가의 이름아래 또는 국가의 이익을 위해서 행사되어야 한다고 생각하였다. 이러한 그의 사상을 현재적 시각에서 살펴보자면 주권재민(主權在民)적 의미를 가지는 것이다. 즉 나라의 실제 권력이 바로 국민에게서 나온다는 사상이다.[8)]

지금으로부터 거의 2,000여 년 전에 이러한 민주적 사고를 할 수 있음은 그의 탁월한 정치적 식견과 능력 그리고 깊은 애민(愛民)사상을 인정하지 않고는 생각하기 어려운 점이라 할 수 있다.[9)]

2) 외유내강(外柔內剛)의 정신이 담긴 행정

그는 로마공화정의 국시(國是)를 지키기 위해 실제적으로는 황제이면서도 명칭은 시민의 대표자라는 뜻을 담고 있는 프린켑스로 불리어지기를 원했다. 이는 카이사르의 비극을 지켜보면서 뼈저린 교훈으로 얻은 것으로 공화정을 지지하는 무리들의 저항을 최소화하기 위한 고도의 통치기술 중 하나임은 물론

7) 이병철, 「앞의 책」, 37쪽.
8) 이병철, 「앞의 책」, 37-38쪽.
9) 이병철, 「앞의 책」, 37-38쪽.

이지만 그만큼 그의 정치적인 국량의 대범함을 보여주는 일면이기도 하다.[10]

그는 내전 종료 2년 뒤가 되는 기원전 27년 1월 13일 원로원 회의장에서 놀라운 선언을 한다.

> "내 일신에 집중돼 있는 모든 권력을 여러분의 손에 되돌리겠다. 무기와 법과 로마의 패권 하에 있는 속주의 모든 것을 원로원과 로마 시민의 손에 다시 되돌려 드릴 것을 선언한다."[11]

말로는 이렇게 통 크게 이야기를 했지만 옥타비아누스는 결코 로마를 공화정으로 되돌릴 생각도, 원로원에 권력을 내줄 생각도 전혀 없었다. 만약 그렇게 하면 로마는 곧바로 다시 내란과 혼미의 시대로 돌아가 버린다는 것을 그는 확신하고 있었기 때문이다. 그렇지만 속에 숨기고 있는 제정에 대한 결심이 원로원에 들통이라도 나면 그는 카이사르와 같은 비참한 운명으로 최후를 마칠 것이라는 사실을 직감하고 있었다. 그래서 옥타비아누스는 원로원을 방심하게 만들기 위한 완벽하면서도 철저한 계획을 세우게 된다. 그 계획에 의거한 최초의 수단이 바로 이 공화정 복귀 선언이었던 것이다. 원로원 의원들은 이러한 옥타비아누스의 선물을 받고 미친 듯이 환호하며 그에게 아우구스투스라는 칭호를 주기로 만장일치로 결정했던 것이다.[12]

그 후 아우구스투스는 로마의 역사가 푸블리우스 타키투스

---

10) 이병철, 「앞의 책」, 38쪽.
11) 시오노 나나미 지음 · 한성례 옮김, 「또 하나의 로마인 이야기」, 241쪽.
12) 시오노 나나미 지음 · 한성례 옮김, 「앞의 책」, 242쪽.

(Publius Cornelius Tacitus)가 평한 것처럼, “눈치 채지 못하게 하나씩 긴 시간을 들여 모든 권력을 손에 넣어 갔다.”[13] 그는 카이사르의 비참한 최후를 목격하고 거기에서 커다란 교훈을 얻었던 것이다. 그리고 그는 이러한 교훈을 반면교사(反面教師)로 삼아 철저하게 카이사르와는 반대의 길을 걸어갔다.

> “카이사르를 능가하기 보다는 그와 완전히 다른 존재가 되는 쪽을 택했다. 아우구스투스는 로마적인 소박함으로의 회귀를 강조했고, 내용적인 측면과 형식적인 측면 모두에서 검소함을 추구했다. 또한 카이사르의 화려한 존재감과 대비되도록 조용하면서도 남자다운 위엄을 보였다.”[14]

3) 군제 개혁 행정

그는 또한 군을 상비군(常備軍 : Standing army)[15]화 하였다. 공화정시대 로마에는 상비군 제도가 없었다. 로마의 군사력을 기존의 병력에서 1/3로 줄이고 이를 상비군으로 개편한 것인데 그 수는 15만 명[16]에 달했다. 부족한 병력은 보조 병사를 활용하여 이를 극복하였다. 로마 시민권을 가진 군단 병사와는 별도로 속주민 지원자인 보조병사로 이루어지는 부대를 결성하

---

13) 시오노 나나미 지음 · 한성례 옮김, 「앞의 책」, 243쪽.

14) 로버트 그린 지음 · 안진환 이수경 옮김, 「권력의 법칙」 (서울 : (주)웅진씽크빅, 2009), 404쪽.

15) 영구적으로 운용되는 군대를 가리킨다. 상비군은 상근하는 군인들로 이루어져 있으며, 전쟁이 없는 평화 시에도 해산되지 않는다. https://ko.wikipedia.org/wiki/%EC%83%81%EB%B9%84%EA%B5%B0

16) 그가 최종적으로 결정한 25개 군단 15만 명이라는 상비군 규모는 방위상의 요청이라기보다는 로마의 재정 사정을 근거로 하여 산출된 숫자이다. 시오노 나나미 지음 · 한성례 옮김, 「앞의 책」, 271쪽.

였는데 그 수는 군단 병력과 거의 동등한 15만 명이었다. 그는 이러한 30만 명의 병력으로 로마 제국의 방위선을 지킬 수 있다고 판단하였다.[17]

그리고 군사기금(Aerarium Militare)을 만들어 제대군인들에게 토지와 금전을 주었는데 이것은 현재의 퇴직금제도와 비슷한 것으로 이해 할 수 있다. 물론 이러한 군사기금제도는 마리우스의 병제개혁(兵制改革)과 무관하지 않은 듯싶다. 마리우스는 기원전 107년에 병제개혁을 단행하여, 무산자(無産者)를 지원병으로 채용한다는 마지막 단안을 내려 징병제의 혁신을 가져오게 하였고 이러한 제도개혁은 장군과 사병을 특수한 신의관계로 결속시켰다. 즉 장군은 병사를 그 세력 하에 보호함과 아울러 무산자인 그들이 퇴역한 뒤 노후 생활에 곤란을 겪지 않도록 부동산 분여를 위하여 온갖 노력을 아끼지 않았고, 병사는 무력으로써 장군을 지원하는 외에 민회의 투표권에 의하여 장군의 정치행동을 위한 큰 지지집단이 되었다.[18]

여기에서 군인들의 노후생활을 위한 부동산 분여의 노력에 대한 아이디어는 군의 확고한 지지를 절대적으로 필요로 했던 아우구스투스에게 알게 모르게 군사기금제도 형성에 영향을 주었을 것으로 추정해 볼 수 있는 것이다.

4) 예산 및 재정개혁이 담긴 행정

그는 황제라도 국가원수로서의 공적(公的)인 인격과 사적(私

17) 시오노 나나미 지음 · 한성례 옮김, 「앞의 책」, 271–276쪽.
18) 이병철, 「앞의 책」, 38쪽.

的)인 인격을 구분해야 한다고 보았고 그런 맥락에서 국가재정과 황제의 사유재산을 구분케 하였다. 근대사를 살펴 볼 때에도 이러한 왕의 깨어있고 개방된 사고는 보기 어려운 형편임을 감안할 때 실로 시대를 앞서가는 혜안을 가지고 있는 군주였다고 평가할 수 있는 것이다.[19]

또한 아우구스투스의 개혁 정책 중 특별히 관심을 가지고 지켜 볼 대목은 집정관에게 행정관리에 관한 전반적인 권한을 총괄적으로 위임하고 있으나 재정권만은 황제직속으로 하였다는 사실이다. 이것이 의미하는 바는 실질적 권한의 아킬레스건을 황제 스스로가 배타적으로 독점함으로써 최종적 정책결정자로서의 위엄과 권위 그리고 실력을 지니고 있었음을 알 수 있는 것이다.[20]

현재와 같은 민주주의 국가체제 하에서도 역시 예산을 중요한 관리도구로 보기 때문에 대통령 직속기관으로 두고 있음은 이와 그 맥을 같이 하는 것으로 볼 수 있는 것이다. 예를 들어 미국의 경우 관리예산처(OMB)[21]나 인사관리처(OPM)[22]가 대통령 직속기관으로 존재하고 있는 것이 이를 잘 나타내 주고 있는 것이다.[23]

---

19) 이병철, 「앞의 책」, 38쪽.
20) 이병철, 「앞의 책」, 40-41쪽.
21) 공식명칭은 'Office of Management and Budget'이다.
22) 공식명칭은 'Office of Personnel Management'이다.
23) 이병철, 「앞의 책」, 41쪽.

2.2 조세 행정

1) 간접세

아우구스투스가 '팍스 로마나'의 기반을 쌓아 올릴 때 가장 심혈을 기울인 문제 가운데 하나가 세제(稅制)였다. 그는 가능하면 로마 제국의 세금 체계를 단순하게 만들려고 했다. 고대 그리스나 로마에서의 세금은 간접세를 의미한다. 로마시민에게 직접세가 없었던 이유는 물건이나 돈으로 세금을 납부하는 것이 아니라 병사나 장교로 국가 방위에 참가함으로써 시민의 의무를 완수한다고 생각했기 때문이다. 병역을 혈세라고도 생각을 하였다.[24]

속주민에 대한 직접세 과세의 정당성은 로마 시민의 군단이 나라를 지켜주는 까닭에 국가 방위의 의무를 지지 않는 속주민이 그 방위비를 세금으로 부담해야한다는 논리에 기반을 두고 있었다. 따라서 토지를 가진 속주민에게 부과하는 토지세는 속주를 방위하는 군단 병사들의 급료를 지불하기 위해 받는 세라는 취지가 담겨 있다. 그래서 병역 의무를 지는 속주민이 있다면 그는 당연히 이런 논리에 입각하여 면세가 되었다.[25]

앞서 언급이 되었듯이 로마시민이건 아니건 제국의 모든 주민에게 부과되었던 것이 간접세이며,[26] 이러한 간접세로는 관세와 판매세가 있었다.

24) 시오노 나나미 지음 · 한성례 옮김, 「앞의 책」, 257-259쪽.
25) 시오노 나나미 지음 · 한성례 옮김, 「앞의 책」, 257-259쪽.
26) 시오노 나나미 지음 · 한성례 옮김, 「앞의 책」, 260-261쪽.

(1) 관세

관세는 세율이 제국 전역에 동일 비율로 적용하는 것이 아니라 최소 1.5%에서부터 최대 5%까지 부과가 되었는데 이는 각 지방의 경제력을 배려한 결과였다. 동방에서 들어오는 비단이나 보석, 향신료 등의 사치품에 부과되는 관세는 25%이었으며 홍해와 나일 강 중앙 유역의 세관을 통과한 물건에만 부과했으며 다른 세관을 지나는 경우에는 과세하지 않았다.[27]

(2) 판매세

판매세(일명 소비세)는 백분의 일세라는 명칭대로 1%의 저율의 세금을 부과하였다. 아우구스투스는 이 판매세를 상속세와 동일하게 목적세로 만들어 방위비에 충당시켰다. 그는 로마 시민이 지불하는 이 세금을 방위비로 돌림으로써 속주민만 방위비를 부담하는 현상을 바꾸려 하였던 것이다.[28]

2) 상속세

아우구스투스는 상속세라는 기발한 세제를 발명해 내었는데 그가 상속세를 만든 이유를 다음과 같이 몇 가지로 정리할 수 있다.[29]

우선 전혀 시행된 적이 없는 세금이라서 그것을 처음 듣게 된 시민들은 이를 판단할 자료가 없다는 점이다. 판단할 자료

---

27) 시오노 나나미 지음 · 한성례 옮김, 「앞의 책」, 261쪽.
28) 시오노 나나미 지음 · 한성례 옮김, 「앞의 책」, 263쪽.
29) 시오노 나나미 지음 · 한성례 옮김, 「앞의 책」, 260-261쪽.

가 없기 때문에 골치 아픈 민원 등이 발생하여 시시비비를 가리는 번거로움도 피할 수 있다는 계산이 뒤에 자리 잡고 있다. 다음으로는 정해진 세금이라고 해도 매년 정해 놓고 내는 것이 아니라 누군가 사망을 하여 그 남겨진 재산을 상속할 경우에만 발생하므로 그만큼 세금에 대한 압박감이 적거나 없다는 점이다. 그리고 무엇보다 중요한 것은 죽은 자가 남겨 놓은 유산을 받는 행복한 시기에 내는 것이라 저항이 비교적 적다는 점 등을 고려한 이유 때문이었다.

그는 이렇게 상속세로 거둔 수입을 로마군단에서 제대하는 병사의 퇴직금에 충당한다고 공표하였는데, 이는 상속세를 다른 용도로 사용하지 못하도록 쐐기를 박아 오직 제대병사 퇴직금 충당이라는 목적에 기여토록 목적세화 한 것이다. 상속세의 세율은 5%로 하였는데 이는 10%인 속주세 세율의 절반이기 때문에 로마 시민의 체면도 서게 하는 세심한 배려까지 깃들여 있었다.[30]

3) 노예 해방세

그는 노예 해방세도 신설하였다. 이 세금은 로마 시민이 내는 것이 아니라 자유를 되찾은 해방노예가 자신이 가진 가치의 5%를 내는 것이다. 그가 이 노예 해방세를 만든 이유는 노예 해방을 방치해 두면 생활능력을 갖추지 못한 사람들이 늘어나 치안이 악화되고 이것이 사회문제로 비화 될 수 있기 때문이다. 그래서 세를 낼 만큼의 재산조차 갖지 않은 노예의 해방을 막기 위해서 만든 세제였던 것이다.[31]

30) 시오노 나나미 지음 · 한성례 옮김, 「앞의 책」, 260-261쪽.

2.3 도시기획 행정

아우구스투스는 도시기획가로서의 비범성과 이를 뚝심 있게 밀고 나가며 지원하는 능력도 가지고 있었다. 그는 비범한 도시기획에 대한 아이디어를 현실화시키는데 있어서 빼놓을 수 없는 혜안을 지닌 로마의 지도자였으며, 카이사르 등을 비롯한 역대 지도자들이 해왔던 도시기획과 관련된 대 역사들을 승계하여 발전시켜 나갔을 뿐만 아니라, 많은 로마의 도시기획가들의 건의를 적극적으로 받아들여 실용적이면서도 아름다운 도시들을 건설하였다. 그 뿐만 아니라, 도시계획을 실행에 옮길 때나 이러한 과정에서 발생하는 문제들을 해결하는데 많은 물적 지원과 인적 지원을 아끼지 않았다.[32]

1) 로마 도시기획 행정의 대표적 사례

로마 도시기획 행정의 대표적인 사례로 그에 의해 추진된 베르보니아(Verbonia) 도시계획과 이의 건설과정을 들 수 있다. 이것은 로마의 이상적인 도시모델이 되었던 것이다. 이를 이해의 편의를 위해 간략히 소개하면 다음과 같다.[33]

포강을 낀 비옥한 계곡 평야에 밀과 포도가 다량으로 생산되었고 이렇게 생산된 것들이 로마로 공급이 되고 있었는데 기원전 26년에 포강이 홍수로 인해 범람을 하여 농작물을 제대로

---

31) 시오노 나나미 지음 · 한성례 옮김, 「앞의 책」, 260-261쪽.
32) 이병철, 「기획의 역사」 (울산: 울산대학교 출판부, 2011), 75쪽.
33) 이병철, 「기획의 역사」, 75-76쪽.

수확하지 못하게 되었다. 농작지는 홍수로 인해 심하게 유린되었고 중요한 다리마저 무너져 내렸다. 아우구스투스는 즉시 홍수 피해를 입은 이 지역에 45명의 군 엔지니어와 건축토목 전문가, 측량기사, 피해조사관 그리고 도시기획가 등을 급파하였다. 이들은 새로운 다리를 놓고 도로를 새로 부설하고 새로운 도시를 건설하는데 참여를 하였다. 바로 그 도시가 이상적인 도시모델이 된 베르보니아로 명명이 된 것이다.[34]

아우구스투스는 새롭게 재건된 도시가 로마를 위해 보다 많은 농작물들을 생산해 주고 상업이 활성화되는 그런 도시로 발전해 주길 희망했다. 새로운 도시개발을 가속화시키기 위해 아우구스투스는 이 도시를 지속적으로 개발하는데 도움을 주고 개발 후 이 도시의 일등시민이 될 수 있도록 2천 여 명의 군인들을 제대시켜 개발 사업에 참여시켰다.[35] 이러한 아우구스투스의 적극적인 지원과 노력이 없었다면 도시개발과 같은 이와 같은 결과는 얻어낼 수 없었을 것이다.[36]

2) 로마 도시기획 행정: 로마 포럼(Roman Forum)의 확장

아우구스투스 시대의 로마의 도시기획은 지금의 기준으로 본다고 해도 손색이 없을 정도로 훌륭한 것이었다. 아우구스투스가 권력을 잡았을 당시의 로마는 이미 700여 년의 역사를 지닌 국가였기 때문에 이미 상당 부분 도시의 형태가 자리 잡

---

34) David Macaulay, *City : A Story of Roman Planning and Construction* (New York : Houghton Mifflin Company, 1974). ; 이병철, 「앞의 책」, 76쪽.
35) *Ibid.*, ; 이병철, 「앞의 책」, 76쪽.
36) 이병철, 「앞의 책」, 76쪽.

혀 있었다. 로마 주변을 흐르고 있는 테베레 강가에 자리 잡은 고대 로마의 일곱 언덕 중 하나인 카피톨리노(Capitoline)[37]를 중심으로 하여 그 정상에 유피테르 카피톨리누스 신전이 자리 잡고 있었다.[38]

로마인들의 영적 구심점을 도시중심으로 삼은 것이다. 그리고 이미 정치와 행정 그리고 경제의 중심지인 로마 포럼이 조성이 되어있었는데 아우구스투수는 이를 확장하는 노력을 기울였다. 특히 이러한 노력의 일환으로 마르스 울토르(Mars Ultor) 사원이 있는 아우구스투스 포럼이 새롭게 조성이 되기도 하였다. 이 포럼을 세운 명목상의 목적은 속주 행정을 위해 더 유용한 시설물을 제공한다는 것이었지만 내면적인 실제 목적은 자신이 몸담은 가문이 매우 강력하다는 것을 대내외에 드러내기 위한 것이었다.[39]

포럼의 중앙에는 율리우스 카이사르 살해에 대한 아우구스투스의 복수를 상징하는 복수자 마르스의 웅장한 신전이 자리 잡고 있으며 다른 한쪽의 주랑들에는 율리우스 가문 사람들을 묘사하는 상 들이 있고, 또 다른 한쪽에는 로마 시를 창시한

37) 로마의 일곱 언덕 중 하나로 로마 포럼을 사이에 두고 팔라티노(팔라티누스 : Palatinus) 언덕과 마주보고 있다.

38) 로마는 도시기획도 고대 그리스에서 배워왔다. 그리스 도시기획의 원칙은 높은 산위나 산자락을 끼고 만들어서 방어에 유리한 곳에 짓는 것이다. 고대 그리스 아테네 중앙의 높은 언덕에 성벽을 두르고 신전을 세운 것이 아크로폴리스(Acropolis)이고 이곳에 세워진 신전이 파르테논(Parthenon) 신전이다.

39) 로마는 그리스의 아크로폴리스를 모방하여 카피톨리노 언덕 위에 주피터 신전을 세웠고 이 신전 아래 평지에는 아고라를 본 떠 포럼을 만들었다. 물론 로마는 후대로 가면서 건축기술을 발달시켜 평지에 도시를 건설하게 된다. 아치를 사용해 건물을 고층화시켰으며 돔으로 웅장한 실내공간을 창출했던 것이다. 이병철, 「기획의 역사」, 83쪽.

로물루스에서 마리우스, 폼페이우스(Gnaeus Pompeius), 루키우스 술라(Lucius Cornelius Sulla Felix)와 같은 공화정 후기 지도자들의 상들이 있다.[40]

3) 로마 도시기획 행정 : 도시 재건 계획의 구상과 추진

아우구스투스의 꿈은 보다 원대했다. 그는 로마 자체를 재건하려고 하였던 것이다. 그는 이를 위해 대단위 로마 도시 재건 계획을 구상하고 이를 밀고 나아갔다. 물론 이 도시 재건 계획에는 내전 기간 동안 방치되었던 기존의 건물들을 복구하는 일도 포함이 되어있었다. 한 해에만 82개의 신전이 복구되었으며[41] 마르켈루스 극장, 팔라티누스 언덕 위에 있는 아폴론 신전, 해시계, 영묘인 원형의 마우솔레움 등의 웅장한 새 건물도 세워졌다.[42]

또한 로마를 끼고 도는 테베르 강 유역의 평야 위에 원형신전인 판테온(Pantheon)을 비롯한 여러 주요 건물들을 세웠으며, 이에 그치지 않고 이미 조성되어있던 키르쿠스 막시무스(Circus Maximus) 대전차 경기장을 확대 보완하여 로마 시민들의 여가생활과 고대 로마의 현재와 미래를 지탱해 나갈 상무정신 고양에도 힘썼다.[43]

그리고 평원지대에 자리 잡은 로마의 지형으로 인해 비롯된

40) 크리스 스카레 지음 · 윤미경 옮김, 「로마황제」 (서울 : 갑인공방, 2004), 24쪽. ; 이병철, 「앞의 책」, 83-84쪽.
41) 크리스 스카레 지음 · 윤미경 옮김, 「앞의 책」, 23쪽.
42) 크리스 스카레 지음 · 윤미경 옮김, 「앞의 책」, 23쪽. ; 이병철, 「앞의 책」, 84쪽.
43) 이병철, 「앞의 책」, 84쪽.

방위상의 취약점을 보완하기 위해 로마 중심지를 에워싸는 10킬로미터에 이르는 세르비우스(Servius) 성벽을 다시 견고하게 축성 보완하였다. 이미 앞서 언급을 하였지만 시오노 나나미는 이 성벽이 너무나 견고한 나머지 제2차 포에니 전쟁 당시 카르타고의 명장 한니발(Hannibal) 군대의 로마 포위 압박에도 불구하고 로마는 한니발의 군대에 유린되지 않았다는 점을 강조 하고 있다.44)

4) 로마 도시기획 행정 : 수도교의 건설과 하수도 재정비

아우구스투스는 한 걸음 더 나아가 로마시민에게 깨끗하고 충분한 용수를 공급하기를 원했다. 그는 이를 위해 먼 곳에 위치하고 있는 호수의 물을 수도관과 연결하여 로마 시내에 공급하는 대수로45)를 교량 식으로 설치하는 일도 게을리 하지 않았다. 이렇게 해서 새로이 건설된 것이 아쿠아 율리아(Aqua Julia)와 아쿠아 비르고(Aqua Virgo)라는 수도교로 연결 된 대수로이었다.46) 이에 그치기 않고 그는 기존의 수로와 하수도까지 대규모로 재정비하였다.47)

후대의 황제들 역시 아우구스투스의 뜻을 받들어 수로 건설을 게을리 하지 않았으며 그 결과 로마는 기원전 312년에 최초로 건설된 아피아 수도를 포함해 11개의 수로를 갖게 되었

44) 시오노 나나미 지음 · 김석희 옮김, 「로마인 이야기 : 한니발 전쟁」, 2권 (서울 : 한길사, 1995), 234쪽. ; 이병철, 「앞의 책」, 84-85쪽.
45) 에트루리아인이 대수로의 아이디어를 처음으로 개발해냈다고 하는 주장도 있다.
46) 크리스 스카레 지음 · 윤미경 옮김, 「앞의 책」, 23쪽.
47) 이병철, 「기획의 역사」, 85-86쪽.

다.[48] 시오노 나나미는 로마문명을 가능케 한 것으로 로마가도와 함께 로마인이 이룩한 2대 인프라 중 하나로 수로를 들고 있다.[49]

5) 로마 도시기획 행정 : 평가

이러한 아우구스투스와 그 이후의 역대 황제들에 의한 로마의 도시기획에 대한 관심과 이를 업그레이드 시키려는 노력의 여러 결과들로 인해 로마는 로마 시민의 삶을 보장하고 나아가 그들의 삶의 질을 높이고 풍요롭게 할 수 있는 도시로의 위용을 가질 수 있게 되었다.[50]

기원전 44년에서 기원전 7년 사이에 로마를 수차례 방문했던 그리스의 지리학자이며 역사학자였던 스트라보(Strabo)는 대형 건물로 가득 찬 거대도시 로마에 압도당했다고 고백을 했다는데 이는 고대 로마 도시기획의 우월성과 이를 일구어내려는 아우구스투스와 같은 지도자들의 노력과 행정능력에 대한 찬사로 받아들일 수 있을 것 같다.[51]

---

48) 시오노 나나미 지음 · 김석희 옮김, 「앞의 책」, 437쪽.
49) 시오노 나나미 지음 · 김석희 옮김, 「앞의 책」, 437쪽. ; 이병철, 「앞의 책」, 87쪽.
50) 이병철, 「앞의 책」, 87-88쪽.
51) 이병철, 「앞의 책」, 87-88쪽.

4/

고대 로마 시대의 행정사상가들 : 키케로와 소(小) 카토

1. 키케로(Marcus Tullius Cicero)

1.1 삶의 발자취

키케로는 기원전 106년 아르피눔(Arpinum)의 지방기사 가문에서 출생하였다. 아들의 출세를 열렬히 갈망하는 아버지의 적극적인 지원으로 일찍부터 로마로 유학하여 관료가 되기 위해 필요한 수사학, 웅변술 등을 스카이볼라 밑에서 배우고 익혔다.[1)]

---

1) 이 절에서 서술된 키케로의 삶의 발자취에 대한 자료는 다음을 참고하였다. https://ko.wikipedia.org/wiki/%EB%A7%88%EB%A5%B4%EC%BF%A0%EC%8A%A4_%ED%88%B4%EB%A6%AC%EC%9A%B0%EC%8A%A4_%ED%82%A4%EC%BC%80%EB%A1%9C

그러면서 이 시기에 그는 제2차 포에니 전쟁 당시 로마를 구한 스키피오 아프리카누스(Publius Cornelius Scipio Africanus) 장군의 세계관에 큰 감명을 받았다. 스키피오는 카르타고의 명장 한니발(Hannibal Barca)의 로마 공격으로 인해 풍전등화와 같은 로마의 운명을 구출해 낸 전설적인 로마의 장군이었다. 그리고 키케로는 철학을 고대 그리스 철학자 파이드루스에게서 배운 것으로 알려져 있으며, 그는 기원전 91년에서 88년까지 군복무를 하였다.

기원전 88년부터 82년에 걸쳐 키케로와 같은 고향 출신이며 이례적으로 7번이나 집정관에 당선되었고 로마 군단에 대한 마리우스의 개혁으로 널리 이름을 떨친 가이우스 마리우스(Gaius Marius)와 당시의 원로원의 든든한 후원을 받던 루키우스 술라[2] 사이에서 벌어진 내전 동안, 키케로는 아카데미 학파의 필론[3] 밑에서 플라톤과 아리스토텔레스를 배우고 익혔다.

그의 나이 26세 때에는 아버지 살인 혐의로 고소된 로스키우스를 성공적으로 변호함으로써 로마의 정계에 자신의 이름을 널리 알리기도 하였다. 기원전 79년부터 77년 사이에는 아테네를 비롯하여 소아시아 지방 그리고 로도스 섬까지 두루 여행하면서 견문을 넓혔다. 기원전 75년 31세의 나이로 재무관에 선출되었고, 5년 뒤 안찰관에 선출되어 자신의 재임 기간 동안

2) 로마 시대의 정치가이며 장군이었다. 뛰어난 술수와 군사적 재능으로 군대를 이끌고 로마에 두 번이나 진격하였고 독재관이 되어 반대파에 대한 무자비한 숙청으로 공포정치를 실시했다. https://ko.wikipedia.org/wiki/%EC%88%A0%EB%9D%BC

3) 고대 알렉산드리아의 유대인 철학자이다. https://ko.wikipedia.org/wiki/%ED%95%84%EB%A1%A0

유명한 베레스 반박문을 썼으며, 기원전 66년에는 법무관에 선출되어 당시 정계의 실권자였던 폼페이우스(Gnaeus Pompeius)를 지지하는 변론을 쓰기도 하였다.

기원전 63년에는 43세의 나이로 로마 최고 관직인 집정관에 선출되었다. 그는 집정관 재임 시 막강한 권력을 쥐고 있던 원로원에 맞서서 로마 공화정을 전복하려고 시도한 카틸리나(Lucius Sergius Catilina)의 역모 사건을 적발하고 원로원 최종 권고를 선포한 뒤, 일당 5명을 붙잡으면서 로마를 위기에서 건졌다. 그러나 옥에도 티가 있다고 이때 재판도 없이 혐의자를 처형한 문제로 나중에 호된 곤욕을 치르게 되는 것이다. 율리우스 카이사르가 기존 원로원 체제의 문제점을 공격하는 도구로 이 사건을 이용했던 것이다.

그러나 기원전 60년에 율리우스 카이사르, 폼페이우스 그리고 크라수스가 제1차 삼두정치 협약을 체결하게 되자, 기존의 공화국 체제를 강하게 고수하려는 입장을 지닌 키케로는 이들 실권자들로부터 따돌림을 받았다. 설상가상으로 키케로에게 개인적으로 유감이 있는 클로디우스는 이 기회를 틈타 키케로가 집정관 재직 시 카틸리나의 모반 가담자 5명을 불법으로 처형한 사실을 들추어내어 고소를 하였다. 이로 인해 키케로는 기원전 58년 3월부터 57년 8월까지 약 1년 6개월 동안 로마에서 추방을 당하기도 하였다.

기원전 49년에 막강한 권력을 쥐고 있던 원로원과 결탁한 폼페이우스와 원로원으로부터 소외되어있던 율리우스 카이사르 사이에 벌어진 로마 공화정의 내전에서, 키케로는 어느 편에 가담할 것인가 하는 갈등과 번민 끝에 결국 원로원파인 폼페이우스 진영에 가담을 하게 됨으로써 반 카이사르 진영의 일원이 되었다. 기원전 48년 8월 9일에 벌어진 파르살루스 전투에서 폼페이우스가 카이사르에게 크게 패배함으로써 내전이 종식되자 키케로의 운명은 카이사르의 말 한마디에 달리게 되었다.

고대 그리스의 역사가인 플루타르코스[4]가 말하였듯이 키케로는 역경에는 아주 약한 위인이었다.[5] 지식은 월등하게 풍부하지만 선견지명이 없고 게다가 결단력도 부족한 키케로가 자신의 다가올 운명에 대해 지나치게 비관적으로 노심초사했던 결과와는 달리, 카이사르는 로마로 입성한 후 키케로를 흔쾌히 사면해 주었을 뿐만 아니라, 심지어 로마를 위해 계속 정치 활동을 해 줄 것을 권고까지 하였다.

그는 고마움에 카이사르에게 충성을 바치는 맹세를 하고 그를 추종하지만 점차적으로 눈에 드러나 보이는 독재 정치에 대한 회의와 무력감을 느끼면서 정치와는 일정한 거리를 두면서 주로 철학을 주제로 한 책을 쓰면서 시간을 소일하였다. 이러한 정치적 불만과 함께 설상가상으로 기원전 45년에는 사랑하고 아끼던 딸 툴리아가 사망하였다. 이로 인해 키케로는 그나마 지탱해 오던 삶의 보람을 거의 상실하게 되었던 것이

4) 고대 그리스 시대의 철학자이며 정치가 겸 작가이다. 그는 중기 플라톤주의 철학자들 중의 한 명이었으며, 플루타르코스 영웅전 외에 유명한 저작으로는 「도덕론」이 있다. 플루타르코스는 46년 그리스 델포이 인근의 보이오티아 지역에 있는 카이로네이아의 작은 마을에서 태어났다 한다. https://ko.wikipedia.org/wiki/%ED%94%8C%EB%A3%A8%ED%83%80%EB%A5%B4%EC%BD%94%EC%8A%A4

5) 시오노 나나미 지음 · 김석희 옮김, 「로마인 이야기 : 율리우스 카이사르 (하)」, 5권 (서울 : 한길사, 1999), 224쪽.

다. 기원전 44년 브루투스 등 공화정을 지지하는 사람들에 의해 카이사르가 암살된 후, 키케로는 공화정을 다시 되살리고자 하는 작은 희망으로 고무되어 특히 마르쿠스 안토니우스를 탄핵하는 '필리피카이'를 발표하여 일인 독재와 폭력 정치를 규탄하였다.

또한 기원전 43년 안토니우스를 배척하기 위한 수단으로 키케로는 카이사르의 양자이자 법적 상속자인 젊은 옥타비아누스를 제대로 간파하지 못하고 과소평가 하여 정치적으로 기만을 하지만, 곧 제2차 삼두정치에서 자신의 노력이 헛되었음을 실감하게 된다. 급기야 기원전 43년 12월 7일 모든 희망을 버리고 로마를 떠나 지방으로 피신하던 키케로는 제2차 삼두정치의 주력들에 의해 살생부 명단에 올라가게 되고, 그 뒤 안토니우스의 사주를 받은 부하에 의해 카이에타(Caieta)에서 암살당함으로써 파란만장한 삶을 마감하게 된다.

그의 저작으로는 「웅변가에 관하여」(De Oratore), 「키케로의 국가론」(De re publica), 「의무에 관하여」(De officiis), 「법론」(De legibus) 등이 있고, 변호문으로는 기원전 70년에 쓴 '베레스 반박문'(In Verrem), 기원전 66년에 쓴 '폼페이우스의 지휘권에 관하여'(De imperio Cn. Pompei), 기원전 63년에 쓴 '카틸리나 반박문'(In Catilinam), 기원전 44년에 쓴 '필리피카이'(Philippicae orationes) 등이 있다.

1.2 키케로와 행정

율리우스 카이사르 집권 시의 로마의 정치가이며 법률가였던 키케로는 다음과 같은 주장을 하였는데 이러한 그의 말에서 공무원의 이상적인 공복관(公僕觀)을 읽을 수 있다.

> "정부의 업무를 책임진 사람은 플라톤의 법칙 중 두 가지를 반드시 기억해야 한다. 첫째, 관리는 국민의 이익을 위해서 업무를 집행해야 되며 그 자신의 이익과는 상관없이 그들의 모든 일은 상기한 목적에 따라 확정되어야 한다. 둘째, 관리는 국민을 배반하고 한 개인이나 어떤 특정한 사람들의 이익을 위해서 봉사할 것이 아니라 국민전체의 복리를 위해서 행정을 집행해야 한다. 그 이유는 정부행정은 관리직과 같아서 관리를 잘 해달라고 위촉을 한 주인 격으로 있는 사람 즉 국민을 위해서 일해야 하기 때문이다."[6)]

또한 그는 현재 공직자를 일컫는 영어 적 표현 즉 공중(公衆)의 하인(public servant) 혹은 시민의 하인(civil servant)이라는 용어를 처음으로 사용을 하여 공직자의 어원적 의미를 시민들을 받들고 섬기는 사람으로 나타내기도 하였다.[7)]

키케로는 정치가나 법률가로 더 잘 알려있지만 행정에 대해서도 깊은 조예와 경륜을 지니고 있었다고 볼 수 있다. 앞에서도 이미 살펴보았듯이, 그는 로마와 아테네에서 폭넓고 깊이 있는 공부를 하였고 보수파 정치가로서 활약하였으며, 기원전

6) 이병철, 「행정의 역사와 이론」(부산 : 도서출판 금정, 2003), 39쪽.
7) 이병철, 「앞의 책」, 39쪽.

63년에 집정관을 맡아 카틸리나[8]의 음모를 타도하여 '국부'의 칭호를 받을 만큼 행정을 총괄하는 집정관으로서의 직책을 성공적으로 수행하였다.[9]

뿐만 아니라, 짧은 기간이기는 했지만 실리시아(Cilicia)의 총독직도 무난하게 치러 냄으로써 중앙과 지방에서 행정에 대한 능력을 대내·외적으로 나타내 보이기도 했다.[10] 그리고 이 총독직을 통한 경험은 그 당시 지방행정의 폐단을 비판 할 수 있는 안목을 가질 수 있게 만들어 주기도 하였다.[11]

그러나 그는 정치적으로는 말년에 불운을 경험하게 된다. 율리우스 카이사르와 반목하여 정계에서 쫓겨나 문필에 종사하게 되었고, 그나마 자신을 나름대로 포용하여 보호해주던 카이사르가 암살된 뒤에 실권자가 된 안토니우스를 탄핵한 일과 그의 마지막 역작인 철학서적 「의무에 관하여」에서 카이사르를 살해하는 음모를 찬양하는 글을 싣게 된 일들로 인해 그는 안토니우스의 사주를 받은 부하에 의해 죽음을 맞게 되는 것이다.[12]

시오노 나나미는 키케로의 최후를 다음과 같이 서술하고 있다.

---

8) 몰락귀족 출신으로, BC 78년 검찰관, BC 68년 치안관 그리고 BC 67~66년 아프리카 총독을 역임하였다. 그 후 여러 차례 집정관에 입후보하였으나 거듭 낙선하자, 국가전복의 대음모를 꾸미다 발각되어, 에트루리아로 도피, 추격한 정부군과 싸웠으나 패전하여 죽었다. 음모사건은 공화정 말기 로마사회의 부패와 타락을 단적으로 말해주는 사건으로 평가된다. 이병철, 「앞의 책」, 39쪽.

9) 이병철, 「앞의 책」, 39쪽.

10) E. N. Gladden, *A History of Public Administration*, Vol.1 (London : Frank Cass, 1972), p.114. ; 이병철, 「앞의 책」, 39쪽.

11) 이병철, 「앞의 책」, 39쪽.

12) 이병철, 「앞의 책」, 39쪽.

"키케로는 수색대가 다가오고 있다는 소식을 듣고도 행동을 취하지 않았다. 노예들이 그를 지켜 싸우겠다고 제의했지만, 쓸데없는 저항은 그만두라고 말했을 뿐이다. 침착하게 맞이한 죽음이었다. 안토니우스의 명령에 따라, 키케로의 시체에서는 머리만이 아니라 오른손도 잘렸다. 키케로의 목과 오른손은 로마로 보내져 포로 로마노의 연단에 효수되었다. 안토니우스는 「필리피카이」[13]를 쓴 오른손까지 처벌하지 않고는 직성이 풀리지 않았던 것이다. 카이사르 암살에 환호한지 1년 9개월밖에 지나지 않은 기원전 43년 12월 7일의 일이었다. 키케로의 나이 63세였다."[14]

2. 소(小) 카토(Marcus Porcius Cato Uticensis)

2.1 삶의 발자취

마르쿠스 포르키우스 카토는 일명 소 카토라고 불리기도 하였는데, 그 이유는 같은 이름을 가진 대(大) 카토의 증손자이기 때문이다. 그의 증조할아버지가 되는 대 카토는 제2차 포에니 전쟁 당시 스키피오 장군을 도와 카르타고의 한니발 장군에 대

---

13) 기원전 44년 카이사르가 암살된 후, 키케로는 공화정을 되살리고자 하는 작은 희망으로 특히 마르쿠스 안토니우스를 탄핵하는 「필리피카이」를 발표하여 일인 독재와 폭력 정치를 규탄한다. https://ko.wikipedia.org/wiki/%EB%A7%88%EB%A5%B4%EC%BF%A0%EC%8A%A4_%ED%88%B4%EB%A6%AC%EC%9A%B0%EC%8A%A4_%ED%82%A4%EC%BC%80%EB%A1%9C

14) 시오노 나나미 지음 · 김석희 옮김, 「앞의 책」, 438쪽.

적하여 싸워, 위기에 처한 로마를 구한 영웅이기도 하였다. 이런 핏줄을 타고 난 소 카토는 로마 공화정 말기의 정치인으로 율리우스 카이사르에게 대적하여 로마 공화정을 수호한 것으로 유명하고 스토아학파의 철학자이기도 하였다. 그는 당시 부패가 만연한 로마의 정치 상황에도 불구하고 자신의 신념을 지키고, 올곧은 청렴결백함의 상징적 인물로도 유명했다 한다.15)

그는 기원전 95년 로마에서 아버지인 마르쿠스 포르키우스 카토, 그리고 어머니인 리비아 드루사 사이에서 출생을 하였다. 그러나 불운하게도 그의 부모가 일찍 세상을 떠나자 외삼촌인 마르쿠스 리비우스 드루수스의 집에서 자랐는데 드루수스는 소 카토가 4살 때 암살당했다. 전해져 내려오는 이야기에 따르면 어린 시절부터 완고하고 강직함으로 유명하였다고 하며 당시 로마 실력자였던 술라는 어린 아이인 소 카토와 대화하기를 무척이나 좋아했다고 전해진다.16)

그는 유산을 상속 받은 다음에 삼촌의 집을 떠나 스토아 철학과 정치학을 공부했다고 하며, 증조할아버지 대 카토가 그랬던 것처럼 청렴하고 검소한 생활을 했다 한다. 춥고 비오는 날에도 건강을 해치지 않을 정도의 최소한의 옷만 걸쳤고, 꼭 필요할 때만 음식을 먹었으며, 시장에서 값싼 포도주만 먹었다고 하는데, 충분한 유산이 있었음에도 불구하고 자신이 가지고 있는 철학적인 신념을 실천하려고 했기 때문에 그렇게 검소하고

---

15) https://www.google.co.kr/?gws_rd=ssl#q=%EC%86%8C+%EC%B9%B4%ED%86%A0

16) 이 절에서 서술된 소 카토의 삶의 발자취에 대한 자료는 다음을 참고하였다. https://ko.wikipedia.org/wiki/%EC%86%8C_%EC%B9%B4%ED%86%A0

절제하는 삶을 살았던 것으로 사료가 된다.

기원전 72년 제3차 노예전쟁(Third Servile War)으로도 불리어지는, 반란군의 지도자인 스파르타쿠스의 이름을 딴 스파르타쿠스의 난(War of Spartacus) 발발 시 일개 무명의 병사로 참전을 하였고, 기원전 67년에는 군사호민관으로 마케도니아에서 복무를 했는데 그곳에서도 언제나 앞장을 서서 솔선수범을 하고 병사들과 함께 동고동락하면서 복무를 했다 한다.

기원전 65년에 로마로 되 돌아와 재무관이 되었는데 이때도 여느 때와 다름없이 불의와 타협을 용납하지 않는 강직함으로 유명했다고 한다. 그는 전임자들이 저지른 비리나 부정부패를 서슴지 않고 고발하고, 특히 날던 새도 떨어뜨린다는 세도 당당한 술라의 독재관시기에 악명 높았던 그의 부하를 공금횡령으로 고발까지 하다가 정치적으로 많은 어려움을 겪기도 했다 한다.

또한 원로원에 진출한 소 카토는 한 번도 회의에 빠지지 않는 성실함과 꼼꼼함으로 점철 된 의정활동을 모범적으로 펼쳤고, 원래는 술라 부하들의 모임이었던 '원로원 파'를 공화정을 수호하는 정치집단으로 만드는 데도 일조를 했다 한다.

기원전 63년 이듬해 호민관으로 당선된 그는 집정관 키케로를 도와 카틸리나가 일으킨 모반 사건을 해결하는 데 열중했는데 이때 율리우스 카이사르를 공격한 연애편지 사건의 일화는 유명하다. 카틸리나 모반 사건이후 소 카토는 점점 세력을 키워가는 제1차 삼두정치의 주도 인물들에 대한 반대에 앞장을 섰다.

그러한 대표적인 예로는 폼페이우스와 카이사르의 토지개혁 시도를 반대했고, 기원전 60년에는 카이사르의 집정관직에 반대를 하였으며, 기원전 59년에는 카이사르의 법안에 대해 반대를 하였다. 특히 카이사르가 5년 임기의 갈리아 총독으로 떠나는 것에 대해서도 반대를 했으나 성사시키지 못하고 결국 실패했다. 이러한 역사적 사실들을 볼 때 소 카토는 제1차 삼두정치를 주도했던 카이사르와 첨예한 대립각을 세우고 여러 문제에서 부딪치면서 좌충우돌하였던 것으로 사료된다.

한편 원로원파인 키케로를 실각시키는데 소 카토가 방해물이 되자 제1차 삼두정치의 주도자들은 기원전 58년 소 카토를 키프로스의 총독으로 보냈다. 기원전 58년 말부터 기원전 56년까지 2년 간 총독 직을 수행한 후 로마로 되돌아온 소 카토는 예전에 그러했듯이 계속해서 삼두정치에 반대했고, 기원전 53년 삼두정치의 한 축을 담당했던 크라수스가 죽고 삼두정치가 깨어질 위기에 처하자 카이사르를 견제하고 그를 소외시키기 위해 폼페이우스를 카이사르와 떼어놓는 데 전념했다.

기원전 51년 소 카토는 집정관직에 도전을 했으나 그 당시에 일반화 된 정치선거 풍토와는 너무나 거리가 먼 지나칠 정도의 청렴한 선거운동으로 인해 당선에 실패했다 한다.

기원전 49년에 소 카토는 폼페이우스가 카이사르와 거리를 두고 원로원 파에게 완전히 쏠리도록 지원을 했을 뿐만 아니라, 카이사르가 원정 중인 갈리아에서 자신의 군대를 해산하고 무장해제 된 민간인 신분으로 로마로 귀환하라는 명령을 원로원에서 발의하게 하는 데 발 벗고 나섰으며 결국 이를 성사시켰다. 이로 인해 카이사르는 공화정의 적으로 규정되었고, 이에 반발한 카이사르는 원로원의 명을 거스르고 자신의 군단을 이끌고 루비콘 강을 넘었던 것이다.

소 카토를 비롯한 원로원 파의 원로들은 카이사르가 자신의 군대를 무장시킨 상태에서 루비콘 강을 기습적으로 넘어 올 것이란 생각까지는 하지 않은 듯 싶다. 그렇게 생각하게 만든 것은 카이사르의 심중을 정확히 꿰뚫어보지 못한 점과 카이사르가 장악하고 있는 무장병력에 대한 과소평가[17] 등 소 카토를 비롯한 원로원 파의 원로들의 안이한 상황 인식 때문이었다. 그들은 원로원의 명령을 어기면 반역을 하는 것이고 이는 곧 로마의 공적이 될 것이란 점을 카이사르가 너무도 잘 알기에 가볍게 행동하지는 않을 것[18]이라는 다분히 근거 없는 낙관적인 판단을 내리는 큰 오류를 범했던 것이다. 결국 이러한 그들의 판단 착오는 자신들의 허를 찔리는 결과를 가져왔다.

또한 이들이 내린 판단의 큰 오류 중 하나로 카이사르의 이동 속도를 잘못 계산하였다는 것이다. 예상보다 빨리 로마로 접근하는 카이사르의 이동 속도는 이들로 하여금 방어를 위한 준비를 하는데 시간적으로 여유를 가질 수 없게 만들은 것이다.[19] 예상했던 것보다 빠른 속도로 로마를 향해 달려 내려오는 카이사르의 기세에 눌려 원로원 파 중 대다수는 로마를 버리고 달아나기 급급했고 이러한 대열에는 원로원 파와 운명을 같이 하기로 한 폼페이우스도 예외는 아니었다.[20] 사태가 이 지경에 이르자 소 카토는 시칠리아 방어를 맡았으나 이를 포기

17) 시오노 나나미 지음 · 김석희 옮김, 「앞의 책」, 11쪽.
18) 시오노 나나미 지음 · 김석희 옮김, 「앞의 책」, 11쪽.
19) 시오노 나나미 지음 · 김석희 옮김, 「앞의 책」, 11-12쪽.
20) 시오노 나나미 지음 · 김석희 옮김, 「앞의 책」, 15쪽.

하고 결국 디라키움(Dyrrhachium)으로 도망가 폼페이우스와 합류할 수밖에 없었다.

그는 술라에게서 카이사르에게는 수많은 마리우스가 있다는 충고를 들었을 뿐만 아니라, 카이사르의 술라 파 숙청과 폼페이우스 제거기도 등을 보고 그가 독재자가 되리라고 확신했던 듯 싶다. 그래서 그는 카이사르를 증오하였고[21] 그런 그의 생각은 당연히 카이사르의 전횡에 맞서 대립하는 반대 편에 설 수 밖에 없게 만들은 것으로 볼 수 있다.

시오노 나나미는 카이사르와 소 카토의 심성의 차이를 비교하며 결코 뜻을 같이 할 수 없는 숙적의 관계로 머물 수밖에 없는 운명임을 설파하고 있다.

> "청렴결백한 생활을 무엇보다 중시하고 올바르지 않은 일이라면 뭐든지 반대한 카토 같은 인물에게 카이사르 같은 사나이ㅡ깨끗하지도 않고, 품행도 좋지 않고, 야망은 남달리 강하고, 빚을 지고도 태연하고, 정치를 해도 전투를 해도 항상 이기고, 민주적으로 행동하는 것도 아닌데 지지자는 부족하지 않고, 게다가 이런 일들을 거침없이 추진해버리는 사나이ㅡ는 용납할 수 없는 존재였다. 요컨대 서로 기질이 맞지 않아서, 설령 정치적 신념이 다르지 않았다 해도 두 사람이 친구가 되지는 못했을 것이다."[22]

기원전 48년에 벌어진 '디라키움 공방전'(Battle of Dyrrhachium)과 이어 벌어진 '파르살루스 전투'에서 소 카토는 키케로와 함

21) 시오노 나나미 지음 · 김석희 옮김, 「앞의 책」, 261쪽.
22) 시오노 나나미 지음 · 김석희 옮김, 「앞의 책」, 261쪽.

께 디라키움 항구를 지키는 임무를 맡았다. 그러나 파르살루스 전투에서 폼페이우스가 크게 패배하고 대세가 기울어지자 소 카토는 메텔루스 스키피오와 함께 패잔병을 이끌고 아프리카에 도착해 현재의 튀니지(Tunisia)에 위치한 우티카(Utica)에서 역전을 기대하며 세력을 규합했다.

폼페이우스는 자신의 마지막 피난처로 생각했던 이집트에서 살해되고 나머지 원로원 파 군대는 기원전 46년 탑수스 전투에서 카이사르와 맞섰다. 그러나 결과는 너무나 참담하였다. 총사령관 메텔루스 스키피오의 휘하 3만 보병은 1만 명이나 되는 전사자를 남기고 사방팔방으로 뿔뿔이 패주하였으나 놀랍게도 카이사르 쪽 희생자는 50명도 채 안되었다.[23] 완벽한 카이사르의 승리였던 것이다. 총사령관 메텔루스 스키피오는 배를 타고 도망치려다가 붙잡혀, 그를 알아보지 못한 병사들에게 살해를 당하고, 술라의 아들인 파우스투스 술라도 도망을 치다가 죽었다.[24]

소 카토는 탑수스 전투에서 우티카의 항구를 지키는 임무를 맡고 있었는데 탑수스의 패배를 알고 나서 이미 대세가 기울어졌음을 감지한 탓인지는 불분명하지만 소 카토는 충분히 도망칠 수 있었는데도 불구하고 도망을 치지 않고 자신의 모든 가족과 요인들만을 카이사르에게 보냈다.[25]

---

23) 시오노 나나미 지음 · 김석희 옮김, 「앞의 책」, 258쪽.

24) 시오노 나나미 지음 · 김석희 옮김, 「앞의 책」, 260쪽.

25) 카토는 카이사르의 친척인 루키우스 카이사르를 불러서, 독재자 술라의 아들 파우스투스 술라의 아내이자 폼페이우스의 딸인 폼페이아와 그 아들들, 자신의 아들과 딸 포르키아 등을 카이사르에게 데리고 가달라고 부탁하였다. 그는 카이사르가 어떤 대가도 요구하지 않고 이들을 본국으로 돌려보내줄 거라고 확신을 하고 있었다. 시오노 나나미 지음 · 김석희 옮김, 「앞의 책」, 262쪽. ; https://ko.wikipedia.org/wiki/%EC%86%8C_%EC%B9%B4%ED%86%A0

기원전 46년 4월 12일 소 카토는 오랜 적이었던 카이사르에게 항복하지 않고 스스로 자살을 결정했다. 그가 항복이 아닌 자살을 선택하게 된 그의 동기를 시오노 나나미는 이렇게 서술하고 있다.

> "그 자신은 카이사르한테 용서를 빌 생각이 없었다. 적을 용서하는 특권을 카이사르에게 인정하고, 적까지도 용서한다는 쾌감을 카이사르에게 안겨줄 마음은 추호도 없었다."[26)]

소 카토는 우티카의 유지들을 저녁식사에 초대하여 연회를 주최한 뒤, 사형집행일을 내일로 앞둔 소크라테스가 감옥을 찾아온 제자들과 삶과 죽음에 관해 대화하는 광경을 서술한 철학서인 플라톤의 「파이돈」을 읽으면서 스스로 배를 찔러 죽었다.[27)]

그의 최후를 시오노 나나미는 다음과 같이 서술하고 있다.

> "탑수스 회전[28)]이 끝난 지 엿새가 지난 4월 12일, 카토는 우티카의 유지들을 저녁식사에 초대했다........ 향연이 끝나고 손님들이 돌아간 뒤, 카토는 침실로 물러갔다. 하지만 곧

---

26) 시오노 나나미 지음 · 김석희 옮김, 「앞의 책」, 262쪽.

27) 시오노 나나미 지음 · 김석희 옮김, 「앞의 책」, 262-263쪽. ; https://ko.wikipedia.org/wiki/%EC%86%8C_%EC%B9%B4%ED%86%A0

28) 기원전 48년 파르살루스 전투에서 카이사르에게 참패한 폼페이우스는 이집트에서 살해당하였지만 나머지 장군들과 원로원파 의원들은 아프리카에 모여 카이사르에 대항하려고 힘을 모으고 있었다. 카이사르는 동방과 그리스에서 원정을 마치고 잠시 로마에 들렀다가 기원전 47년 12월말 아프리카에 상륙했다. 기원전 46년 4월 6일 (다른 사료에는 2월 6일) 양군은 결국 탑수스에서 맞붙었다. 결과는 카이사르 군대의 승리였다. 카이사르에게 대적했던 누미디아왕인 유바는 자살을 했고 그 결과 누미디아는 멸망하고 말았다. 폼페이우스의 두 아들 역시 히스파니아로 도망쳤다. https://ko.wikipedia.org/wiki

잠자리에 든 것은 아니었다. 그는 등불을 가까이 갖다 놓고 플라톤의 「파이돈」을 읽었다. 「파이돈」은 사형집행일을 내일로 앞둔 소크라테스가 감옥을 찾아온 제자들과 삶과 죽음에 관해 대화하는 광경을 서술한 철학서다. 잠시 이 책을 읽은 뒤, 카토는 단검을 꺼내 배를 찔렀다. 펼쳐진 「파이돈」의 파피루스 위에 선혈이 튀었다. 그러나 칼끝이 급소를 피했는지 금방 죽지는 않았다. 저녁식사 자리에서 카토가 하는 말을 듣고 혹시나 하고 걱정하던 아들과 노예들이 침실 밖에서 몰래 상황을 살피고 있었기 때문에 그의 신음소리를 재빨리 알아차렸다. 그들은 당장 의사를 불렀다. 달려온 의사는 고통으로 신음하는 카토의 상처를 꿰매려고 했다. 그러나 카토는 그 손을 뿌리치고, 자기 손으로 내장을 끄집어내어 겨우 죽을 수 있었다. 향년 49세였다."[29]

소 카토는 자신이 몸소 실천한 강직함과 청렴함으로 많은 사람들의 존경을 받았고 특히 로마 공화정의 이상을 구현하는 상징처럼 전설화 되었다. 키케로는 지금은 남아있지 않은 「카토」[30]를 썼고, 이에 답하여 율리우스 카이사르는는 「안티-카토」를 썼다고 전해지나 이 역시 지금은 남아있지 않다. 소 카토가 그렇게 지키려고 애를 썼던 공화정에서 제정으로 넘어간 로마시대에도 베르길리우스나 루카누스 같은 작가들은 소 카토를 영웅시하고 미화했다.

/%ED%83%91%EC%88%98%EC%8A%A4_%EC%A0%84%ED%88%AC

29) 시오노 나나미 지음 · 김석희 옮김, 「앞의 책」, 262-263쪽.

30) 카토의 죽음을 안 키케로는 카이사르에게 용서를 받아 자유롭게 살고 있는 자신의 처지도 잊어버리고, 아니 어쩌면 그것이 양심에 찔렸기 때문인지 카토를 찬양한 「카토」를 발표했다. 카토의 청렴결백한 생활을 찬미하고, 자기 생각을 끝까지 관철하기 위해 죽음을 선택한 행위를 찬양했다. 시오노 나나미 지음 · 김석희 옮김, 「앞의 책」, 266쪽.

2.2 소(小) 카토와 행정

키케로와 더불어 엇비슷한 시기에 로마행정의 기반과 틀을 놓고 이를 오염되지 않고 깨끗하게 발전시켜나갈 수 있게 한 사람으로 빼 놓을 수 없는 이가 소 카토이다. 그는 유능한 로마의 행정가로서 행정의 부패를 근절시키는데 많은 노력을 기울였을 뿐만 아니라, 실제로 행정을 펼쳐 나가는데 있어서도 다른 어떤 동료나 정치가들 보다 더 솔선수범을 하고 진솔하고 성실한 자세로 임했었다.[31)]

카이사르보다 다섯 살 아래인 소 카토는 카이사르와는 달리 원로원이 주도하는 공화정을 고수하겠다는 정치적 신념을 갖고 있었으며, 청렴결백한 생활을 무엇보다 중시하고 올바르지 않은 일이라면 뭐든지 반대하는 성품은, 깨끗하지도 않고, 품행도 좋지 않고, 야망은 남달리 강하고 빚을 지고도 태연해 하는 카이사르와의 정치적인 결탁을 허락하지 않았다.[32)] 그의 이러한 성실성과 강직함 그리고 청렴성은 카이사르와 맞서 싸운 폼페이우스 장군의 일파라는 비난 속에 기원전 46년 아프리카의 탑수스에서 폼페이우스 장군의 추종자들이 카이사르에게 대패한 이후 카이사르에게 굴복하지 않고 우티카에서 스스로 죽음을 택한 것에서도 잘 나타나고 있다.[33)]

아마도 그는 키케로처럼 카이사르에게 용서를 빌고 목숨을 연명하는 부끄럽고 연약한 모습을 보이고 싶지 않았던 것이 아

31) 이병철, 「앞의 책」, 40쪽.
32) 시오노 나나미 지음 · 김석희 옮김, 「앞의 책」, 261쪽.
33) 이병철, 「앞의 책」, 40쪽.

닐까 싶다. 앞에서도 누차 언급을 하였듯이 그의 신념에 찬 강직함은 결코 카이사르에게 자신의 목숨을 구걸하고 싶지 않았던 것이다. 적을 용서하는 특권을 카이사르에게 인정하고, 적까지도 용서한다는 쾌감을 카이사르에게 안겨줄 마음이 추호도 없었던 것이다.34) 그는 자신의 목숨보다도 자신의 신념을 지키는 일이 더욱 중요했던 것이다.

그가 보여준 이러한 행동들은 현대 행정에 있어서도 커다란 교훈으로 남아있다. 그는 올바른 공직 관과 행정에 관한 공직윤리를 설정하고 이를 몸소 실천을 해 나감으로써 공직자의 귀감이 되었던 것이다.

부정과 비리의 온상으로 지탄을 받고 있는 혼탁한 행정을 올바르고 깨끗하고 투명한 행정으로 바꾸기 위해서는 소 카토가 보여 준 그리고 몸소 실천한 청렴하고 올바른 공직자 상과 행정에 관한 공직윤리의 전형을 이 땅에 바로 세울 수 있어야 할 것이다.

---

34) 시오노 나나미 지음 · 김석희 옮김, 「앞의 책」, 262쪽

5/

유럽의 행정사상가들 :
유스티와 베르그 그리고 로렌츠 폰 슈타인

1. 유스티(Joann Heinrich Gottlob von Justi)와 베르그(H. V. Berg)

1.1 삶의 발자취

유스티는 18세기 독일의 지도적인 정치경제학자이다. 1717년 12월 28일 뷔뤼켄(Brücken)에서 태어났다. 1750년부터 1753년까지 비엔나에 소재한 '테레시아 기사 학교'(Theresianum Knights Academy)에서 배움을 얻었다. 특히 이곳에서 그의 정치사상에 큰 영향을 끼친 행정 개혁에 대해 이 분야의 대가인 프리드리히 하그위츠(Friedrich Wilhelm von Haugwitz)와 긴밀

한 관계를 통해 많은 것을 배울 수 있었다.[1)]

잠시 에르푸르트(Erfurt)와 라이프치히(Leipzig)에 거주를 한 후, 1755년 괴팅겐(Göttingen)에서 경찰청장(Director of Police)으로 임명되어 재직하였다. 이 기간 동안 그는 당시의 프랑스 경찰학과 관련된 주제들에 대해 체계적인 연구를 시작하였다. 특히 그는 계몽주의 시대의 프랑스 정치 사상가였던 몽테스키외(Montesquieu)의 「법의 정신」(Esprit des Lois)에 대해 집중된 연구를 하였다. 1758년에 그는 알토나(Altona)에 정착했다가 프로이센에 영구적으로 정착하기를 기대하면서 1760년 베를린으로 이주했다. 5년 후인 1765년에 그는 광산·유리·철강 회사(Mines, Glass, and Steel Works)의 관리자로 임명되었다.

그러나 그의 관리자로서의 삶과 말년의 인생은 결코 순탄하지는 않았다. 1768년에 그는 정부 자금을 횡령한 혐의로 기소되었고 퀴스트린(Küstrin)에 수감이 되었다가, 1771년 4월 출소한 후 베를린으로 되돌아오긴 했지만 얼마 되지 않아 삶을 마감하였다.

1.2 유스티와 베르그의 행정

1) 유스티의 관방학

경찰학의 토대를 마련한 유스티는 더 이상 군주를 권력의 기본이나 핵심으로 보지 않았으며 또한 행정조직의 중심으로

---

1) 이 절에서 서술된 유스티의 삶의 발자취에 대한 자료는 다음을 참고하였다. https://en.wikipedia.org/wiki/Johann_Heinrich_Gottlob_Justi

도 보지 않았다. 그는 지금의 시각과 유사하게 행정을 국가가 제공하는 서비스로 이해하였으며 행정의 주체를 군주가 아닌 국가로 이해하였다.[2] 이러한 맥락에서 그는 기존의 절대 군주제가 시대적 정신이 요구하고 부합하는 방향으로 새롭게 변모되어져야 한다는 개혁의 필요성과 당위성을 강조하였다.

또한 그는 개인이 가지고 있는 재산에 대한 불가침권을 강조하였다. 개인 재산에 대한 불가침권을 보장하는 정부만이 경제적인 성공을 달성 할 수 있다고 주장하였다. 그리고 이와 반대로, 이를 보장하지 못하는 전제 정치 하에서는 반드시 국가가 빈곤의 나락으로 떨어지게 되고 이로 인해 국가를 지탱하는 군사력까지 약화되는 사태를 초래 할 것으로 내다보았다.[3] 국가에 의한 개인 재산의 불가침권을 강조하는 그의 주장은 부국강병을 국가의 핵심적 과제로 여기는 이 당시의 시대상을 고려해 볼 때 상당히 진보적인 것으로 이해를 할 수 있다.

한 걸음 더 나아가 그는 국가의 목적을 국가재산을 증대시키고 이를 유지하며, 국가재산을 유효하게 사용하는 것으로 보았다. 그리고 국가재산의 증대와 유지를 다루는 정치학과 경찰학을 관방학(官房學 : Kameralwissenshaft)[4]으로 새롭게 분리시키고, 나아가 정치학과 경찰학을 구별시켰으며, 국가재산을 유

2) 이병철, 「행정의 역사와 이론」(부산 : 도서출판 금정, 2003), 71쪽.

3) https://de.wikipedia.org/wiki/Johann_Heinrich_Gottlob_von_Justi

4) 17세기의 관방학은 여러 사회과학이 미분화된 상태로 혼재되어 있었으며 특히 재정학적 성격을 강하게 띠고 있었다. 그러다가 18세기에 접어들어 계몽전제주의를 배경으로 경찰국가체제의 정비와 함께 고유의 관방학, 다른 말로 하자면 재정학으로부터 경찰학(Polizeiwissenschaft)이 하나의 독립된 학문으로 분화되게 되었다. 이종수 외, 「새 행정학」(서울 : 대영문화사, 1997), 111쪽.

효하게 사용하는 것을 다루는 학문인 재정학으로부터 분리시켰다.[5)]

또한 정치학은 국가재산유지의 전제가 되는 대내외적인 안전의 문제를 다루는 반면, 경찰학은 행정제도에 의거하여 국가 전체의 재산을 유지하고 증진시키고 이를 통해 공동의 복지를 실현시키는 것을 연구하는 학문으로 정의하여 정치학과 경찰학을 구분하였다.[6)] 이러한 맥락에서 경찰학을 일종의 행정학으로 이해하게 되는 기반을 마련해 주게 되는 것이다.[7)]

이종수 등은 이에 대해 다음과 같이 이해하고 있다.

> "경찰학에서는 국가 목적 또는 국가 이념을 실현하기 위한 합목적적인 국가 활동을 경찰(Polizei), 즉 행정으로 파악한 것이다. 그래서 경찰학이 일종의 행정학으로 파악되며 국가 행정의 형성 및 행정학의 완성에 지렛대 역할을 했다."[8)]

2) 베르그의 관방학

경찰학은 많은 관련 학자들에 의해 연구되게 되었는데 이중 베르그의 경찰이론은 관방학을 이해하는데 많은 시사점을 던져주고 있다. 종래의 국권(國權)적 행복이 시민사회발전에 따라 변질되면서 전기 관방학의 전제적 성격에 갈등이 생기게 되

---

5) 이병철, 「앞의 책」, 71쪽. ; 이종수 · 윤영진 · 곽채기 · 이재원 외, 「새 행정학 2.0」 (서울 : 대영문화사, 2014), 55쪽.
6) 이종수 외, 「앞의 책」, 112쪽. ; 이종수 · 윤영진 · 곽채기 · 이재원 외, 「앞의 책」, 55쪽.
7) 이병철, 「앞의 책」, 71쪽.
8) 이종수 · 윤영진 · 곽채기 · 이재원 외, 「앞의 책」, 55쪽.

었다. 이 갈등을 어떻게 조화시킬 것인가 하는 문제에 대해 베르그는 첫째, 국가의 권력범위를 축소시키고 둘째, 경찰수단을 줄이거나 제한을 시켜, 개인의 자유와 국가의 지나친 통제 사이에 조화의 접점을 이루어내야 한다고 주장하였다.[9)]

그의 경찰이론에 따르면 국가는 공공복리의 발전에 필요한 조건을 창설하는데 부족함이 없으며, 국가의 임무는 개인의 안전을 도모하는 것이고 일반적 복지라는 명목 하에 개인을 침해한다는 것은 질서 있는 국가에서는 있어서는 안 된다는 것이다. 그리고 그가 살았던 당시 상황으로 보았을 때 상당히 앞서 있던 베르그의 경찰이론이긴 하지만 입법권과 행정권의 분리를 이루지 못했다는 한계를 가지고 있다는 점은 아쉬움을 던져준다. 즉 행정과 입법의 분리, 경찰법과 행정법의 세분이 이루어지지 못했다는 아쉬움이 있으나 어쨌든 이 이론이 민주주의 국가발전의 중요한 출발점이 되었다는 점은 부인하기 어려운 점이다.[10)]

질서 있는 나라에서의 통치는 군주라는 사람에 의한 통치(rule of the man)가 아니라 국가가 제정한 법에 의한 통치(rule of the law)이어야 한다는 의미가 확립되어 법치주의(法治主義)가 범세계적으로 보편화되게 되는데 이것도 그의 공적 중에 하나라고 볼 수 있다. 베르그 이후 행정법은 경찰법으로 분리되었으며 헌법과 행정법의 분리도 다른 학자에 의해 이루어지게 되는데 이것도 그의 노력이 기반이 된 것으로 평가되는 것이다.[11)]

9) 이병철, 「앞의 책」, 70쪽.
10) 이병철, 「앞의 책」, 70-71쪽.
11) 이병철, 「앞의 책」, 71쪽.

프랑스 혁명 이후 절대군주제가 쇠퇴하게 되고 민주사상이 대두되면서 국가에 대한 시민의 권리문제가 중요관심사로 떠오르면서 경찰학은 행정법학으로 대체가 된다.[12] 행정법학의 등장은 법치국가의 이념 하에 행정에 대한 본격적인 법적 접근의 시작을 의미하며 이러한 관점에서 로렌츠 폰 슈타인의 출현은 결코 우연이 아니었다고 볼 수 있는 것이다.[13]

2. 로렌츠 폰 슈타인(Lorenz von Stein)

2.1 삶의 발자취

독일의 사회학자이자 법학자이며, 행정학의 창시자이기도 한 로렌츠 폰 슈타인은[14] 1815년 11월 18일 보르비(Borby)의 해변 마을에서 태어났으며, 1835년부터 1839년까지 키엘(Kiel)과 예나(Jena) 대학에서 그리고 1841년부터 1842년까지 파리 대학에서 철학과 법률학을 공부했다. 1846년과 1851년 사이에 슈타인은 키엘 대학의 부교수로 재직을 하였고, 또한 1848년 프랑크푸르트(Frankfurt) 의회의 의원으로도 봉직하였다. 그러나 당시 덴마크에 복속되어있던 자신의 고향 슐레스비히(Schleswig)의 독립을 옹호했다는 이유로 1852년에 의원직을

12) 이종수 외, 「앞의 책」, 112쪽.
13) 이병철, 「앞의 책」, 71쪽.
14) https://ko.wikipedia.org/wiki/%EB%A1%9C%EB%A0%8C%EC%B8%A0_%ED%8F%B0_%EC%8A%88%ED%83%80%EC%9D%B8

상실하게 되었다.[15)]

1855년부터 1885년 은퇴 할 때까지, 슈타인은 비엔나 대학의 정치 경제학 전공 교수로 재직하였다. 이 기간 동안 이루어진 그의 연구 성과는 행정학을 국제적 학문으로 만드는데 기반이 되었다고 볼 수가 있는 것이다. 그는 또한 공공재정 실무분야에도 영향을 끼쳤다. 이외에 또 하나 특기할 점은 그가 일본 정부의 행정에도 영향을 끼쳤다는 것이다.[16)]

1882년에 일본 총리인 이토 히로부미(Itō Hirobumi)를 단장으로 하는 일행이 서구 정부 시스템을 연구하기 위해 유럽에 도착을 하였다. 먼저 베를린에 들러 루돌프 폰 그네이스트(Rudolf von Gneist)의 지도를 받고, 다음 비엔나로 가서 슈타인의 강의를 들었다. 슈타인이 이들에게 준 메시지는 보통 선거와 정당 정치는 피해야하며, 사회개혁의 필요성을 역설하는 것이었다. 이러한 연유로 인하여 메이지 유신시대 일본 정부의 정치자문관으로도 활약을 하였다. 그는 일본제국주의 헌법을 제정할 때 자신의 보수적인 정치적 견해를 상당히 반영하도록 영향력을 발휘하기도 하였다.[17)]

슈타인은 행정의 영역과 국가 경제에 헤겔(Georg Wilhelm Friedrich Hegel)의 변증법을 적용해야 한다고 주장하였으며, 프롤레타리아와 계급투쟁의 개념을 포함한 역사의 경제적 해석을 설명하였으나 혁명을 통한 절차는 거부했다.[18)] 그리고 그

---

15) https://en.wikipedia.org/wiki/Lorenz_von_Stein
16) https://en.wikipedia.org/wiki/Lorenz_von_Stein
17) https://en.wikipedia.org/wiki/Lorenz_von_Stein
18) https://en.wikipedia.org/wiki/Lorenz_von_Stein ; https://ko.wikipedi

는 독일의 행정학계보를 망라하는 관방학, 경찰학, 행정법, 행정학에 관련하여 206권에 달하는 방대한 저술활동을 하였다.[19] 1890년 9월 23일 슈타인은 비엔나의 하더스도르프-바이드링가우(Hadersdorf-Weidlingau)에 있는 자신의 저택에서 숨을 거두었다.[20]

2.2 로렌츠 폰 슈타인과 행정

슈타인은 관방학을 집대성한 학자로 매우 유명하다. 또한 유럽에서 행정학을 일반적 연구체계로 그리고 하나의 독립된 학문영역으로 개발하고 집대성하려고 시도한 마지막 학자이기도 하며 처음으로 근대국가를 행정국가(verwaltungsstaat)로 기술하였다.[21]

당시 독일은 18세기 말엽으로 근대국가를 건설하는 중이었다. 이 당시의 시대적 배경을 살펴보면 국내적으로는 국가에 관한 제반이론이 학문적 분화의 과정을 시작하여 독립된 연구영역으로 자리매김을 하고 있었고 국외적으로는 새로운 운동요인 두 가지가 독일에 영향을 주고 있었다. 하나는 19세기 초 나폴레옹 전쟁에서 독일이 패배하여 절대주의의 정치적 체제

---

a.org/wiki/%EB%A1%9C%EB%A0%8C%EC%B8%A0_%ED%8F%B0_%EC%8A%88%ED%83%80%EC%9D%B8

19) 한국행정학회, 「행정학전자사전」 http://www.kapa21.or.kr/data/kapa_dictionary_view.php?num=86&page=58&term_cate=&term_word=&term_key=&term_auth=

20) https://en.wikipedia.org/wiki/Lorenz_von_Stein

21) 이병철, 「앞의 책」, 72쪽.

에 큰 혼란을 가져왔고 둘째는 새로 보급된 아담 스미스(Adam Smith)의 자유주의사상에 영향을 받은 것이다. 이렇게 하여 체제적, 사상적, 이념적인 내부변화가 시작되었으며 반은 국가주의적, 반은 자유주의적 입장에서 독일 관료제의 개편운동과 시민적 개혁운동이 나타나기 시작했던 것이다.[22]

이 같은 시대적 여건 하에서 슈타인은 그동안 발전해 온 관방학적 행정학을 집대성하면서 새로운 행정법학의 길을 열게 되었던 것이다. 슈타인은 헌법과의 관련에서 행정의 적극적 개념을 수립함과 동시에 행정의 각 분과를 국가, 사회의 생활영역이라 규정하고 외무, 재무, 법무, 군무 및 내무행정의 5개 분야로 명백히 구분[23]하였다.[24]

> "행정의 이념에 속하는 총론(總論)을 행정조직, 행정명령, 행정법의 3부로 구성하였고, 각론(各論)을 외무(外務), 군무(軍務), 재무(財務), 법무(法務), 내무(內務)의 5부로 구분하였다. 각론에 해당하는 5부는 행정이 국가의 의사에 따라 구체적으로 외국과 교섭하고 나라를 방위하여야 하며 법질서를 유지하고 국민의 경제생활과 복지 및 발전을 위한 서비스를 하는 것으로 규정하였다. 이는 국가가 수행해야 하는 기본적인 기능으로서 서구의 주요국가에 일관된 전형적인 중앙행정조직으로 편성되어 왔다."[25]

---

22) 이병철, 「앞의 책」, 72쪽.

23) 슈타인의 저서인 「행정학강요」(1870년에 출간되고 제3판은 1888년에 간행됨) 제3판에서 총론을 행정조직과 행정명령 그리고 행정법의 3부로 나누고, 각론을 외무행정, 군무행정, 재무행정, 법무행정, 그리고 내무행정의 5부로 구성하고 있다. 이종수 외, 「앞의 책」, 113쪽.

24) 이병철, 「앞의 책」, 72쪽.

그리고 헌정(verfassung)과 행정(verwaltung)을 구분하였는데 이것은 정치와 행정의 구분을 의미하는 것이다.[26] 그의 헌정과 행정에 대한 개념정의에 따르자면 헌정은 개인이 국가의사의 결정에 참여하는 국가적 권리 또는 정책결정의 단계이고 행정은 개인의 향상을 촉진하는 국가의 활동수단이며 국가의 행위인 정책의 집행이라는 것이다.

> "헌정(憲政)이란 개인이 국가의사(國家意思)의 형성에 참여하는 것이며, 헌정에 참여할 권리는 개인의 자유로서 이를 보장해야 한다. 반면에 행정은 형성된 국가의사를 구체적 행위로 실현하는 국가기관의 활동이다. 그는 국가의사의 형성을 헌정으로, 국가의사의 실현을 행정으로 구별하고, 상호간의 우위를 점하는 이중관계로 설정하였고, 행정을 단순히 법률의 집행으로 여기지 않았다. 헌정과 행정은 각각 독자적 영역을 보유하고 있지만 불가분의 상호의존관계로 인식하였다. 헌정은 행정활동이 없다면 내용이 없는 공허한 것이며, 행정은 헌정이 없다면 아무런 힘이 없는 무력한 것으로 파악하였다."[27]

이것은 20세기에 들어 정치와 행정을 개념적으로 분리하고

---

25) 한국행정학회, 「행정학전자사전」 http://www.kapa21.or.kr/data/kapa_dictionary_view.php?num=86&page=58&term_cate=&term_word=&term_key=&term_auth= ; 이종수 외, 「앞의 책」, 113쪽.

26) 행정학의 아버지로 칭송되고 있는 유스티(Justi)도 「경찰학원론」에서 경제정책, 재정학에서 경찰학(행정)이 분리되어야 한다고 주장하였다.

27) 한국행정학회, 「행정학전자사전」 http://www.kapa21.or.kr/data/kapa_dictionary_view.php?num=86&page=58&term_cate=&term_word=&term_key=&term_auth=

이를 정리한 프랭크 굳노우(Frank Goodnow)의 개념보다 훨씬 정확한 표현이라고 평가할 수 있는 것이다. 그러나 이러한 슈타인의 행정학은 독일 더 나아가선 유럽에서 독자적인 행정학으로 발전해 나가지 못하고 결국 행정학의 정통적 위치를 미국에게 양보하는 입장으로 전락하게 되었고, 오히려 독일의 오토 마이어(Otto Mayer)에 의해 법률학적 행정법학으로 자리를 굳혀가게 되는 계기를 마련해 주게 되었다.[28]

28) 이병철, 「앞의 책」, 72-73쪽.

6/

유럽의 행정사상가 : 나폴레옹 보나파르트

1. 삶의 발자취

공식적 명칭으론 나폴레옹 1세인 나폴레옹 보나파르트(Napoléon Bonaparte)는 1769년 8월15일 코르시카의 아작시오에서 카를로 부오나파르테와 레티치아 라몰리노 사이에서 태어났다. 그는 9세 때부터 프랑스에서 교육을 받았으며 오툉, 브리엔, 그리고 파리에서 학교를 다녔다. 그가 파리에 있던 1785년 2월, 아버지는 어려운 집안 살림을 남겨 놓은 채 숨을 거두었고 장남은 아니었지만 그는 어린 나이에 가장(家長) 역할을 떠맡아야 했다.[1)]

---

1) 이병철, 「행정의 역사와 이론」 (부산 : 도서출판 금정, 2003), 75쪽.

그 해 9월 파리의 육군 사관학교를 졸업했고 '라 페르'(La Fere) 연대에 포병소위로 임관했으며, 1788년 6월 연대에 복귀했을 때는 이미 프랑스 혁명의 불안한 움직임이 일고 있었다. 프랑스의 계몽주의 작가인 볼테르(Voltaire)와 프랑스의 사회계약론자이자 계몽주의 철학자인 장자크 루소(Jean-Jacques Rousseau)의 저작들을 읽은 나폴레옹은 정치적 변화가 필요하다고 공감은 하였으나, 직업장교로서 급격한 사회개혁에 대한 필요는 느끼지 못했던 것 같다.[2]

1789년 프랑스 혁명이 일어나자 나폴레옹도 더 이상 군인의 입장만으로 있을 수 없게 되었고 여러 난관을 겪으면서 혁명정부의 인사들에게 자신의 능력을 인정받게 되었다.[3] 이로 인해 그는 프랑스 군 국내 사령관이 되었으며 그때부터 프랑스의 모든 정치 흐름을 잘 알게 되었고 새 총재정부에서 군사문제 고문직을 맡았다.[4]

1796년 3월에는 그가 원하던 이탈리아 원정군 사령관으로 임명되었을 뿐만 아니라, 같은 달 9일 미망인이었던 조제핀 드 보아르네(Joséphine de Beauharnais)와 결혼을 하였다. 그리고 이틀 뒤, 군대로 복귀하여 니스에 있는 지휘본부에 도착한 그

2) 이병철, 「앞의 책」, 75쪽.

3) 나폴레옹이 파리에 있던 1795년 5월 해산을 앞둔 국민공회는 공회위원의 2/3를 새 입법부 의원에 재선하도록 규정한 법령이 통과되지 못하도록 파리에서 반란을 선동했다. 국민공회에게서 전권을 위임받은 '폴 드 바라스'는 나폴레옹에게 진압책임을 맡겼고 나폴레옹은 방데미에르(포도의 달) 13일 (1795년 10월 5일) 반란군을 무찔러 국민공회의 공화국을 구했다. 이러한 그의 역량은 그 당시의 실력자들에게 인정을 받게 되고 그로 인해 그를 출세의 가도로 내몰게 하였다. 이병철, 「앞의 책」, 75쪽.

4) 이병철, 「앞의 책」, 75쪽.

는 토리노로 진격하여 사르데냐 왕 비토리오 아메데오 3세의 요청으로 5월 15일에 파리에서 평화조약을 맺고 1792년부터 프랑스에게 점령당해 있던 니스와 사보이를 프랑스에 병합시켰다. 그리고 오스트리아와도 치열한 격전을 벌려 많은 땅을 프랑스의 영토로 편입시켰다.[5)]

그리고 공화국을 구한다는 명분으로 1799년 11월 9일부터 10일 사이에 쿠데타(coup d'état)를 일으켜 총재들을 사퇴시키고 입법부를 해산했으며 새로운 통령정부를 수립했다. 통령은 보나파르트를 포함해 사임했던 두 총재 '시에예스 피에르'와 '로제 뒤코' 등 세 명이었으나 그 뒤 보나파르트가 정권을 독점했다.[6)]

1803년 5월 영국이 전쟁을 선포함으로써 이를 계기로 나폴레옹은 황제가 되었다.[7)] 그의 군대는 1805년 10월 21일에 트라팔가르 곶 앞 바다에서 영국 넬슨함대의 공격을 받았다. 이 전

---

5) 이병철, 「앞의 책」, 75–76쪽.

6) 제1통령에게 엄청난 권력을 주었고 나머지 두 통령은 이름뿐이었다. 제1통령은 민사와 군사부문의 모든 관직을 임명하고, 심지어 보통선거로 선출되는 3개의 입법부 의원들을 뽑는 데에도 큰 영향을 끼칠 수 있었다. 이 헌법은 1800년 2월 국민투표에서 많은 사람들의 지지로 통과되었다. 이병철, 「앞의 책」, 76쪽.

7) 영국이 뒷돈을 댄 왕당파의 암살음모가 1804년에 밝혀지자 나폴레옹은 다시는 그런 음모를 꾸미지 못하도록 강력히 대응하기로 했다. 부르봉 가문 출신으로 독일에 살고 있던 앙기앵 공작이 음모의 주범이라고 믿은 경찰은 탈레랑과 경찰총수인 조제프 푸셰의 동의를 얻어 그를 납치하여 총살했다.(3.21) 푸셰는 나폴레옹에게 종신 통령제를 세습제정으로 바꾸어 암살로 체제를 뒤엎으려는 희망을 없애는 것이 좋겠다고 제안했다. 나폴레옹은 그 제안을 받아들여 1804년 5월 28일에 제정을 선포했다. 통치조직은 거의 변하지 않았지만 나폴레옹은 황제로서 앙시앵 레짐 때의 것과 비슷한 여러 제도를 만들었다. 우선 그는 위신을 높이기 위해 1804년 12월 2일 교황 피우스 7세가 직접 참석한 가운데 노트르담 대성당에서 대관식을 가졌다. 마지막 순간에 황제는 교황에게서 황제 관을 건네받아 손수 자기 머리에 썼다. 1804년 나폴레옹 집안사람들에게 황족 칭호를 내렸고 1808년에는 제국의 작위체제를 만들었다. 이병철, 「앞의 책」, 76쪽.

투에서 호레시오 넬슨(Horatio Nelson) 제독은 전사하였지만 프랑스와 스페인 연합함대를 궤멸시킴으로써 영국은 침략 당할 위험에서 벗어나 마음껏 바다를 누릴 수 있게 되었다. 영국은 오스트리아와 러시아, 스웨덴, 나폴리로 이루어진 새로운 대 프랑스 동맹 결성에도 성공했다.[8)]

그러나 나폴레옹은 이 해전으로 인해 영국을 점령한다는 웅대한 계획은 수포로 돌아갔지만, 대륙에서의 크고 작은 전투에서 승리를 거둠으로써 그의 대륙에 대한 영향력에는 커다란 변화가 없었다. 그는 이러한 여세를 몰아 대륙봉쇄와 이베리아 반도로 원정을 떠나게 되는데 이는 영국 침략의 목적보단 영국의 경제를 질식 시켜 항복을 받아내려는 의도였다. 그러나 그의 이러한 목적은 스페인과 포르투갈에서의 실패로 좌절을 겪긴 하였으나 그의 행운은 1810년 절정에 올라 있었다.[9)]

그는 스스로를 로마 제국 이후 최초로 대부분의 서유럽을 정복하여 정치적, 종교적으로 통일을 시킨 샤를마뉴(Charlemagne)의 후계자로 생각했으며, 아이를 낳지 못한 조강지처 조제핀을 버리고 오스트리아 황제의 딸 마리 루이즈(Marie Louise)와 결혼했고 1811년 3월 아들을 얻었다. 제국의 영역은 어느 때보다 넓었고 황제 친척이 지배하는 속국들로 에워싸여 있었으며 스위스 연방과 라인 연방, 바르샤바 대공국 같은 여러 나라가 제국과 밀접한 관계를 맺고 있었다. 심지어는 마리 루이즈와의 결혼으로 오스트리아도 프랑스에 매인 것처럼 보여 1796년 이

8) 이병철, 「앞의 책」, 76-77쪽.
9) 이병철, 「앞의 책」, 77쪽.

전의 복잡했던 유럽과는 완전히 다른 모습을 보여주었다.[10]

그러나 그의 행운도 여기까지였다. 바로 그 직접적인 계기가 된 것이 바로 러시아 원정이었다. 러시아와의 마지막 협상이 실패한 뒤 1812년 6월 말에 총 60여만 명 가량의 병력으로 구성 된 대군(Grande Arm'ee)을 이끌고 러시아를 침공했다. 러시아군은 맞대응을 자제하며 일종의 청야전술(淸野戰術)인 초토화 전술을 펼치면서 퇴각했고 나폴레옹 군대는 가까스로 9월 초순에야 모스크바 근교에 다다를 수 있었다.[11] 1주일 뒤 나폴레옹은 텅 빈 모스크바에 입성을 하였으며 설상가상으로 모스크바에는 대화재가 발생을 하였다. 더욱이 나폴레옹을 초조하게 만든 것은 러시아 황제인 알렉산드르 1세(Alexander I)가 뜻밖에도 나폴레옹과 협상하려 들지 않았기 때문이다. 이로 인해 나폴레옹은 자신이 생각했던 러시아의 항복을 받아내지 못한 채 텅 빈 모스크바를 뒤로 하고 퇴각해야만 했다.[12]

행운의 여신은 나폴레옹의 편이 아니었다. 퇴각을 하자 마치 기다렸다는 듯이 후퇴하는 군대의 후방과 측방을 교란하며 치고 빠지는 식으로 기습을 해대는 코사크(Cossack) 기병과 때 이르게 찾아온 겨울 한파는 러시아에서 철군하는 프랑스군에게 커다란 재앙을 안겨 주었다. 베르지나 강(Berezina River)을 건너 살아 돌아온 나폴레옹 군대는 수만 명도 채 못 되었다.[13]

---

10) 이병철, 「앞의 책」, 77쪽.

11) 러시아군 사령관 '미하일 쿠투조프'는 9월 7일에 보로디노에서 프랑스군을 맞아 싸웠다. 전투는 격렬했으나 뚜렷한 승패를 가리지 못했다. 이병철, 「앞의 책」, 77쪽.

12) 이병철, 「앞의 책」, 77쪽.

13) 이병철, 「앞의 책」, 77쪽.

이 재앙으로 유럽의 많은 나라들의 도전을 받은 나폴레옹은 라이프치히 전투(Battle of Leipzig)에서 크게 패배하였고, 뒤이어 각국으로부터 압박을 받은 임시정부의 수반인 탈레랑(Talleyrand)은 황제의 폐위를 선언했고, 루이 16세의 동생 루이 18세(Louis XVIII)와 협상을 시작했다. 나폴레옹은 퐁텐블로(Fontainebleau)에서 파리가 항복했다는 소식을 들었으며 4월 6일 퇴위를 했고[14] 5월 4일 45세의 나이로 첫 귀양지인 엘바(Elba) 섬에 도착했다. 그의 휘황찬란했던 운명은 여기까지인가 하는 생각이 드는 순간이었다.[15]

그러나 뜻밖에도 프랑스의 내부사정은 그에게 유리한 방향으로 진행이 되고 있었다. 즉 부르봉 복고왕정이 비판을 받기 시작하였던 것이다.[16] 더군다나 빈에서는 유럽의 앞날을 의논하는 회의가 열렸고, 나폴레옹이 유폐되어 있는 엘바 섬이 프랑스와 이탈리아에 너무 가깝다는 이유로 몇몇 외교관들이 그를 대서양의 먼 섬으로 쫓아내고 싶어 한다는 사실을 알았다. 그리고 아내와 아들이 자신에게 오지 못하도록 오스트리아가 농간을 부리고 있다고 그는 생각을 했으며,[17] 프랑스 정부는 나폴레옹

14) 퐁텐블로 조약으로 동맹군들은 퇴위하는 조건으로 그에게 엘바 섬을 영지로 주면서 해마다 프랑스 정부로 부터 200만 프랑을 받고 400명의 자원 호위대를 거느릴 수 있도록 허용했다. 이병철, 「앞의 책」, 78쪽.

15) 이병철, 「앞의 책」, 77-78쪽.

16) 1814년 프랑스 사람들은 대부분 황제에게 넌더리가 나 있었지만 부르봉 가문의 복귀를 바란 것은 아니었다. 그들은 혁명이 거둔 성과에 강한 애착을 가졌고 돌아온 루이 18세와 망명귀족들이 그것을 망가뜨리지 않을까 걱정을 했다. 정치에 무관심하던 국민들은 의혹을 갖게 되었고 쫓겨났던 사람들의 저항과 음모가 되살아났다. 이병철, 「앞의 책」, 78쪽.

17) 그러나 사실은 그의 아내가 경호원인 오스트리아 장교와 바람을 피워 애인으로 삼고 있는 관계로 남편과 함께 살 생각이 없었던 것이다. 이병철, 「앞의 책」, 78쪽.

에 대한 연금지불까지 거부하는 등 여러 가지 사정 등이 나폴레옹으로 하여금 행동을 취하게 만드는 계기를 만들어 주었다.[18)]

그는 결국 1815년 3월 1일 엘바 섬을 뒤로 하고 칸에 상륙을 했다. 약간의 우려와는 달리 민심은 그에게 호의적이었다. 알프스를 넘을 때 공화주의자 농민들이 그에게 모여들었고 그르노블 근처에서는 그를 체포하기 위해 달려온 군인들까지 그의 편으로 돌아섰다. 이러한 여세를 몰아 3월 20일 그는 파리로 들어갔으며 다시 권좌에 올랐다. 대중의 지지를 받으려면 자코뱅파와 동맹을 맺어야 했으나 1793년과 1794년처럼 사회주의적인 실험이 되풀이되고 있다고 믿은 나폴레옹은 루이 18세와 거의 똑같은 정치체제를 세울 수밖에 없었으며 이로 인해 국민들의 열정이 썰물처럼 급속히 사라졌고 나폴레옹의 모험은 막다른 골목에 마주서게 되었다.[19)]

동맹군에 맞서 벨기에로 진격한 나폴레옹은 1815년 6월 16일에 리니에서 프로이센군을 무찔렀고 이틀 뒤 그는 이베리아 반도에서 승리한 웰링턴(Wellington) 장군이 지휘하는 영국군과 벨기에 남동부에 위치한 워털루(Waterloo)에서 마주쳤다. 격렬한 전투 끝에 나폴레옹이 승리를 눈앞에 두었으나, 게프하르트 블뤼허(Gebhard Leberecht von Blücher)가 이끄는 프로이센군이 뒤늦게 도착해 전세를 역전시켜버렸다.[20)]

워털루에서 패배를 한 후 파리로 돌아온 나폴레옹은 의회의 요구로 1815년 6월 22일 퇴위했다. 7월 3일 그는 미국으로 망

---

18) 이병철, 「앞의 책」, 78쪽.
19) 이병철, 「앞의 책」, 78쪽.
20) 이병철, 「앞의 책」, 78-79쪽.

명하려 했으나 영국 함대는 모든 프랑스 선박의 출항을 금지했고 사면초가에 빠진 그는 결국 영국 정부에게 자신의 보호를 요청할 수밖에 없었다. 영국 정부는 그 요청을 받아들였으나 동맹국들의 의견을 감안해 1차 유배지인 엘바 섬과는 달리 프랑스로부터 멀리 떨어진 남대서양의 고도(孤島) 세인트헬레나(Saint Helena) 섬에 그를 억류하기로 결정했다.[21] 1815년 10월 15일 나폴레옹은 세인트헬레나 섬에 상륙해 원래 부 총독 관저로 지어진 롱우드 하우스(Longwood House)에 자리 잡았으며 영국군 장교가 수행하는 한 마음대로 돌아다닐 수 있었음에도 불구하고 스스로 롱우드 하우스에 틀어박혔다. 그의 첫 번째 비서였던 '라스 카즈'는 이때의 생활을 나중에 「세인트헬레나의 회상」(M'emorial de sainte-Helene)으로 엮어 냈다.[22]

나폴레옹은 단조로운 은둔생활과 아내인 마리 루이즈와 빈에 살고 있던 아들의 소식을 전혀 접하지 못하였고 설상가상으로 세인트헬레나의 총독으로 부임한 허드슨 로(Hudson Lowe)와도 사이가 매우 나쁜 상황 속에서 고통스런 나날을 보냈으며 이로 인해 건강을 잃게 되었다. 1817년 말에 처음으로 위궤양이나 위암으로 보이는 병세가 나타났고 1821년 초부터는 병이 급속히 악화되어 침대에서 일어나지 못했으며 그 해 4월 마지막 유언을 남기고[23] 5월 5일 오후 5시 49분에 52세도 안된 나이로 숨을 거두었다.[24]

---

21) 이병철, 「앞의 책」, 79쪽.
22) 1823년에 출간되었다. 이병철, 「앞의 책」, 79쪽.
23) 유언내용은 다음과 같다. "내 유골을 센 강변에 묻어 내가 그토록 사랑한 프랑스 국민들 속에 있게 해 달라.... 나는 영국의 과두정치와 그에 고용된 암살자들 때문에 내 명을 못다 살고 가노라." 이병철, 「앞의 책」, 79쪽.

2. 나폴레옹과 행정

1789년 프랑스혁명이 일어나고 1800년 나폴레옹이 출현함으로서 프랑스의 과도한 사회변동은 정치와 행정의 변화를 가져오게 되었다. 고대 로마행정에 대해 깊은 동경심을 가지고 있던 나폴레옹은 그의 광대한 제국을 다스리기 위한 행정적 원형으로 고대 로마의 행정을 선택하였다.[25]

그는 로마행정의 골간이 되었던 법제도의 제정과 정비, 그리고 강력한 관료단의 육성 및 유지, 그리고 계선조직 못잖은 참모조직의 체계화, 여기에 덧붙여 인사제도의 합리적 운영의 틀을 마련하고 재정의 체계화 등을 도모함으로써 명실상부한 근대행정의 제도적 틀을 완성시켜 놓았다. 이를 바탕으로 하여 현대의 프랑스 행정은 보다 진보적이고 전향적인 발전적 행정의 방향으로 도약을 모색하고 있는 것이다.[26]

나폴레옹 행정의 특성을 살펴보자면 다음과 같다.

2.1 로마제국 당시의 행정제도의 재현과 중앙집권을 위한 지방행정의 통제

나폴레옹이 일구어 낸 제국에서 로마제국 당시의 행정제도가 그대로 재현이 되었다는 점을 특성으로 손꼽을 수 있다. 중

24) 이병철, 「앞의 책」, 79쪽.
25) 이병철, 「앞의 책」, 73-74쪽.
26) 이병철, 「앞의 책」, 73-74쪽.

앙은 재무, 외무, 전쟁, 사법, 내무의 5개로 구분되었으며 특히 내무는 도로나 교량을 건설하는 공공사업, 경찰, 교육, 교회, 중앙집권에 따른 지방행정통제, 농업, 무역 등 광범위한 영역에 걸쳐 관리, 관장하도록 하였다. 특히 지방행정통제는 민족국가의 발흥으로 민족개념이 중요하였기에 지방의 특수성을 인정하지 않았고 따라서 중앙과의 일관성과 통합성을 가지도록 강요되었다.[27]

2.2 전문성을 강화한 재무행정과 참모 제도의 발달

재정을 위해서는 회계감사원을 두어 전문성을 강조하였으며[28], 지방당국이 아닌 전문 세무공무원에게 직접세 징수를 맡겼고, 프랑 화(貨)를 안정시켰으며, 주주(株主)들과 국가가 함께 소유하는 프랑스 은행(Banque de France)을 1800년에 설립함으로써 재무행정을 크게 개선하였다.[29]

참모 제도의 발달이 또 다른 특성으로 손꼽을 수 있는 것이다. 나폴레옹 시대의 참모제도를 살펴보면 참모(general staff) 그리고 광산기술자를 비롯한 모든 공업에 관련된 전문가(specialist)[30]들이 효율적으로 행정에 참여하여 행정의 발전에 크게 기여하였다. 특히 국참사원(Conseil D'etat)은 통치수반을

---

27) 이병철, 「앞의 책」, 81쪽.
28) 이병철, 「앞의 책」, 81쪽.
29) 이병철, 「앞의 책」, 80쪽.
30) 나폴레옹은 광산개발과 공업추진을 위한 기술개발을 위해 학교를 설립하였으며 이 학교에서 교육을 받은 전문가들이 정치, 행정 분야에서도 많은 활약을 하였다. 이병철, 「앞의 책」, 81쪽.

여러 면에 걸쳐 도움으로서 참모기능의 메카로 커다란 역할을 수행하였다. 이 기관은 모든 정책의 자문, 행정통제, 그리고 정부 업무의 보완 그리고 입법에 관한 것까지를 초안하는 등 행정수반의 두뇌역할을 수행하였으며 고급공무원의 능력발전에 대해서도 기여를 하였다. 고급공무원의 충원과 능력발전을 위해 오늘날에는 이 밑에 국립행정대학원(Ecole de Nationale Administration : ENA)[31]을 두고 있는데 많은 나라의 본보기가 되고 있다.[32]

나폴레옹에 의해 다듬어져 온 관료집단은 시간이 흐름에 따라 특수계급으로 변신을 하였고 국민의 요구와는 상관없이 상관에 대한 맹목적 충성만을 추구하다 제2차 세계대전 중에는 히틀러(Adolf Hitler)의 꼭두각시 역할을 한 비시(Vichy)정권 하에서 반국민적 행태를 자아내는 어리석음도 저지른 바가 있다. 이러한 일을 당한 국민들은 2차 대전이 종결된 후 공무원제도에 대한 개혁을 강력히 요구하고 나서게 되었다. 그 결과 나타난 제도가 1945년에 설립된 국립행정대학원이라는 공무원 전문양성기관이었다. 이 행정대학원에 개설되었던 교과과정은 법학, 경제학, 사회문제연구의 3개 분야로 구성되었다.[33]

---

31) 1945년에 설립되었으며 대학 위의 대학으로 불리는 그랑 제콜(Grand Ecole) 출신들 중에서 시험을 거쳐 학생들을 선발, 국가 지도자들을 양성해 오고 있다. 지스카르 데스탱 전 대통령과 자크 시라크 전 대통령 그리고 리오넬 조스팽 전 총리를 비롯해 정부요직과 국영기업체의 총책임자들 대부분이 이 대학원출신이다. 현재 프랑스의 엘리트중견공무원들은 이 대학원을 통하여 공직에 진출하고 있으며 45년 개교 당시 전체의 2%에 불과했던 여학생의 점유비율이 최근에는 36%까지 뛰어 올랐고 개교 이래 최초로 여성 대학원장이 취임하게 됨으로써 프랑스공직사회의 새로운 공직자상의 변화를 예고하고 있다. 이병철, 「앞의 책」, 82쪽.

32) 이병철, 「앞의 책」, 81-82쪽.

33) 이병철, 「앞의 책」, 74쪽.

2.3 군사청과 행정청의 조화 모색과 인사행정의 개혁

나폴레옹은 국가통치에 두 가지의 전문화된 관청이 동시에 필요하다고 보았는데 그 하나는 군사청(military general)이고 다른 하나는 행정청(administrative general)이었다. 이 두 가지 관청이 조화롭게 관리, 운영이 될 때 통치가 가능하다고 여겼다. 이것은 로마제국이 강력한 군대제도를 유지하면서 행정제도와 조화를 시키는 것과 매우 유사한 것으로 이해 할 수 있는 것이다.34)

그리고 나폴레옹은 고위관리들을 충원할 때 능력을 중시하고 선발과정에 직접 참여하였으며 과학과 수학 그리고 공학 분야의 훈련을 강조하였다. 또 그 제도적인 장치로 공직에 전문직종을 신설하고 전문가양성기관을 설립하였다.35) 그리고 훌륭한 인재를 충원하기 위해 고급관료에 의한 추천제를 널리 활용하였다. 이것은 단순 추천제가 아니고 추천된 사람은 후보자에 불과하였고 그 중에서 실적주의에 의해 선출을 하게 함으로써 보다 형평과 능력에 부합되는 훌륭한 인재들을 등용시킬 수 있었다. 특수계층에서 선출되는 영국의 경우와는 좋은 대조를 이루는 것이다. 영국은 고위공직의 대부분을 상류계층 자녀들로 구성되는 옥스퍼드 대학교(University of Oxford)나 케임브리지 대학교(University of Cambridge)의 옥스브리지(Ox-Bridge) 출신으로 충원해 왔다.36)

---

34) 이병철, 「앞의 책」, 82쪽.
35) 이병철, 「앞의 책」, 74쪽.
36) 이병철, 「앞의 책」, 82쪽.

2.4 언론에 대한 통제 강화와 경찰조직과 네트워크 구축 및 활용

나폴레옹은 여론에 대해 엄격한 통제를 목적으로 하였고 이러한 목적을 위해 모든 수단을 강구하였다. 그는 혁명전임자들에 의해 이미 쓰여 졌던 언론매체, 예를 들자면 신문, 공보, 연설, 학교, 의전절차에 따른 의식 등을 다양하게 활용하였을 뿐만 아니라 한술 더 떠 군주로써의 위엄과 존엄과 품위를 더 해주는 도구들, 예를 들면 호화롭고 장엄한 법정, 공공건물이나 관청의 웅장함 등을 마음껏 구사하였다.[37]

그는 또한 언론에 대한 통제를 보다 강력하고 그러면서 교묘하게 실행하였다. 그는 비정치적 비평이나 비판 그리고 문화적 사안에 대한 비판 등에 대해서는 관대하게 다루어 거의 제한을 두지 않는 반면, 정치적 비판이나 비평에 대해서는 엄격히 통제를 가하였던 것이다. 이로 인해 언론인들은 국가의 종으로 전락되는 지경에 이르게 하였던 것이다.[38]

이러한 강력하면서도 교묘한 통제를 위해 나폴레옹은 매우 능률적인 경찰조직과 네트워크를 만들고 이를 활용하였으며 그 결과 경찰 조직이 강화되었다. 그는 개인적으로 경찰의 책임자(Minister of Police)로부터 이러한 것과 관련된 자료들[39]을

---

37) 이병철, 「앞의 책」, 79-80쪽.

38) E. N. Gladden, *A History of Public Administration*, Vol.2 (London : Frank Cass, 1972), pp.296-297. ; 이병철, 「앞의 책」, 80쪽.

39) 자료로는 언론으로부터 발췌한 것으로부터 직접 경찰활동을 통해 얻은 정보를 취합한 것들에 이르기까지 다양하고 방대하였으며 내용으로는 국민의 사기 및 민심동향 그리고 외국법정 및 관청의 소식 및 견해 그리고 스파이 건 등에

보고 받았으며 그는 보고 받은 다음날 이에 대한 조치를 개인적으로 하달하였다. 이러한 경찰과 군 조직이 광활하고 넓은 나폴레옹제국을 통제하는 도구가 되었던 것이다.40)

2.5 종교 개혁과 민법의 집대성

나폴레옹은 개인적으로 종교에 무관심했지만 종교의 필요성을 알고 있었으며 프랑스에 종교적 평화가 회복되어야 한다고 생각하였다. 이미 그는 1796년 이탈리아에서 교황 피우스 7세와 협상해 교회와 혁명을 화해시키는 종교협약을 1801년에 맺었다. 교황은 프랑스 공화국을 인정하였고 모든 주교의 사퇴를 요구하였다. 새로운 고위 성직자들은 제1통령이 지명하고 교황이 서임하게 되었으며 교회재산 매각도 교황에게서 공식적으로 인정받았다. 이 종교협약은 신앙의 자유와 국가의 세속적 성격을 인정한 것이었다.41)

민법을 집대성하는 일은 1790년에 시작해 통령정부 시대에 끝냈다. 1804년 3월 21일 공포한 나폴레옹 법전은 혁명이 거둔 수확들, 즉 개인의 자유, 노동의 자유, 양심의 자유, 국가의 세속적 성격, 법 앞에서의 평등 등을 뚜렷이 규정했으나 토지재산을 보호하고 고용주에게 더 큰 재량을 주었으며 피고용자를 거의 배려하지 않았고 이혼을 인정했지만 여자에게 아주 한정된 권리만을 주었다는 한계 역시 가지고 있었다.42)

이르는 다양하고 깊이 있는 것들을 내포하고 있었다. E. N. Gladden, *A History of Public Administration*, Vol.2 (London : Frank Cass, 1972), p.294.

40) 이병철, 「앞의 책」, 80쪽.

41) 이병철, 「앞의 책」, 80-81쪽.

2.6 군대 개편과 교육 개혁 그리고 프랑스 행정의 특성에 대한 평가

나폴레옹이 가장 관심을 기울인 것은 군대였다. 그는 강제징집과 대리징병을 허용하고 징집병과 기존 군인을 함께 편성하며 모든 사람에게 최고 계급으로 승진할 자격을 열어놓는 것 등을 골자로 하는 혁명을 통해 이룬 군대체계를 그대로 이어나갔다. 그러나 그가 만든 보병장교를 키워내는 생시르 육군사관학교(École Spéciale Militaire de Saint-Cyr) 덕분에 부르주아 집안의 아들들이 더 쉽게 직업군인이 될 수 있었고 더구나 국민공회가 1795년에 설립한 에콜 폴리테크니크(Ecole Polytechnique)[43] 도 포병학교로 개편되었다.[44] 그리고 군대와 비슷한 조직으로 중등교육을 실시하고 대학도 다시 세워 교육을 중요한 공공사업으로 삼았으나 초등교육은 그에 미치지 못하였다.[45]

결론적으로 프랑스의 행정을 평가해 보자면 나폴레옹과 분리해서 생각할 수 없을 만큼 나폴레옹에 의한 영향력은 매우 컸다는 점을 부인 할 수 없다.[46] 그리고 프랑스에 있어 정치와 행정의 변화에서 가장 두드러지게 나타나는 것은 민족개념이

---

42) 이병철, 「앞의 책」, 81쪽.

43) 이 학교의 전신은 1748년에 설립된 "Ecole du Genie"이었으며 주로 기술교육을 전문적으로 가르쳤다. 이병철, 「앞의 책」, 81쪽.

44) 이병철, 「앞의 책」, 81쪽.

45) 나폴레옹은 초등교육을 무시하였다. 그 이유는 국민이 무지의 상태로 있을 때가 가장 좋다는 자신의 생각을 정책화하였기 때문이다. E. N. Gladden, *A History of Public Administration*, Vol. 2 (London : Frank Cass, 1972), p.297. ; 이병철, 「앞의 책」, 80쪽.

46) 이병철, 「앞의 책」, 74쪽.

뚜렷이 성립되었다는 것이다. 세습왕조에 대한 민중의 혁명으로 군주에 대한 충성이 민족에 대한 충성으로 변화된 것이다.47)

또한 행정이 종전의 개인화에서 벗어나 비개인화(depersonalization)되었다. 이 당시의 프랑스에서는 관료의 권한을 권위의 개인화(personalization of authority)라는 관념에 의하여 권한의 책임은 관료자신에게 있는 것 즉 관리 각자에게 주어진 자기가 책임져야 할 권한으로 파악하였다. 관료의 개념이 황제에 대한 봉사자(royal servant)에서 공복(public servant)으로 개념변화가 이루어진 것이다.48)

결국 이러한 변화는 관료로 하여금 군주의 개개명령에 의해서가 아니라 법에 의해서 행동하도록 만들었고 민족의 의사에 충성해야 한다는 생각이 자리 잡게 만든 것이다. 또한 모든 국민은 평등하다는 사고가 나타나 인종, 피부, 종교에 의한 관직의 차별이 없어진 것도 특기할만한 변화중의 하나이다. 이러한 민족개념의 정립과 행정의 비개인화가 프랑스 행정의 특성이기도 하였고 더 나아가선 현대 행정의 성격을 규정하는데도 커다란 영향을 주었음을 부인하기 어렵다.49)

47) 이병철, 「앞의 책」, 82쪽.
48) 이병철, 「앞의 책」, 82-83쪽.
49) 이병철, 「앞의 책」, 83쪽.

7/

유럽의 행정사상가 : 막스 베버

1. 삶의 발자취

막스 베버(Max Weber)는 1864년 4월 21일 독일의 튀링겐(Thuringia)의 에르푸르트(Erfurt) 시에서 8남매 중 장남으로 출생하였다.[1] 베버의 부친인 막스 베버 시니어(Max Weber, Sr.)는 독일 의회 의원으로 세속적인 권위주의로 가득 찬 우익정치가였으며 모친인 헬렌 베버(Helene Fallenstein Weber)는 교양 있는 청교도신앙이 독실한 진보적 여성이었으며 부유한 공직자의 딸이었다.[2] 베버의 할아버지는 그 지방의 명망 있는 부호

1) 베버에 대한 삶의 발자취는 다음의 책을 참고하였다. Brian R. Fry, *Mastering Public Administration : From Max Weber to Dwight Waldo* (Chatham, New Jersey : Chatham House Publishers, Inc., 1989), pp.16-18.

로서 방직공장을 경영하였으며 이러한 집안의 부유함이 후에 베버로 하여금 돈 걱정 없이 여러 부문의 학문과 저작활동을 가능하게 해주었다.[3)]

베버는 어린 시절부터 책 읽는 것을 좋아하였으며 특히 자신이 좋아하는 과목이나 흥미를 끄는 대상에 대해서는 극단적으로 파고드는 편집증적 집착을 보였다. 어린 베버는 당시 대학교수였던 이모부 바움가르텐을 누구보다 따랐고 그에게서 많은 지적 영향을 받았다. 이러한 지적 영향과 베버의 편집증적 독서로 소년 베버의 지식수준은 어른들이 놀랄만한 수준에 달하였으며 이미 13세에 "황제와 법왕의 지위를 고려한 독일사의 생성에 관하여"라는 논문을 집필하였다고 전해진다.[4)]

이러한 천재성을 보인 베버는 1882년 하이델베르크 대학교(Universität Heidelberg)에서 경제, 철학, 법을 공부하기 위해 입학을 하였으며, 3학기를 마친 후 1년 동안 군에 입대하기 위해 스트라스부르그(Strassburg)로 이사를 하였다. 여기에서 그는 관료제의 권위에 대해 인식을 하게 된다.[5)] 군 생활 동안 베버는 병영생활의 밝은 면을 보는 법을 배우고 익히게 된다. 다음해에 전역을 하고 학업으로 되돌아오는데 이번에 그가 입교를 한 대학은 베를린에 소재 한 괴팅겐 대학교(Gottingen University)

---

2) *Ibid.*, p.16.
3) 이병철,「행정의 역사와 이론」(부산 : 도서출판 금정, 2003), 158쪽. ; 권기헌,「행정학 콘서트」, 개정판 (서울 : 박영사, 2014), 23쪽.
4) 정철현,「행정이론의 발전 : 베버에서 오스본까지」(서울 : 다산출판사, 2003), 16쪽. ; 이병철,「앞의 책」, 158쪽.
5) H. Gerth and C. Wright Mills, *From Max Weber : Essays in Sociology* (New York : Oxford University Press, 1946), p.8. ; Brian R. Fry, *op. cit.*, pp.16-17. ; 이병철, 「앞의 책」, 158-159쪽.

였다. 그는 1886년 22세 때에 고등고시 사법시험에 합격해 사법관 시보가 되었으며 이후 베를린의 재판소에서 일을 하였다. 그는 학업도 게을리 하지 않아 1889년에 괴팅겐 대학교에서 박사학위를 받고 1892년에 베를린 대학교에서 법을 가르치는 강사 자리를 얻게 되었다. 1893년 가을에 부친 쪽으로 고종조카뻘 되며 아름답기로 이름을 날렸고 후에 유명한 여권 신장론자로 명성을 날렸던 마리안느 슈니트거(Marianne Schnitzer)와 결혼을 하였다.[6)]

그는 법 역사 보단 경제학이 더 도전적이고 매력적이란 점을 발견하고 1894년 가을에 프라이부르크 대학교(University of Frieberg)에서 경제학 교수직을 얻었으며 1897년에는 독일 역사학파의 주도적 인물이었던 크니스의 뒤를 이어 하이델베르크 대학교에 경제학 교수가 되었다. 그러나 그는 자기 자신을 학자로 여기지도 않았으며, 비록 그가 학문적 경력을 선택하긴 했지만 엄밀한 의미에서 그 길을 걸은 것은 단지 5년에 불과하였다. 그는 학자의 길보다는 오히려 정치에 더 큰 관심을 가지고 있었는데, 정치적 면에서 볼 때 진보주의자였고 민족주의자였다.[7)]

그는 진보주의자로서 보수주의자들과 마르크스(Karl Marx) 신봉자들과 싸워야 했고,[8)] 또한 민족주의자로서 러시아의 위협과 점고(漸高)하고 있는 슬라브 문화의 침입에서 독일의 문

6) Brian R. Fry, *op. cit.*, p.17. 이병철, 「앞의 책」, 159쪽. ;
7) Brian R. Fry, *op. cit.*, pp.17–18. ; 이병철, 「앞의 책」, 159–160쪽.
8) David Beetham, *Max Weber and the Theory of Modern Politics* (London : Allen & Unwin, 1974), p.19.

화를 보존시켜 나가야 함을 역설하였다. 그의 이러한 정치적 활동은 1918년 의회선거에 나갈 수 있는 기회를 갖게 되었으나 의회에 후보로 나가려는 적극적인 노력을 거부함으로써 그 기회를 잃기도 하였다.[9)]

그는 1904년에 들어서서 「사회과학지」를 편집하고 그의 역작으로 널리 알려진 「프로테스탄트 윤리와 자본주의 정신」(Die protestantische Ethik und der 'Geist' des Kapitalismus)을 완성하였다.[10)] 또한 같은 해 미국을 여행하기도 하였는데 그는 미국여행을 통해 민주국가에 있어서 관료제의 역할이 매우 중요하다는 생각을 갖게 되었다.[11)] 그의 지적 활동은 1906년에서 1910년 사이에 무르익게 된다. 1906년에 러시아 혁명에 대한 연구를 하였고, 1908년과 1909년에는 산업 노동과 공장 노동자들에 대한 사회심리학적인 연구를 실시하고, 1910년에 이르면 테니스(Tönies), 게오르그 짐멜(Georg Simmel) 등의 사회학자들과 더불어 '독일 사회학회'를 창립하게 된다.[12)]

그는 1차 세계대전 당시에 병원관리자로 몇 년을 보냈으며 이 기간 동안 관료제를 내부에서부터 경험할 수 있었다. 전쟁이 끝난 후에는 베르사유에서 진행된 독일정전위원회와 바이마르헌법제정위원회의 자문관으로 봉직하였다.[13)] 그러나 그의 인생여정은 결코 평탄 한 것만은 아니었다. 그는 신경쇠약증세

9) 이병철, 「앞의 책」, 160쪽.
10) 권기헌, 「앞의 책」, 24쪽.
11) Reinhard Bendix, *Max Weber : An Intellectual Portrait* (Berkeley, CA. : University of California Press, 1960), p.3. ; 이병철, 「앞의 책」, 159쪽.
12) 권기헌, 「앞의 책」, 24쪽.
13) Reinhard Bendix, *op. cit.*, p.3. ; 이병철, 「앞의 책」, 159쪽.

로 계속 시달려야 했으며 그래서 1910년에 들어서서는 아편으로 잠을 청해야 할 지경이 되었다. 이러한 건강의 악화로 인해 정상적인 교수직도 수행하지 못하게 되었다. 그는 1919년에 뮌헨 대학교(Universität München)에서 다시 교수직을 제안 받았으나 그 다음 해인 1920년 6월 56세의 나이로 유행성독감으로 인한 폐렴에 걸려 영면을 하게 되었다.[14)]

2. 막스 베버와 행정

2.1 관료제모형

사회학을 비롯한 여러 학문 분야에서 다재다능한 천재적 업적을 일구어 낸 막스 베버(Max Weber)는 계층제(hierarchy)를 중심으로 하는 관료제(bureaucracy)가 이것을 필요로 하는 사회·경제적 조건에 따라 역사적으로 면면히 흥성하고 발전하였다고 주장하면서 그 대표적인 예로 고대 로마제국과 5세기의 중국 그리고 유럽의 중세 말기를 들고 있다.[15)]

또한 베버는 프러시아 군대조직을 모태로 하여 가장 능률적인 조직형태로 계층제적 개념을 담고 있는 관료제를 모형으로 설정하였으나, 이 개념내부에 내재하고 있는 상호 모순점 그리고 운영상에서 나타나는 갈등문제, 그리고 이 제도가 가지고

---

14) Brian R. Fry, *op. cit.*, p.17. ; 이병철, 「앞의 책」, 159–160쪽.
15) H. H. Gerth and C. Wright Mills, *op. cit.*, 서문 참고.

있는 행정이념과 철학에 있어서의 문제는 뒤에 이 분야를 연구하는 후학들에 의해 하나하나 진실이 밝혀지게 되는 것이다.16)

현재는 관료제를 대체할 수 있는 모형이 여러 분야에서 제시되고 있고 실제로 이를 운영하여 좋은 성과를 거두어들이는 사례도 많이 있다. 특히 행정을 둘러싸고 있는 환경이 보다 다원화되고 상호관련성을 깊이 가지게 되면 될수록 베버가 제시한 관료제모형은 보다 많은 수정과 보완을 요구받게 될 것이며 또한 새로운 모형 적 패러다임으로 대체될 수도 있을 것이다.17) 어찌되었든 행정에서 큰 의미를 부여할 수 있는 대목은 그가 관료제를 인간이 지금까지 고안해 낸 조직 중에서 가장 합리적이고 능률적인 조직형태로 생각하고 있었다는 점이다.18)

그리고 베버는 왜 사람들이 자신의 생각이나 태도에 대해 깊이 생각하지 않고 명령에 따르는 것인가에 대해서도 숙고를 하였다. 그는 관료제에 몸담고 있는 구성원들의 행태를 보고 왜 그들이 관료제 즉 조직이 요구하는 명령에 순응하는가 하는데 대해 깊은 관심을 가졌던 것이다.19)

그는 이러한 순응 행태의 이면에 권위라는 것이 존재한다는 사실을 설파하였다. 그래서 이것을 세 가지의 정당성 권위의 순수유형(pure types or models of legitimate authority)으로 설명을 하고 있다. 첫째가 전통적인 권위유형이고 두 번째가 카리

16) 이병철, 「앞의 책」, 157-158쪽.
17) 이병철, 앞의 책」, 158쪽.
18) Brian R. Fry., *op. cit.*, p.15. ; 이병철, 「앞의 책」, 160쪽.
19) James W. Fesler and Donald F. Kettl, *The Politics of the Administrative Process*, 2nd ed. (Chatham, New Jersey : Chatham House Publishers, Inc., 1996), p.52.

스마적 권위유형이며 세 번째가 법-합리적 권위유형이다.[20] 여기에서 법-합리적 권위유형은 법적인 제도화를 통해 조직성원 간의 지배와 복종을 몰 인정적으로 설정하고 이에 따라 명령에 대한 복종을 유도해 나간다는 것이다. 합리적으로 제정된 법에 의해 이러한 관계성이 설정되게 함으로써 법치주의 적 사고에 가장 근접하는 복종방식이라고 말할 수 있다.

2.2 합리성과 이상적 관료제(ideal bureaucracy)

베버는 사회적 행위의 유형을 의도된 목표의 성공적 달성과 관련된 행위를 수단-목적 합리적이라 해서, 행위의 본질적인 가치와 관련된 가치 합리적 행위와 구분했다. 베버가 합리성(rationality)에 대해 많은 관심을 기울이고 이를 중시해 온 이후 행정은 합리성을 중심으로 인식돼 왔다.[21] 베버에게 있어서 합리성이란 능률성을 함축한다고 볼 수 있다.[22]

이러한 관점에서 베버와 합리성을 별개로 떼어 놓고 생각한다는 것은 있을 수 없는 일이 되었다. 베버는 합리적인 사회활동을 검증하고 이를 설명하려는데 주안점을 두었으며, 단지 조건반사적인 행동과는 구별을 지워, 동기화된 행태를 의미 있는 행동으로 생각하고 이에 관심을 쏟았던 것이다. 그리고 인간행태의 정서적이고 비이성적인 요소들은 합리적 행태의 일탈적

---

20) *Ibid.*, p.52.

21) 이종수 · 윤영진 · 곽채기 · 이재원 외, 「새 행정학 2.0」 (서울 : 대영문화사, 2014), 113쪽.

22) James W. Fesler and Donald F. Kettl, *op. cit*, p.52.

인 것으로 간주를 하였다. 여기에서 합리적 행태란 베버가 이상형(ideal type)으로 여기는 행태를 의미하는 것이다.[23)]

그러나 분명히 해야 할 점은 베버가 의도하고 제시하는 이상형은 실제를 그대로 묘사하고 기술한 그 자체가 아니며, 그렇다고 실증주의적 관점에서 제시하는 가설(hypothesis)도 아니고 규범적이거나 당위적인 모형도 아니라는 사실이다. 그렇기에 사회현상 그 실제를 모두 다 담을 수 있는 것 또한 아니라는 점이다. 사회현상이라는 것은 인간이 보기에는 너무나 복잡다기한 것이라서 어떠한 하나의 유형으로 일원화 할 수가 없는 것이기 때문이다.[24)]

베버가 말하듯이 "이상형이란 가치판단과 연계되는 것도 아니고 완벽하게 실제를 나타내는 그 어떤 유형과도 관계가 없는 것"[25)]이며, 도널드 맥뢰(Donald G. MacRae)가 말하듯 말 그대로 순수한 유형으로 이해 할 수 있을 것이다.[26)]

따라서 사회과학의 다른 대부분의 개념들도 그러하듯이 실체 또는 실제로부터 추상화 될 필요가 있으며, 실제적으로 완전한 개념적 통합체로 나타낼 필요까지는 없다고 보는 것이다.[27)] 그래서 베버는 사회현상을 인과(cause and effect)적으로

---

23) Max Weber, *The Theory of Social and Economic Organization*, trans. A. M. Henderson and Talcott Parsons (New York : Free Press, 1947), P.92 & p.96. ; Brian R. Fry., *op. cit.,* p.19.

24) Brian R. Fry., *op. cit.,* p.21.

25) Max Weber, *The Methodology of the Social Sciences*, trans. Edward A. Shils and Henry A. Finch (New York : Free Press, 1949), p.98-99. ; Brian R. Fry., *op. cit.,* p.21.

26) Donald G. MacRae, *Weber* (London : Fontana/Collins, 1974), p.66. ; Brian R. Fry., *op. cit.,* p.21.

27) Max Weber, *op. cit,* p.94. ; Brian R. Fry., *op. cit.,* p.21.

분석하는 기본으로 이상형을 구축한 것이다. 여기에서 인과적이란 어떤 원인에 의해 나타나게 되는 결과를 의미한다 하겠다.

베버는 사회활동 혹은 행동을 범주화하기 위한 기준을 합리성의 정도에 따라 분류하고 있는데 가장 합리성이 높은 활동으로 경제활동을 들고 있다.[28] 그는 이와 같이 합리적 조직으로서의 관료제를 깊이 신봉하긴 하였지만 관료제의 단점도 잘 이해하고 있었다. 조직유형으로서 관료제는 관료제의 구성원들에게 중압감을 주는 일상적인 일에 몰아넣을 뿐만 아니라 그들의 자유를 제약하고 전문가의 '절름발이 인격'을 선호하게 만든다고 비판을 하였던 것이다.[29]

또한 그는 잠재적인 정치적 세력으로서 관료제는 법에 의한 지배[30]에 복종치 않고 오히려 이를 통제하려고 할 경우에 법치주의의 기본 원칙에 위험을 초래할 수 있음을 경고하고 있다. 그래서 그는 관료들은 정치로부터 멀리 떨어져 있어야 할뿐만 아니라, 관료들이 가지고 있는 법적 본분에 충실하여야 하고, 자신들의 행정적 행위를 항상 공정하고 불편부당한 행정범위 내로 한정시켜야 하고, 정책문제에 있어서 자신의 의무감과 책임감에

---

28) Brian R. Fry., *op. cit.,* p.19.

29) Brian R. Fry., *op. cit.*, p.16. ; 이병철, 「앞의 책」, 160쪽.

30) 베버는 지배가 정당화되는 원칙으로 카리스마적 지배(charismatic domination), 전통적 지배(traditional domination), 합법적 지배(legal domination)를 들고 있다. 여기에서 카리스마적 지배란 치자의 예외적 능력과 행동에 의해 지배가 정당화되며 피치자들은 그에 대한 충성된 믿음으로 그의 지배를 수용하는 것이다. 전통적 지배란 세습적 지위에 의해 명령이 정당화되는 것을 의미하며 합법적 지배란 공정한 절차에 의해 공표 된 법에 따르는 것을 의미한다. 베버는 이 중 합법적 지배유형에 가장 적합한 조직이 관료제라고 주장하였다. 정철현, 「앞의 책」, 21쪽.

따라 사심 없이 이를 수행해 나가야 한다고 충고하고 있다.[31)]

베버의 이러한 충고는 그 당시의 행정 학자들의 생각과도 상호관련성을 가지고 있는 듯싶다. 특히 관료들이 정치와 떨어져서 일정한 거리를 두면서 정치적 행위나 과정에 개입을 하지 않는 정치적인 중립 자가 되어야 한다는 그의 주장은 "행정은 법의 능률적인 집행에만 책임을 져야 한다."는 우드로 윌슨(Woodrow Wilson)의 경고와도 일맥상통하는 면이 있는 것이다.[32)]

또한 그가 천명했던 이상적 관료제(ideal bureaucracy) 유형은 그 당시의 고전주의 행정 학자들에 의해 이미 통용되고 있던 조직의 유형이나 그 과정과 매우 흡사할 뿐만 아니라, 가치중립적인 사회과학을 구축해야 한다는 그의 주장은 행태주의자들의 생각과도 그 궤를 같이 하는 것으로 이해 할 수 있는 것이다.[33)]

2.3 가치중립적인 사회과학의 구축

특히 베버가 가치중립적인 사회과학을 구축해야 한다고 나름대로 자신의 목소리를 분명히 내고 있는 점에 주목을 할 필요가 있다. 베버는 사회과학의 몰가치성 즉 가치의 중립성(value neutrality)을 강조하였다. 마르크스주의자들, 공리주의자들, 그리고 역사주의자들과 대립하는 논쟁에 있어서 베버가 사용한 전략적 요소가 몰가치적인, 다른 말로 하자면 가치로부터 중립적인 사회과학에 관한 생각이다. 마르크스주의자들은 사회과

31) Brian R. Fry., *op. cit.,* p.16. ; 이병철, 「앞의 책」, 160쪽.
32) Brian R. Fry., *op. cit.,* p.16. ; 이병철, 「앞의 책」, 161쪽.
33) Brian R. Fry., *op. cit.,* p.16.

학적 주장의 진실이 역사적 조건에 달려있다고 해석하는데 반해서, 베버는 몰가치성이 과학적 판단과 연구자의 개인적인 평가를 분리시킴으로써 사회에 관한 과학적 연구가 가능하다고 주장하는 것이다. 비록 과학자들은 자신의 연구 주제에 대하여 가치와 개념들을 끌어들여 올지라도, 과학자들은 자신의 가치와 생각을 연구대상이 되고 있는 행위자들의 가치와 혼동해서는 안 된다는 것이다.34)

이러한 맥락에서 그가 가치중립적인 사회과학을 구축해야 한다고 강조한다고 해서 사실만을 중시하고 가치를 배제하자는 것은 아니라는 점이다. 그가 과학에 있어 가치의 역할을 중요시하고 있는 점은 어떤 면에서도 부인할 수 없는 것이다.

그는 사회과학이라는 것이 사회현상에 내재하고 있는 특별한 인과관계와 연관된 지식을 찾고 구축하는 것이어서 사회가 안고 있는 문화적 가치에 의해 영향을 받을 수밖에 없고, 그러하기에 이러한 주관적 가정(presupposition)을 내포하는 가치에 의해 의미와 관심이 달라질 수도 있다는 점을 충분히 인지하고 있는 것이다.35)

그는 사실에 입각한 여러 대안들 중 어떤 하나를 선택하는 것 역시 결국 가치판단이므로 결코 가치로부터 자유로울 수는 없다고 생각을 하였다. 그러기에 가치적 논의는 행동의 여러 대안들의 사실적 결과들의 결정에 영향을 끼칠 수밖에 없으므

---

34) 한국행정학회, 「행정학전자사전」 http://www.kapa21.or.kr/data/kapa_dictionary_view.php?num=5&page=9&term_cate=&term_word=&term_key=&term_auth=

35) Max Weber, *op. cit.*, p.82. ; Brian R. Fry., *op. cit.*, p.21.

로 그런 점에서 매우 중요할 수밖에 없다는 것이다. 그러나 베버는 그럼에도 불구하고 과학은 가치판단을 가능한 회피하여야 하며, 문화적이고 인종적인 중립성을 추구해야 한다고 강변을 하는 것이다.[36)]

이런 관점에서 볼 때 이미 앞에서 언급한바 있는 가치중립적인 사회과학을 구축해야 한다는 그의 주장은 실증성을 강조하는 행태주의자들의 생각과도 그 궤를 같이 하는 것으로 이해할 수밖에 없는 것이다.

2.4 마르크스(Karl Marx)적 시각과 베버의 사회학적인 접근

여기에 덧붙여서 하나 더 집고 넘어갈 것은 베버의 사회학적인 접근이 마르크스적 시각에 대한 주요한 대안 중의 하나라는 점이다. 베버는 마르크스가 역사의 전체를 보지 못하고 특정화된 한 부분적 시각만을 드러내고 있다고 비판하고, 그의 분석에서 지나치게 물질적 이해에 대해서만 강조를 하는 것은 적절하지 못한 것으로 이해를 하고 있다. 그는 사회활동 또는 사회행동을 결정하는 인자 또는 결정요소로 오직 물질적 이해만으로 국한시키는 것은 잘못이라는 점을 지적하고, 물질적 이해뿐

---

36) 선생의 임무는 학생에게 지식과 과학적 실험을 서비스 하는 것이지, 가치를 심어주거나 개인적 정치견해를 심어주는 것이 아니다. 만약 분석이나 사실의 진술 그 이상을 교실에서 찾는 자는 선생이 아니라 어떤 조직이나 집단의 지도자라고 베버는 주장하였다. H. Gerth and C. Wright Mills, *op. cit.*, pp.143-144. ; Brian R. Fry., *op. cit.*, p.21-22.

만 아니라 민족주의나 인종주의 등과 같은 요소들이 혼화된 인과적 다원론(causal pluralism)의 형태를 띠어야 한다고 주장을 하였다.[37)]

비록 베버가 경제적 이해가 수반되지 않으면 정신은 무용지물이라는 마르크스의 생각에 동의는 하였지만, 정신이 경제적 이해의 단순한 그림자라는 데는 동의하지 않고 이에 대해 반대를 하였던 점을 상기한다면 충분히 공감할 수 있는 것이다. 베버는 정신의 종속적 역할이 아니라 자주적이고 독립적인 역할을 강조하고, 역사에 있어 정신적 요소와 물질적 요소 간의 상대적 균형에 대해 깊은 관심을 기울였다.[38)]

이런 그의 관심은 프로테스탄티즘(protestantism)과 자본주의(capitalism) 간의 관계를 분석한 그의 핵심적 연구에서 가장 극적으로 잘 표현되어 나타나고 있다. 즉 서구에서 흥성한 독특한 자본주의 형태는 프로테스탄티즘의 정신과 윤리의 산물이라고 주장하는 것이다. 그는 이러한 맥락에서 마르크스주의자들이 자주 사용하는 계급(class)이라는 개념과 이와 대비되는 지위 혹은 신분(status)이라는 개념을 구별하고 있다. 계급은 오직 가진 자(have class) 즉, 부르주아지(bourgeoisie) 또는 유산계급과 가지지 못한 자(have-not class) 즉 프롤레타리아(proletariat) 또는 무산계급처럼 경제적 권력의 하나에만 기반을 두고 있지만, 지위 혹은 신분은 사회적 명예와 같은 사회적 자산이나 생활 양태 등에 의해 결정된다고 주장을 하는 것이다.[39)] 그는 서

37) Brian R. Fry., *op. cit.,* p.19.
38) Brian R. Fry., *op. cit.,* pp.19–20. ; Max Weber, *The Protestant Ethic and the Spirit of Capitalism* (New York : Scribner's, 1958), xiv.

로 다른 이해를 가진 신분그룹 간의 갈등이 순종을 하느냐 그렇지 않으면 지배를 하느냐 하는 사회적 유형을 결정짓는다고 주장을 한다.[40]

이외에 계급투쟁(class conflict)의 역할을 바라보는 시각의 차이 역시 베버와 마르크스를 구별 짓는 또 다른 차별점이기도 하다. 베버는 계급투쟁의 중요성이나 그 역할 자체를 부정하거나 부인하지는 않지만, 계급투쟁이 사회의 핵심적 역동성이거나 원동력이라고는 생각하지 않는다는 점이다. 그는 계급투쟁보다는 오히려 이러한 역동성이나 원동력으로 합리성의 힘과 조직을 통해 발현되는 관료제의 힘을 강조하고 있는 것이다.[41] 이것이 의미하는 바는 정치적 의미를 가지는 계급투쟁보다는 합리성의 힘과 조직을 통해 발현되는 관료제의 힘을 사회 원동력으로 강조함으로써, 사회의 핵심적인 원동력을 행정에서 찾으려고 했다는 점에서 베버 사상의 특성을 발견할 수 있고 또한 행정과의 연관성을 찾을 수 있다는 것이다.

베버의 여러 저작들이 영문으로 번역이 되어 미국에 소개되고 전파되면서 행정에 대한 사회학적 연구와 심리학적 연구의 영향이 강화되었다.[42] 비록 간접적이긴 하나 베버의 이러한 영향력이 행정학 전 분야에 널리 퍼져있음을 부인할 수 없는 것이다.[43]

---

39) H. Gerth and C. Wright Mills, *op. cit.,* pp.186-187. ; Brian R. Fry., *op. cit.,* p.20.

40) Reinhard Bendix, *op. cit.,* p.259. ; Brian R. Fry., *op. cit.,* p.20.

41) Brian R. Fry., *op. cit.,* p.20.

42) 이종수 · 윤영진 · 곽채기 · 이재원 외, 「앞의 책」, 62쪽.

43) Brian R. Fry., *op. cit.,* p.16. ; 이병철, 「앞의 책」, 161쪽.

2.5 베버의 관료제에 대한 비판

이와 같이 행정학에 커다란 영향력을 발휘했던 베버의 관료제도 이미 앞에서 잠깐 언급을 하였듯이 스스로 가지는 내재적 모순 등으로 인해 비판에서 자유로울 수 없어서, 이에 대한 비판이 이후 베버의 관료제가 행정학에 끼친 영향력만큼이나 많이 나타나게 되는 것이다. 1930년대 말 미국의 경험주의 사회학자들에 의한 비판[44]을 시작으로 하여 1960년대에는 발전행정론 자들[45], 그리고 1970년대에는 조직론 자들과 후기 관료제도론 자들의 비판에 직면하게 되는 것이다.[46]

관료제가 지니는 분업과 전문화, 계층제, 규칙과 규제, 행정가의 관리, 비인간성, 경력주의 등이 관료제의 역기능 및 관료제의 병리현상(bureaucratic pathology)으로 나타나 관료제를 화석화(ossified bureaucracy)시키고 그로 인해 생산성을 떨어뜨리게 된다는 것이 이들의 한결같은 주장이다. 이를 극복하기 위한 대안적 관료제 모형이 여러 학자들에 의해 제시 되고 주창되고 있는데, 이들은 탈 관료제 혹은 후기관료제의 대안적 패러다임을 제시하면서 관료제가 유연한 구조, 환경변화에의 신

44) 이들은 베버의 근대적 관료제모형은 공식적인 측면만 강조하였고 경우에 따라 역기능적인 측면이 있으며 이해관계의 상충에 따른 갈등으로 조직내외의 권력현상을 설명하지 못하였고 폐쇄체계 적 관점에서 조직이 외부환경과 상호작용하는 측면을 무시했다는 점을 지적하고 있다.

45) 이들은 베버의 관료제모형이 관료의 권한을 자세한 법규로 규정하는데 급급하여 변화하는 사회의 속도를 따라가지 못하며 관료제는 계층제의 지휘감독체계보다는 수직적 분업체계로 이해되어야 하고 전문지식이나 경력이 오히려 발전지향성을 가로막는 장애가 될 수 있음을 지적하고 있다.

46) 이병철, 「앞의 책」, 161쪽.

속한 적응, 인간적 가치의 존중 등을 중시하여야 한다고 주장하였다.47)

---

47) 이병철, 「앞의 책」, 161쪽.

8/

미국의 행정사상가 : 알렉산더 해밀턴

1. 삶의 발자취

미합중국 건국의 아버지 중 하나인 알렉산더 해밀턴(Alexander Hamilton)은 1757년 1월 11일 네비스(Nevis)의 서 인디 섬(the West Indies Island)에서 출생을 하였으며, 교육을 받기 위해 1772년 뉴욕으로 왔다. 그는 처음에는 문법학교를 다녔으며 이후 킹스 칼리지(King's College)[1)]에서 배움을 얻었다. 독립전쟁 때 20세도 채 안 되는 나이에 주요 전투에서 포병을 지휘하였고, 1777년부터 1781년까지 조지 워싱턴(George Washington) 장군의 부관을 지내기도 하였으며, 요크타운(Yorktown) 전투에서

1) 지금의 콜롬비아 대학교(Columbia University)이다.

도 보병연대를 지휘하였다.[2)]

25세의 나이에 대륙의회(Continental Congress)의 의원으로 활약을 하였으며, 사직 후 뉴욕시에 법률사무소를 개소하기도 하였다. 그리고 이후에도 뉴욕 주 의원 등 많은 공직을 역임하였고 재무성설립법(an Act establishing the Treasury Department)이 의회에서 통과되면서 초대 대통령인 워싱턴에 의해 미국 최초의 재무 장관으로 임명이 되었다. 그는 1789년부터 1795년 1월 31일까지 초대 재무 장관을 역임하였다. 또한 1794년에 해군법(the Naval Act)을 제정해 미합중국 해군을 창설하는데 큰 역할을 수행하였으며 해군사관학교 설립을 주장하기도 하였다. 그는 재무장관 사직 후에도 워싱턴의 가까운 충고자로 그리고 친구로 긴밀한 관계를 유지하였다. 그러나 말년에 그에게 불운이 닥쳤다. 그는 정적(政敵)이었던 아론 부르(Aaron Burr)와의 결투 중 입은 치명적인 부상으로 인해 1804년 7월 12일 숨을 거두었다.[3)]

---

2) Alexander Hamilton, *The Federalist* (1789) ; 1978년에 초판이 발간된 이후 계속해서 개정판이 나왔다. ; Alexander Hamilton, *The Federalist : a Commentary on the Constitution of the U. S. being a Collection of Essays Written in Support of the Constitution Agreed Upon September, 17, 1789, by the Federal Convention*. Reprinted from the Original Text of Alexander Hamilton, John Jay, and James Madison edited by Henry Cabot Lodge (New York & London : G. P. Putnam's Sons, 1888) ; Roy P. Fairfield (ed.), *The Federalist Paper* (Baltimore, MD : Johns Hopkins University Press, 1981) ; 이병철, 「행정의 역사와 이론」(부산 : 도서출판 금정, 2003), 133쪽.
3) 이병철, 「앞의 책」, 133쪽.

2. 해밀턴과 행정

2.1 강력한 연방 중심의 행정국가로의 지향

해밀턴은 독립전쟁 당시 워싱턴 장군 휘하의 23세 먹은 총명한 부관이었을 때부터 워싱턴 대통령 내각의 초대 재무 장관을 역임할 때까지 세련되고 막힘이 없는 기획 및 통제능력과 국가재정 운영과 발전을 위한 타고난 재능과 수완을 발휘했으며[4) 레오나르도 화이트(Leonard D. White)가 지적하듯 어느 누구도 이 분야에선 필적하기 어려운 조직능력과 체제에 관한 관리능력 그리고 리더십을 보여 주었다[5).

그는 또한 열정적으로 정치·경제·군사적인 국력에 있어서 보다 크고, 보다 넓고, 보다 대담하고 강고한 미국의 이미지를 세워 일으키려고 노력하였다. 그의 이러한 생각은 강력하고 효과적이며 행동지향적인 정부를 만드는 것이었고, 그러한 강력한 국가를 만들어 나가기 위해서는 대통령을 중심으로 한 정부기능이 보다 강화되어져야 한다는 생각에서 행정수반의 역할이 무엇보다도 중요하다고 보았다. 그러한 맥락에서 그는 행정수반의 역할을 강조하였으며, 사회의 미래를 위해서는 지방정부보다는 연방정부가 그리고 특히 행정부가 강해야 한다고 주장하면서 보

4) Richard J. Stillman Ⅱ, *Public Administration : Concepts and Cases*, 3rd Ed. (Boston, Mass. : Houghton Mifflin Company, 1984), p.5. ; 이병철, 「앞의 책」, 133쪽.

5) Leonard D. White, *The Federalists : A Study in Administrative History* (New York : Macmillan, 1948), p.478. ; 이병철, 「앞의 책」, 133-134쪽.

다 강력한 중앙집권적 연방체계를 열렬히 지지하였다.[6)]

그리고 이러한 강력한 연방체제의 국가를 통해 농업 중심에 머물고 있는 미국을 산업화시켜 유럽의 선진 열강들과 어깨를 나란히 하는 나라로 발전시켜 나가야 한다고 생각을 하고 있었다. 비록 민주성을 다소 훼손시키는 한이 있더라도 능률성을 발휘하여 보다 빠른 발전을 모색하고자 했던 것이 그의 숨은 마음이 아니었던가 하는 생각을 할 수 있다.[7)]

또한 그는 행정의 행동력은 사회의 복지와 번영을 위해 본질적으로 필요한 것으로 이해하고 행정국가(Administrative State)로의 발전을 모색하였다.[8)]

> "해밀턴은 「연방주의자 논집」 집필자 가운데 한 사람이었으며, 진작부터 열렬한 연방주의자로 유명한 사람이었다. 그는 기본적으로 귀족 주의자였고 민주주의에 대해 비관적인 생각을 가지고 있었다. 즉 무지한 대중에게 국가를 맡겨놓을 수는 없으며, 오히려 이들이 사회의 질서를 파괴하지 않도록 이들을 감시하고 통제하는 것이 국가의 가장 중요한 임무라는 것이다. 이를 위해서는 정부가 강력한 힘을 갖는 것이 무엇보다도 중요했다. 그는 반연방주의자들이 주장하는 지방분권주의나 인민의 권리 따위는 모두에게 해로운 무정부 상태와 동의어로 여겼다. 해밀턴은 강력한 귀족주의적 전통에

---

6) Donald F. Kettl, "Public Administration : The State of the Field", in Ada W. Finifter (ed.), *Political Science : The State of the Discipline II* (Washington, D. C. : The American Political Science Association, 1993), p.407. ; 이병철, 「앞의 책」, 134쪽.
7) 이병철, 「행정 철학의 이해」 (울산 : 울산대학교 출판부, 2013), 115쪽.
8) 이병철, 「행정의 역사와 이론」, 134쪽.

의해 질서와 안정이 유지되는 영국을 이상적인 국가의 모델로 삼았다."9)

이러한 점에서 토머스 제퍼슨(Thomas Jefferson)과 커다란 시각 차이를 보여주었고 그래서 서로 갈등하고 경쟁했던 것으로 사료가 된다. 인재의 등용이나 운용에 있어서 타고난 재능을 가지고 있었던 조지 워싱턴 대통령은 국정운영에 있어 극명한 시각 차이를 보여주고 있는 이들을 절묘하게 활용하기 위해 해밀턴은 재무장관으로 기용을 하고 제퍼슨은 국무장관으로 임용을 하였다.

이러한 파격적인 인사 조치는 자신의 내각에서 보물과 같이 귀한 이 둘을 다루는데 있어 어느 한 쪽으로 기울여지는 어리석음을 회피하면서, 즉 인사의 공평무사를 꾀하면서, 경쟁을 통해 이들이 가진 역량을 극대화하고, 나아가 상호 시너지 효과를 극대화시키기 위해 이들을 조화롭게 등용을 하였던 듯 싶다.

"초대 워싱턴 행정부에는 성격과 정치적 성향이 서로 극단적인 두 명의 인사가 포진하고 있었다. 국무장관 토머스 제퍼슨과 재무장관 제임스 해밀턴이 그들이었다. 이들은 여러 면에서 서로 다른 사람들이었고 사이도 그리 썩 좋은 편은 아니었다. 그럼에도 불구하고 워싱턴이 이들을 나란히 기용한데에는 우선 인사 문제에서부터 공평무사의 원칙을 지킴으로써 갓 출범한 정부의 안정에 도움을 주자는 의도가 있었을 것이다."10)

9) 유종선, 「미국사 다이제스트100」(서울 : 도서출판 가람기획, 2012), 131-132쪽.

2.2 행정 관료에게 넓은 재량과 권한의 부여

한 걸음 더 나아가, 해밀턴은 행정 관료에게 상당히 넓은 재량을 인정해 주어야 한다고 주장을 하였다. 이것이 의미하는 것은 상대적으로 의회권한을 약화시킨다는 것을 뜻한다. 그는 행정권이 강화되어야만 국익이 극대화될 수 있다고 생각하고 행정 관료들에게 보다 넓은 재량과 권한을 줄 것을 요구했으며 더 나아가 행정전문가의 전문성, 능력을 고양시키는 것이 국익에 있어서 유용하다는 점을 강조하였다.11)

그러나 여기서 오해를 해서는 안 되는 점은 그가 무조건 행정 관료에게 재량과 권한을 부여하여야 한다고 주장만 하는 것은 아니라는 점이다. 분명히 그의 생각은 행정 관료에게 재량이나 권한 즉 권력을 부여 한만큼 자신이 행한 행정행위의 결과에 대해서는 행정 관료가 철저히 책임을 져야 한다는 점을 강조하고 있다는 점이다. 이러한 맥락에서 그는 자신이 강조하는 강력한 중앙정부가 기존의 전제군주와 차별화 되는 점, 즉 권한을 부여 받은 만큼 그에 따른 책임을 져야한다는 점을 분명히 했던 것이다.12)

---

10) 유종선, 「앞의 책」, 131쪽.

11) 그가 가지고 있던 공직의 선호유형은 전문경력직인데 행정의 정통성, 주체성을 유지하기 위해서는 법학이나 의학의 경우에서 볼 수 있는 것처럼 행정학의 전문성을 확보해야한다고 주장하였다. 이병철, 「앞의 책」, 134쪽.

12) 이병철, 「앞의 책」, 134쪽.

2.3 산업국가로의 사회 발전 예측

또한 사회가 발전되면 농업에서 상업, 상업에서 산업국가로 변천하게 되며 이러한 과정 속에서 필연적으로 사회계층간의 대립이 생겨난다고 예측하고 직능국가를 통해 이러한 대립을 해결하는 것이 불가피할 것으로 내다보았다. 그러나 이러한 해밀턴의 생각은 그가 가지고 있던 토머스 홉스(Thomas Hobbes)의 부정적 인간관에서 기인하는 바가 컸던 관계로, 당대의 많은 시민들의 정서와는 일정한 거리감이 존재했기 때문에 많은 호응을 얻어내지는 못했다.[13)]

2.4 국익위주의 국제관

또한 그는 국제관계에 있어서도 미국의 국익을 위해서는 어떠한 신의나 믿음도 저버릴 수 있다는 확고한 신념을 가지고 있었다. 실제로 1789년 7월에 프랑스에서 혁명이 일어나고 그 여파로 어려움에 처한 프랑스가 미국에게 구원요청을 했을 때[14)] 이를 받아들이지 않게 영향력을 행사했다. 미국으로서는 이제 갓 출범한 정부로서 프랑스 편에 가담하여 다시 영국과 전쟁을 치른다는 것은 끔찍하고 어려운 일이라는 점을 이해하지 못하는 것은 아니지만, 미국 독립전쟁 당시 프랑스가 여러

---

13) 이병철, 「앞의 책」, 134-135쪽.

14) 프랑스 혁명이 발발하고 이의 여파가 자국에 까지 미칠 것을 염려하는 영국과 오스트리아가 여기에 무력으로 개입하려는 조짐이 보이자 영국과의 전쟁을 앞둔 프랑스가 미국에 그 보답을 요구하고 나섰다. 유종선, 「앞의 책」, 133쪽.

어려움에 처해있던 미국에게 상호방위조약을 체결하는 등 물심양면으로 도움을 주었던 것[15]을 생각한다면 결코 있어서는 안 되는 일이 일어났던 것이다.

어쨌든 미국은 프랑스를 도와 줄 수 없다는 거절의 명분으로 1788년 프랑스와 맺은 조약은 당시 프랑스 국왕인 루이 16세와 맺은 것으로, 이미 국왕이 단두대의 이슬로 사라진 지금 미국은 이를 준수할 의무가 없다는 이유를 들어 중립을 선언한 것인데 이러한 입장표명의 중심에는 해밀턴이 자리 잡고 있었던 것이다. 그리고 해밀턴이 이러한 선택을 한 이면에는 프랑스 혁명을 바라보는 그의 개인적인 시각에 기인하는 면도 없지 않았는데 그는 이 혁명을 자유와 평등을 위한 고귀한 투쟁이라기보다는 질서를 파괴하는 대중의 폭동, 부자들의 재산을 강탈하려는 거지들의 폭력에 불과한 것으로 생각을 하고 있었던 것이며, 이러한 생각은 대부분의 연방주의자들도 공유하고 있었다.[16]

어찌되었던 보수적이고 귀족주의적이며 미국의 국익을 무엇보다 우선시 하는 해밀턴의 사상은 미국 행정 형성의 한 초석이 되었으며 행정을 바라보는 하나의 시각을 제공했다는 점에서 의미를 부여 할 수 있을 것이다.[17]

2.5 리처드 스틸만이 본 해밀턴의 행정사상

미국의 건국 이래 행정에 있어서 해밀턴의 고전주의, 제퍼슨

15) 유종선, 「앞의 책」, 133쪽.
16) 유종선, 「앞의 책」, 133-134쪽.
17) 이병철, 「행정의 역사와 이론」, 135쪽.

적 낭만주의 그리고 매디슨 적 신고전주의가 각각 특정한 시기의 행정에 대한 관념을 대부분 지배해 왔다고 주장하는[18] 리처드 스틸만(Richard J. Stillman Ⅱ)은 다음과 같이 해밀턴의 행정사상을 집약하여 표현하고 있다.[19]

첫째, 에너지, 리더십, 톤(tone)[20] 등으로 특징지어지는 의식적이며 적극적인 정부역할의 증대를 목적으로 하였으며 둘째, 책임을 분산하지 않고 한 개인에게 집중시키는 하나의 과정으로 통합된 행정을 목적으로 하였고 셋째, 행정기능의 수행을 위해서는 그 책임에 상응하는 행정권한을 부여하고자 하였으며 넷째, 행정의 효과성과 안정성을 확보하기 위한 적절한 재직기간 및 임기를 보장하고자 하였으며 다섯째, 행정가를 충원하는데 있어 보수의 지급과 훈련된 전문가를 선호하였으며 여섯째, 활기 있고 효과적인 정부를 운영하기 위한 행정의 경제적, 제도적 선결조건, 예를 들어 재정 및 군사적 문제에 대한 특별한 배려가 필요하다고 생각하였다는 것이다.[21]

---

18) Richard J. Stillman II and Joseph A. Ureges, Jr (eds.), *Public Administration History and Theory in Contemporary Perspective* (New York : Marcel Deeker, Inc., 1982), p.5.

19) Richard J. Stillman II, *op. cit.*, p.6. ; 이병철, 「앞의 책」, 135쪽.

20) 해밀턴에게 있어서 톤(tone)이란 정통성과 권능이고 존엄성과 권위이며 한마디로 말하자면 에너지 그 자체였던 것이다. 이러한 톤이 없다면 이는 무정견, 반항, 불신, 위축이며 그리고 단적으로 표현한다면 허약함이 발생한다는 것이다. Clinton Rossiter, *Alexander Hamilton and the Constitution* (New York : Harcourt Brace, 1964), p.152. ; 이병철, 「앞의 책」, 135쪽.

21) 이병철, 「앞의 책」, 135쪽.

2.6 해밀턴 행정사상의 평가

해밀턴의 행정사상을 미래 예측 적 관점에서 살펴보자면 해밀턴은 미국이 제일의 공업국가 혹은 산업국가로 등장할 것을 미래 적 시각에서 예측한 것이다. 그리고 해밀턴은 정치적 권위의 주체로서 국가를 생각하였고 인간관은 현실에 기반을 두었다. 정부역할에 대해서는 경제발전과 정치발전을 위한 원동력으로 기능을 해야 한다고 생각하였으며 정치체제에 대한 주요 위협으로 약한 중앙기관을 들었다.22)

특히 그는 경제발전을 위해 경제계획안을 추진시킬 때도 주로 북부의 부유한 상인들과 금융업자들의 이익을 염두에 두었다. 국가를 운영하는데 있어 그리고 정부 역할을 제대로 수행하기 위해서는 가난한 대중보다는 부유한 소수의 협력이 더 중요하다고 여겼기 때문이다.23) 그리고 기관 적 강조점으로는 연방집행부를 들었고 선호되는 행정패턴으로는 절대왕정이 가졌던 고전적인 높은 에너지를 지니는 행정유형을 생각하였고 삶의 질을 향상시키는 수단으로는 강력하고 효과적인 지도력을 염두에 두었다.24)

해밀턴은 행정과정의 이미지를 통합된 일원적 과정으로 이

---

22) 이병철, 「앞의 책」, 141-142쪽.

23) 유종선은 이러한 예로 연방중앙은행 설립안을 들고 있다. "이 법안이 의회에 제출되었을 때 남부 출신 의원들의 대부분이 반대한 반면, 북부 출신 의원들은 압도적으로 찬성표를 던졌다. 결국 법안은 근소한 차이로 의회를 통과했고, 남부의 불만은 극도로 고조되었다. 제퍼슨은 이때 "남부의 불만은 폭발 직전이다. 이것이 언제 터질지는 아무도 모른다."고 토로했는데 결국 이는 50년 후 벌어질 남북전쟁에 대한 예언이 되었다." 유종선, 「앞의 책」, 132쪽.

24) 이병철, 「앞의 책」, 142쪽.

해하였으며 행정의 목적은 국가이익의 증진에 우선권을 두었다. 그리고 행정재량권의 정도에 있어서는 넓은 전문적 재량권을 인정하는 입장이었다. 또한 중앙집권 및 분권의 정도에 있어서는 권력과 상응된 책임을 전제로 한 적절한 중앙집권을 선호하였다. 그리고 공직의 선호유형은 전문경력직을 주장하였고 바람직한 행정가 스타일은 행동으로 보여주는 실천가(Doer)를 높이 평가하였다. 또한 주요행정관심영역은 강력한 연방 국가를 건설하기 위해 재정과 군 문제에 집중되었다.[25)]

결론적으로 그가 가지고 있던 정부관 또는 행정관을 한 마디로 요약하여 말하자면, 강력한 행정기구를 갖는 강한 정부를 이루어 내는 것이었다. 그리고 그는 행정의 주 임무를 공적으로 규정되어 설정된 목적들을 효과적으로 수행하는 것으로 보았으며 국민을 위해 좋은 일을 활력적으로 해 나가는 정부 상을 선호하였던 것이다.[26)]

---

25) 이병철, 「앞의 책」, 143쪽.
26) 이병철, 「앞의 책」, 133쪽.

9/

미국의 행정사상가 : 토머스 제퍼슨

1. 삶의 발자취

미합중국 건국의 아버지 중 하나인 토머스 제퍼슨(Thomas Jefferson)은 1743년 4월 13일 버지니아 주의 쇼드웰(Shadwell)이라는 곳에서 태어났다. 그는 1760년부터 1762년까지 윌리엄 메리대학(the College of William and Mary)을 다녔고 1769년부터 1774년까지 버지니아 시민의회 (Virginia House of Burgesses)의 의원이었다. 1775년부터 1776년까지 제2차 대륙회의(Second Continental Congress) 의원을 역임했으며 1776년 그 유명한 미국독립선언서(Declaration of Independence)를 기안하였다. 1776년부터 1779년까지 버지니아 주 의회(Virginia House of Delegates)

의원을 역임하고 1779년부터 1781년까지 버지니아 주지사를 지냈다. 그 유명한 「버지니아 주 소고」(Notes on the State of the Virginia)가 1781년부터 1782년 사이에 집필, 탈고 되었다.[1)]

그 후 연합의회(Confederation Congress) 의원, 프랑스 대사, 초대 국무장관, 그리고 부통령 등을 거쳐 1801년부터 1809년까지 미합중국 대통령을 역임하였다. 그는 주 정부와 지방정부에 자율권을 인정하고 오늘의 지방정부와 연방정부의 균형을 유지한 미합중국의 체제 확립과 루이지애나(Louisiana) 주를 3센트에 구입하여 중서남부 영토 확장에도 일조를 하였다. 그리고 그는 화려한 정치나 공직 경험뿐만 아니라 학문에도 관심이 깊어 대통령을 퇴임한 후 1814년부터 1826년까지 버지니아 대학교(University of Virginia)를 설립하였다. 그는 대학을 손수 설계하고 건축하고 심지어 강의 교과목까지 만들었으며, 후에 총장을 맡아 교육과 학교 경영에 기여를 하였다. 1826년 역사에 큰 족적을 남긴 채 숨을 거두었다.[2)]

2. 제퍼슨과 행정

2.1 지방분권적 민주국가로의 지향

해밀턴의 강력한 국가주의에 바탕을 두고 있는 행정적 시각과

---

1) 이병철, 「행정의 역사와 이론」 (부산 : 도서출판 금정, 2003), 135-136쪽.
2) 이병철, 「앞의 책」, 135-136쪽. ; 최평길, 「대통령학」 (서울 : 박영사, 2007), 489쪽.

는 달리 제퍼슨[3])의 행정관과 정치관은 국민에 대한 관심과 예찬으로 가득 차 있다. 그의 이러한 개인의 자유와 인류발전에 대한 믿음은 그가 집필한 독립선언문 서문에도 잘 나타나고 있다.[4])

그는 해밀턴과 달리 인간본질과 성장 및 완성가능성에 대해서는 깊은 계몽주의적 믿음을 가지고 있었으며 국민을 사회에서 유일한 수익자, 유일한 의지, 그리고 유일한 주권자[5])라고 보면서 정부제도의 유일한 정통적 목적은 정부제도 하에 연계되어 있는 일반대중의 가능한 최대의 행복을 보장하기 위한 것으로 이해하였다.[6]) 이러한 맥락에서 볼 때 그는 당시 정치사상으로 널리 회자되던 자유계몽주의사상[7])의 철저한 신봉자였음

---

3) Thomas Jefferson, Notes on the State of the Virginia (1782). ; 원본은 1782년에 발간되었고 그 이후 계속 개정판이 나왔다. Thomas Jefferson, *Notes on the State of the Virginia* (Philadelphia, Penn. : R. T. Rawle, Publisher, John Thompson, Printer, June 1801). ; Thomas Jefferson, *Notes on the State of the Virginia* (Boston, Mass. : Lilly and Wait, 1832). ; Thomas Jefferson, *Notes on the State of the Virginia* (New York : Harper & Row, 1964). ; John P. Kaminski (ed.), *Citizen Jefferson : The Wit and Wisdom of an American Sage* (Madison, WI : Madison House Publishers, Inc., 1994). ; 이병철, 「앞의 책」, 135–136쪽.

4) Wilson Cary McWilliams, *The Idea of Fraternity in America* (Berkeley, CA. : University of California Press, 1973), pp.209–210. ; 이병철, 「앞의 책」, 135–136쪽.

5) 건국 초기에 미국의 지도층이 귀족출신이었기에 일반 국민들이 정치계나 행정계로 나가기가 사실상 어려웠다. 따라서 건국 초기에는 '국민에 의한 정치'(democracy by the people)보다는 '국민을 위한 정치' (democracy for the people)가 상당기간 계속되었다고 보는 것이 정확한 설명이 될 것이다. ; 이병철, 「앞의 책」, 136쪽.

6) Richard J. Stillman Ⅱ, *op. cit.*, p. 7. ; Lynton K. Caldwell, *The Administrative Theories of Hamilton and Jefferson : Their Contribution to Though on Public Administration* (Chicago : University of Chicago Press, 1944), pp.236–241. ; 이병철, 「앞의 책」, 136쪽.

7) 주로 존 로크(John Locke)의 자연법사상과 루소(Jean J. Rousseau)의 사회계약론이 근저를 이루고 있다.

을 알 수 있다.[8)]

그는 모든 인간은 평등하게 탄생하였으며 창조주로부터 생명, 자유와 행복추구권과 같은 어느 누구에게도 양보할 수 없는 천부불가양의 권리를 가지고 태어났다고 주장하면서, 이러한 권리를 지키기 위해 피치자들의 동의에 입각한 정부를 세우며 만약 정부가 이러한 신성한 권리를 파괴하면 정부설립에 동의한 피치자들은 국민저항권을 발동하여 언제라도 이런 정부를 바꾸거나 무너뜨릴 권리를 유보하고 있으며 위에서 말한 천부불가양의 권리를 지켜 줄 수 있는 새로운 정부를 세울 수 있다[9)]고 말함으로서 자유계몽주의 사상의 일단을 미국정치에 실현시키고 있다.[10)]

이런 관점에서 볼 때 프랑스 혁명에 대한 생각도 해밀턴과는 달랐다. 프랑스 혁명은 자유와 평등을 위한 고귀한 투쟁이라기보다는 질서를 파괴하는 대중의 폭동, 부자들의 재산을 강탈하려는 거지들의 폭력에 불과한 것으로 생각을 하고 있었던 해밀턴과는 달리, 제퍼슨은 프랑스 혁명은 미국 독립전쟁의 고귀한 정신을 이어받은 것으로 압제와 왕정을 타파하려는 시민의 거룩한 투쟁이므로 미국은 프랑스 국민의 고귀한 투쟁을 지원하

---

8) 이병철, 「앞의 책」, 136쪽.

9) 로크는 "인간은 자연 상태에서 자유와 재산이라는 자연권을 누렸고, 이를 더욱 확고하게 누리기 위하여 계약을 맺고 국가를 형성하였으며 따라서 정부가 이를 위배하는 경우 사람들은 정부를 교체할 수 있다"고 주장하였다. 이러한 로크의 주장은 영국의 명예혁명(Glorious Revolution, 1688)을 옹호하였으며 미국의 독립선언과 계몽사상에 많은 영향을 주었고 특히 제퍼슨의 정치사상 형성에 크게 기여하였다. 김정헌 · 송건섭, 「행정이론과 해설」(서울 : 형설출판사, 2000), 14쪽. ; 이병철, 「앞의 책」, 137쪽.

10) 이병철, 「앞의 책」, 136-137쪽.

고 혁명을 분쇄하려는 유럽의 구체제 국가들에 맞서 싸워야 한다고 생각했다. 프랑스 신정부의 초대 미국 대사인 '시민' 주네(Citizen Genet)가 미국 전역에서 자코뱅클럽을 조직하고 프랑스 혁명을 지원하기 위해 자원 대와 돈을 모을 때 제퍼슨은 그를 물심양면으로 도왔다. 반연방주의의 입장에 섰던 많은 사람들이 그에게 동조했음은 두말 할 필요가 없다.[11)]

미국의 보수파 역사가인 러셀 커크(Russell Kirk)는 프랑스 혁명가들은 인간의 선함에 대한 낙관론을 견지하였으나 미국의 지성인들은 인간의 본성에 대해 죄악에 이끌리기 쉽다고 보는 등 다분히 성악적인 입장에 서 있었다고 주장을 하면서, 그래서 이 당시 미국의 지성인들의 생각은 건국의 아버지들에게도 영향을 끼쳐 폭력과 사악함을 억제하고 계약에 기초한 세속국가를 세우는 것을 목표로 하게 만들었다고 주장을 하였다. 이러한 맥락에서 볼 때 인간이 선한 동시에 얼마든지 악할 수 있는 존재라는 극히 현실적인 전제아래 정치 체제를 설계해야 한다는 지성인들 생각과 제퍼슨이 가지고 있었던 생각과 행동이 서로 맞아 떨어졌던 것으로 이해 할 수가 있는 것이다.[12)]

2.2 국민 아래 봉사하는 제한된 정부

이런 맥락에서 보더라도 그는 해밀턴과 같은 강력한 중앙집

11) 유종선, 「앞의 책」, 134쪽.

12) Russell Kirk, *The Roots of American Order* (LA Salle, Illinois : Open Court, 1974). : 로버트 메리 지음 · 최원기 옮김, 「모래의 제국」 (서울 : 김영사, 2006), 41쪽. ; 이병철, 「행정 철학의 이해」 (울산 : 울산대학교 출판부, 2013), 116쪽.

권적 국가보다는 국민의 천부불가양의 권리를 지킬 수 있으면서 국민 위에 군림하는 정부가 아니라, 국민 아래 봉사하는 정부를 이상적인 정부 상으로 보았다. 그래서 그는 제한된 정부(limited government)를 최선의 정부라고 보았으며 정부를 가능한 한 풀뿌리(grass root)로 상징화 되는 시민의 곁에 두고 싶어 하였다. 뉴잉글랜드(New England)의 주민회의(town meeting)를 가장 이상적인 민주제도로 여긴 것도 이러한 이유 때문이었다.13)

제퍼슨은 이렇게 시민정서에 부합되는 열렬한 민주주의 주창자이고 반연방주의자였다. 새 헌법이 국가권력의 강화에만 목적을 둔 나머지 인민의 정당한 권리를 무시하고 있다는 그의 강력한 이의 제기로 새 헌법에 권리장전(The Bill of Rights)이 추가된 것은 널리 알려진 사실이다. 그는 정부가 강해지면 강해지는 만큼 시민의 권리는 작아지며, 이것을 막기 위해 시민이 국가의 일에 적극 관여하여 정부를 감시하는 것이 필요하다고 생각했다. 사람들이 살아가는 일은 기본적으로 그들 스스로에 맡기고 정부는 질서유지 등 극히 필요한 경우를 제외하고는 여기에 간섭해서는 안 된다는 것이 그의 생각이었다. 이는 시민의 자유와 권리를 위해 국가의 개입과 간섭을 최소화하고자 하는 자유방임주의(Laissez-faire)에 입각한 국가관을 피력한 것으로 이해 할 수 있다.

또한 영국을 이상적인 정치체제로 생각을 했던 해밀턴과 달리 제퍼슨은 영국 사회와 정치를 비도덕적인 체제, 즉 소수의

---

13) Thomas Jefferson, *Declaration of Independence*, July 1776. 참고. ; 이병철, 「행정의 역사와 이론」 (부산 : 도서출판 금정, 2003), 137쪽.

귀족과 부자들이 국가를 틀어쥐고 다수의 인민을 억압하는 체제로 간주했다. 이런 맥락에서 제퍼슨은 해밀턴이 추진한 일련의 경제계획안에 대해서도 강한 비판을 제기하였다. 제퍼슨은 해밀턴의 경제개혁안들이 명분은 그럴듯해 보이지만 실제로는 가난한 농부와 노동자들의 주머니를 털어 부자들의 주머니를 채워주는 것에 불과하다고 생각했다. 사실 이것은 그리 틀린 생각은 아닌 듯 싶다. 왜냐하면 국가를 운영하는데 있어 그리고 정부 역할을 제대로 수행하기 위해서는 가난한 대중보다는 부유한 소수의 협력이 더 중요하다고 여겼던 해밀턴이기에 이 경제개혁안이 주로 북부의 부유한 상인들과 금융업자들에게 이익이 돌아갈 것을 염두에 두고 추진했을 것으로 사료가 되기 때문이다.[14)]

또한 그는 지방정부가 중요하고 지역사회가 중요하다고 보면서 "우리는 피로 세습이 되는 군주를 원하지 않듯이 선거를 통해 군림하는 군주도 원하지 않는다."는 말을 통해 선거에 의한 군주는 필요하지 않다고 주장하였다. 이 말 뜻을 좀 더 풀어서 설명을 하자면 미국의 발전을 위해 선거를 통해 군림한 군주인 대통령이 아니라 시민들의 주권적 위임체인 의회를 중심으로 한 정부 기능이 보다 강화되어져야 할 것을 주문하고 있는 것이다.[15)]

그리고 그는 미국의 앞날은 전원적이고 자유로운 목가적 농업국가 이어야만 자유를 향유할 수 있다고 내다보았다.[16)] 이러

14) 유종선, 「앞의 책」, 132쪽.
15) 이병철, 「행정 철학의 이해」, 117쪽.
16) Thomas Jefferson, *op. cit.* ; 제퍼슨은 "땅과 더불어 일하는 사람은 신이

한 맥락에서 그는 산업화의 상징인 도시가 바로 악(惡)의 주원천이라고 까지 생각하였다.[17]

> "그가 염려했던 것은 탐욕스럽고 부패할 수밖에 없는 정치권력의 중앙 집권화와 유럽 선진 열강들에서 보여주고 있는 황폐하고 메마른 도시들의 병폐가 미국에 만연하는 것이었다. 그는 도시화를 극단적으로 혐오하고 경계하였으며 이러한 도시화는 산업화의 산물이라 보고 산업화의 길에 대해 매우 부정적인 생각을 가지고 있었다. 그는 탐욕스러울 뿐만 아니라 부패할 수밖에 없는 정치권력과는 일정한 거리를 유지하는, 평화롭고 전원적이고 목가적인 삶이 지배하는 미래의 미국을 꿈꾸고 있었던 것이다."[18]

이러한 제퍼슨의 생각과는 직접적인 관련성은 없지만 참고적으로 미국의 도시정부에 대한 부정적 시각을 드러낸 사람 중에 대표적인 인물을 손꼽으라면 제임스 브라이스(James Bryce)를 들 수 있다. 그는 미국의 도시정부가 영연방국가들 중에서 가장 커다란 실패를 하였다고 주장한 바 있다.[19]

어찌되었든 제퍼슨은 자신이 가지고 있던 이러한 생각들을 실천에 옮기기 위하여 시민의 자유와 의회의 우위성을 강조하

선택한 사람이다." 라고 보아 농업에 대한 사랑과 애착을 표현했다. John P. Kaminski (ed.), *op. cit.*, p.4. ; 이병철, 「행정의 역사와 이론」, 137쪽.

17) Frederick C. Mosher (ed.), *American Public Administration : Past, Present, Future* (University, Alabama : The University of Alabama Press, 1975), p.18. ; 이병철, 「앞의 책」, 137쪽.

18) 이병철, 「행정 철학의 이해」, 117쪽.

19) Leonard D. White, *The Republican Era : 1869–1901* (New York : The Macmillan Company, 1958), p.383. ; Frederick C. Mosher (ed.), *op. cit.*, pp.18–19. ; 이병철, 「행정의 역사와 이론」, 137–138쪽.

였고 행정의 제한성과 분권성을 주장하였으며 연방보다는 지방과 주를 더 중요하게 여겼다. 또한 그는 좋고 안전한 정부상으로 정부기능상의 분립이 좋다고 생각했다. 연방정부는 국방과 외교기능만을 성실히 수행하면 되고 주정부는 주 전반에 걸쳐 관여하는 인권, 법, 경찰 그리고 제반행정기능을 수행하고 지방정부는 지방전반에 걸친 지방정부 기능을 수행하면 된다고 보았다.[20]

그는 여기서도 볼 수 있듯이 강력한 연방을 경계하면서 주와 지방정부에 국민의 삶의 질의 향상과 행복에 관여된 가장 중요한 민주주의와 자유의 가치를 실현시키는 일을 전담시키고 있다.[21] 그리고 그는 자유에 대한 신념이 강했으며 중앙집권은 자유에 대한 침해라고 생각하고 민주주의, 자유에 대한 개념을 발달시켰다.

2.3 리처드 스틸만이 본 제퍼슨의 행정사상

리처드 스틸만(Richard J. Stillman Ⅱ)은 다음과 같이 제퍼슨의 행정사상을 집약하여 표현하고 있다.

첫째, 행정에의 대중의 자발적 참여를 가장 바람직하게 생각하였고 둘째, 행정권을 제한하기 위해 최대한의 분권화를 지지하였으며 행정에 대한 주민의 감시와 감독을 강조하였고 셋째, 행정활동의 단순성과 경제성을 강조하였는데, 여기에서 단순

20) 이병철, 「앞의 책」, 138쪽.

21) Joseph C. Cabell, Monticello, February 2, 1816, in John P. Kaminski, *op. cit.*, p.46. ; 이병철, 「앞의 책」, 138쪽.

성이란 보통시민이 쉽게 행정을 이해할 수 있도록 하기 위함이며 경제성이란 정부의 낭비와 방만함을 피하기 위한 것이다. 넷째, 행정 권력에 대한 엄격한 법적 제한을 강조하였으며 다섯째, 행정가의 역할을 넓게 이해하기보다는 좁게 이해하였으며 그런 맥락에서 기능적 전문가를 보다 선호하였다. 여섯째, 개인의 권리보호, 행정권의 제한, 민중교육을 통한 행정업무에의 민중의 참여를 증진시키려고 노력하였다는 점 등을 들고 있는 것이다.22)

2.4 제퍼슨 행정사상의 평가

제퍼슨의 행정사상을 미래 예측 적 관점에서 살펴보자면 농업의 지방분권성에 입각하여 미국 민주주의의 확립을 예측했다고 이해 할 수 있다. 그리고 제퍼슨은 정치적 권위의 주체를 시민 혹은 사람으로 생각하였고 인간관은 이상에 기반을 두었다. 정부역할에 대해서는 대중농업공화국으로 기능을 해야 한다고 생각하였으며 정치체제에 대한 주요위협으로는 절대 권력을 장악한 폭군을 들었다. 기관 적 강조점으로는 풀뿌리 민주주의를 들었고 선호되는 행정패턴으로는 자유분방하고 낭만적인 저(低)에너지를 지니는 행정유형을 생각하였고 삶의 질을 향상시키는 수단으로는 대중에 뿌리를 둔 분권주의기관, 예를 들자면 뉴잉글랜드 타운미팅(New England Town Meeting)을 염두에 두었다.23)

---

22) Richard J. Stillman II, *op. cit.*, p.8. ; 이병철, 「앞의 책」, 138쪽.

제퍼슨은 행정과정의 이미지를 참여과정으로 보고 국민들이 직접 정치나 행정과정에 참여해야 한다고 보았다. 그리고 행정 목적은 영역제한인데 이것은 행정이 입법, 사법에 관여해서는 안 되며, 각 행정부서간의 영역도 구별되어야 한다는 것을 나타내는 것이다. 다음 행정재량권의 정도는 기능적 전문성으로 엄격히 제한하며 단지 직무와 관련된 기능에 대해서만 좁게 인정하고 있으며 중앙집권 및 분권의 정도에 있어서는 권력남용을 배제하기 위해 권위의 분권화를 가능하면 극대화시켜야 한다고 주장을 하였다.[24)]

또한 공직의 선호유형은 민중들 간의 비공식적 협력을 강조하였고 더불어 직접 민주정치를 가장 이상적이라 생각했던 입장이므로 민중의 참여를 통한 협력체계를 중시하였다. 그리고 바람직한 행정가 스타일은 민중의 하인을 자임하는 행정 관료상을 강조하였으며 주요행정관심영역은 시민참여를 위한 대중교육에 초점을 맞추었다. 그래서 그는 앞서 언급을 하였듯이 버지니아 대학교의 설립을 말년의 최대사업으로 여겨 전력투구하였던 것이다.[25)]

---

23) 이병철, 「앞의 책」, 141-142쪽.
24) 이병철, 「앞의 책」, 143-144쪽.
25) 이병철, 「앞의 책」, 143-144쪽.

10/

미국의 행정사상가들 : 제임스 매디슨

1. 삶의 발자취

미합중국 건국의 아버지 중 하나인 제임스 매디슨(James Madison)은 1751년 3월 16일 버지니아 주의 포트 콘웨이(Port Conway)에서 출생을 하였다. 1769년에 뉴저지 대학(the College of New Jersey)[1]에 입학을 해서 신학, 역사학, 법학 등을 공부한 후 1771년에 조기졸업을 하였다. 특히 그는 이 동안 존 로크(John Locke), 이삭 뉴턴(Isaac Newton), 조나단 스위프트(Jonathan Swift), 데이비드 흄(David Hume), 볼테르(Voltaire) 등 널리 알려진 계몽주의 사상가들의 저작들을 많이 읽었는데 이것이 뒤

1) 지금의 프린스턴 대학교(Princeton University)이다.

에 미국헌법을 제정할 때 많은 영향을 주었으며, 그러한 역할로 인해 그를 '미국 헌법의 아버지'라고 불리어지고 있다.[2)]

그는 1774년 23세의 나이로 킹 조지 군 위원회(King George County Committee) 위원으로 공직에 첫발을 내디뎠다. 1779년에 그는 대륙의회의 버지니아 주 대표로 선임이 되며 이후 다양한 공직을 역임하게 된다. 1789년에서 1797년까지 워싱턴 행정부에서 일을 하였으며 특히 그는 초대 재무 장관이었던 해밀턴과 경제 및 재정정책을 둘러싸고 신랄한 논쟁을 벌이기도 하였다. 그리고 그는 헌법제정과 관련된 많은 일도 하였다.[3)]

1787년 5월 필라델피아에서 조지 워싱턴, 알렉산더 해밀턴, 제임스 매디슨 등 유명 지도자들이 참석한 가운데 연방규약을 개최하기 위한 13개 주 연합회의가 개최되었고, 이 회의에서 매디슨은 새로운 헌법의 초안을 입안하게 된다.[4)] 그는 국가 최고의 주권은 시민과 이를 대표하는 연방의회에 속하며, 집행부와 사법부를 두되 중요 관료와 판사는 의회가 임명하고, 연방의회는 양원제로 하며, 하원의원은 국민의 직접선거로 선출하고 상원의원은 하원에서 선출하며, 각 주가 연방의회에 보낼 의원 수는 각 주의 자유민의 수에 비례한다는 내용을 골자로 하는 헌법 초안을 제시하게 되는 것이다.[5)]

또한 조지 워싱턴의 진솔한 조언자로써 국무성, 재무성 그리

---

2) 이병철, 「행정의 역사와 이론」 (부산 : 도서출판 금정, 2003), 138-139쪽.
3) 이병철, 「앞의 책」, 139쪽.
4) 이 회의에 존 애덤스와 토머스 제퍼슨은 대사로 외국에 나가있는 관계로 참석하지 않았다. 유종선, 「미국사 다이제스트100」 (서울 : 도서출판 가람기획, 2012), 113-114쪽.
5) 유종선, 「앞의 책」, 113-114쪽.

고 전쟁성의 설립에 많은 역할을 수행하였다. 해밀턴과는 소원한 관계였지만 제퍼슨과는 아주 긴밀한 교호관계를 가졌다. 존 애덤스(John Adams)가 미합중국의 제2대 대통령이 되었을 때 버지니아의 향리로 칩거도 하지만 1801년 제퍼슨이 미합중국 제3대 대통령으로 선출된 뒤 그는 국무장관으로 제퍼슨 행정부 내각에 입성하게 된다. 그는 제퍼슨과 호흡을 맞추어 연방개혁에 깊이 개입을 하였으며 1808년 제퍼슨에 뒤를 이어 미합중국 제4대 대통령직을 승계하였다.6)

그리고 대통령직을 마친 후 버지니아의 몬트펠리어(Montpelier)로 돌아가 과학적 영농에 많은 관심과 노력을 기울였으며, 버지니아 대학교를 설립하는데 있어 제퍼슨을 여러모로 도와주었고, 제임스 먼로(James Monroe) 제5대 대통령의 외교정책에 대한 조언도 아끼지 않았다. 또한 자신의 회고록집필에도 전념하였으며, 제퍼슨이 영면한 이후 그의 유작과 유고들을 출판하는데 많은 기여를 하였다. 그는 말년의 이러한 바쁘고도 행복한 생활을 1836년 6월 28일 아침에 마감을 하였다.7)

2. 매디슨과 행정

2.1 미국정치 분석에 있어 도당(徒黨)의 중시

한 마디로 표현을 하자면 매디슨의 생각은 해밀턴보다는 제

6) 이병철, 「앞의 책」, 139쪽.
7) 이병철, 「앞의 책」, 139쪽.

퍼슨의 생각과 더 일치하고 있다. 특히 제퍼슨과는 농업에 기초한 사회에 의견을 같이 하였다. 그 주된 이유는 동질적인 사회라면 이질성이 적어져서 정치적인 갈등과 긴장들이 보다 적게 발생할 것이라고 믿었기 때문이다.[8)]

매디슨의 사상 중에서 특기할 점은 미국정치를 분석하는데 있어 도당(徒黨)을 중시하였다는 것이다. 그는 도당을 미국정치활동의 주된 원천으로 여겼다.[9)] 또한 도당의 적절한 통제가 정부의 주요한 기능 중 하나라는 사실을 분명히 하고 있다. 여기에서 도당이란 '어떤 공통의 충동, 정열, 이익에 의하여 결집되고 활동하는 일단의 시민들로서, 전체로 볼 때 다수를 대표하기도 하고 소수를 대표하기도 하며, 다른 시민들의 권리 또는 사회의 영속적이고 전체적인 이익에 반하여 행동하는 것'으로 이해 할 수 있는 것이다.[10)]

이를 보다 쉽게 표현을 하자면 '다른 여타의 시민들의 이익에 반대하거나 혹은 지역사회의 항구적이고 총체적으로 결집된 이익에 반하는 것에 공통적 이익을 가지고 있는 자들에 의해 연합되어 결집된 수많은 시민들의 무리'[11)]로 풀어서 설명할 수 있다. 이러한 도당이 미국정치에서 존재하는 이유를 매

---

8) 이병철, 「앞의 책」, 138-139쪽.

9) 매디슨은 이익집단(여기에서는 도당으로 표현 됨)이 미국정치의 주된 활력소 역할을 수행할 것으로 예측하였다. James Madison, "The Federalist, No.10", in Edmund M. Earle (ed.), *The Federalist* (New York : Random House, 1937), p.54. ; 이병철, 「앞의 책」, 139쪽.

10) Thomas R. Dye, *Politics in States and Communities*, 9th edition (Upper Saddle River, New Jersey : Prentice Hall, 1997), p.1. ; 이병철, 「앞의 책」, 139-140쪽.

11) *Ibid.*, p.1. ; 이병철, 「앞의 책」, 140쪽.

디슨은 인간이 생래적으로 가지고 있는 본질 그 자체에서 찾고 있다. 그에 따르면 인간이란 두 가지의 상반된 성격을 동시에 가지고 있다는 것이다. 하나는 선하고 자비롭고 아름다운 덕을 베풀 수 있는 마음이 있는가 하면[12] 다른 한편으로는 격정적이고 이기적이며 자의적인 그런 감성적인 면도 있다는 것이다.[13] 따라서 이러한 양면성은 사람들 간의 이해관계를 달리하게 만들어 다양한 이해와 관련된 도당을 생겨나게 한다는 것이다.

이러한 도당 화를 매디슨은 부정적으로 보지 않고 긍정적으로 이해하고 있다. 미국을 도당에 기초한 국가로 보면서 그는 미국사회는 이를 통해 보다 이질적이면서 유동적으로 진화해 나간다고 보는 그의 생각[14]에서 이의 일면을 읽을 수 있는 것이다. 그러나 이러한 도당 화는 경우에 따라서는 계속적이고

---

12) 이러한 인간의 심성은 물론 루소(Jean J. Rousseau) 등의 사상에서 잘 표출되고 있지만 맹자(孟子)의 사상에서도 잘 나타나고 있다. 그는 인간이 가지는 성선 적 마음가짐을 다음과 같은 비유를 통해 설명하고 있다. "어떤 마을 정자 아래 앉아있던 사람이 우물로 기어가는 어린아이를 발견하게 되면 그러한 상황에서 인간은 누구나 그 어린아이를 구하려는 마음이 동하게 되는데 이것이 바로 인간이 본래적으로 가지고 있는 심성으로 이해 할 수 있다."는 것이다. ; 이병철, 「앞의 책」, 140쪽.

13) 이러한 감성적이고 이기적이고 자의적인 인간의 다른 한 면에 무게의 중심을 두고 정치이론을 개발한 사람이 바로 마키아벨리이다. 그는 비합리적이고 비도덕적인 관점에서 사람들의 정치적 속성을 이론화하였다. 그에게 있어서 정치는 다양하고 무자비한 전술가운데서 채택된 실용적인 예술(arts)이었다. 이러한 그의 정치적 실용주의는 현대의 최고경영자나 행정 관리자들에게 광범위하게 채택되어 적용되고 있다. Niccolo Machiavelli, *The Prince*, trans, W. K. Marriot (London : Dent, 1958). ; Antony Jay, *Management and Machiavelli* (New York : Holt, Rinehart and Winston, 1967). ; 이병철, 「앞의 책」, 140쪽.

14) Samuel P. Huntington, "The Founding Fathers and the Division of Powers", in Arthur Maass (ed.), *Area and Power* (New York : Free Press, 1959), p.183. ; 이병철, 「앞의 책」, 140쪽.

격렬한 갈등을 낳을 수 있다는 점을 염두에 두고 이를 막기 위해 정부가 필요하다는 논지를 펴고 있다. 즉 정부를 이러한 도당 화에 따른 갈등을 중재하고 해소하는 균형적 메커니즘으로 이해하는 것이다.15)

2.2 행정 권력의 집중화에 우려

랄프 케참(Ralph Ketcham) 역시 매디슨이 권력이 집중되면 결국 독재와 이기적 이익으로 다시 되돌아가고 만다는 사실을 잘 알고 있었기 때문에 더욱 권력의 분산과 이에 따른 견제와 균형에 치중하였다고 설명하고 있는 것16)도 이와 맥을 같이 하는 것이다. 그래서 그는 과도한 정부활동에 경계심을 늦추지 않는 입장이었고 정부권력, 특히 행정 권력의 집중화에 큰 우려를 표명했다.17)

그는 폭군으로부터 국민을 보호하기 위해서는 절묘한 권력분립을 통한 권력의 견제와 균형이 이루어져야 한다고 생각했다. 즉 정치적 이해 간의 경쟁, 정치적 견해간의 생산적 다툼은 관료제가 개인의 자유를 능욕하고 유린할 수 있는 위험을 최소화 해 줄 수 있다고 믿었다.18) 이러한 생각들은 모두 실제 미국

---

15) Richard J. Stillman Ⅱ, *op. cit.*, p.9. ; 이병철, 「앞의 책」, 140쪽.

16) Ralph Ketcham, *James Madison : A Biography* (New York : Macmillan, 1971), p.301. ; 이병철, 「앞의 책」, 140-141쪽.

17) 이병철, 「앞의 책」, 141쪽.

18) Donald F. Kettl, "Public Administration : The State of the Field", in Ada W. Finifter (ed.), *Political Science : The State of the Discipline II* (Washington, D. C. : The American Political Science Association, 1993), pp.408-409. ; 이병철, 「앞의 책」, 141쪽.

의 발전에 공헌하였던 것이 사실이다.

2.3 리처드 스틸만이 본 매디슨의 행정사상

리처드 스틸만(Richard J. Stillman Ⅱ)은 그의 도당에 토대를 둔 사회관과 더불어 그가 행정기관과 공공정책의 집행에 관하여 말한 것 등으로부터 해밀턴의 것과도 그리고 제퍼슨의 것과도 다른 행정에 관한 철학과 사상을 집약 정리해 주고 있다.

첫째, 행정과정은 다원주의적이라는 점과 둘째, 행정과정은 그 주된 목적이 정치적 합의와 사회적 안정을 증진하기 위하여 토론·중재·타협 등을 통한 이익들의 균형화와 이익중재 적 이어야 한다는 점과 셋째, 행정과정은 정부의 각 기관별로 고립된 것이 아니고 견제와 균형이라는 복잡하고 계속적인 방식으로 상호작용하고 있다는 점과 넷째, 행정과정은 연방과 주 그리고 지방의 전 수준에 걸친 복잡하고 계속적인 상호작용이며 다섯째, 행정가는 가능성의 예술을 실천하는 사람으로서 그의 역할은 주로 토론, 중재, 타협, 그리고 사회적 합의 등을 촉진시키는 책임자라는 것이다. 그리고 여섯째, 행정은 특정한 정책문제들에 중점을 두기보다는 제도적 견제와 균형에 중점을 둔다는 것이다. 이는 도당들의 권력남용을 통제하고 다수의 잠재적 독재로부터 소수를 보호하며 경쟁적 도당간의 효과적인 균형을 이루어 사회적 조화를 증진시키기 위한 것이다.[19)]

---

19) Richard J. Stillman Ⅱ, *op. cit.*, p.10. ; 이병철, 「앞의 책」, 141쪽.

2.4 매디슨 행정사상의 평가

매디슨의 행정사상을 미래 예측 적 관점에서 살펴보자면 매디슨은 절묘한 권력분립에 따른 삼부균형의 미국정치를 예측했다고 볼 수 있는 것이다. 그리고 매디슨은 정치적 권위의 주체로서 도당을 생각하였고 인간관은 현실적이면서 이상적인 것을 추구해 다분히 절충적인 입장에 기반을 두었다. 정부역할에 대해서는 도당의 인간적 측면의 효과를 통제하기 위한 균형체계로서의 기능을 수행해야 한다고 생각하였으며 정치체제에 대한 주요위협으로 다수의 폭거를 들었다. 기관 적 강조점으로는 복잡한 견제와 균형을 들었고 선호되는 행정패턴으로는 신고전적 사회균형유형을 생각하였고 삶의 질을 향상시키는 수단으로는 미합중국과 같은 확대된 대표공화국을 염두에 두었다.[20]

매디슨의 행정과정의 이미지는 다원적 과정이다. 그리고 행정의 목적은 집단대표성을 통해 사회균형을 모색하여 육성하는 것으로 보았다. 나름대로 대표성을 띄고 있는 각 이익집단, 다원적 집단들이 자신들이 가지고 있는 대표성을 중심으로 서로 간에 합동하고 양도하고 타협하는 것 등을 통해 행정과정의 균형을 이루어 나간다고 생각하였던 것이다.[21]

행정재량권의 정도에 있어서는 입법, 사법, 행정부간의 상호종속성으로 해밀턴과 제퍼슨의 중간정도에 위치하고 있다. 그리고 중앙집권 및 분권의 정도에 있어서는 연방, 주, 지방정부

20) 이병철, 「앞의 책」, 141-142쪽.
21) 이병철, 「앞의 책」, 144쪽.

간의 균형을 중시하고 있는데 이런 관점에서 매디슨을 중도주의자라고 지칭하기도 한다. 또한 공직의 선호유형은 과정지향적으로 협상과 타협을 중시하며 바람직한 행정가 스타일은 바로 이러한 협상과 타협을 절묘하게 이끌어내는 가능예술의 실천자를 들고 있고 주요관심영역은 제도적인 기관의 견제와 균형에 초점을 두고 있었던 것이다.[22]

그러나 이러한 차이점에도 불구하고 미국 정치와 행정에 있어 중요한 제도적 장치 중 하나인 대통령에 대해서는 해밀턴이나 제퍼슨 그리고 매디슨의 생각은 거의 일치하고 있다. 이들은 대통령이란 여러 사람으로 구성되는 위원회도 아니고 그렇다고 해서 군주도 아니라고 분명히 못을 박고 다만 국민의 뜻에 따라 선출되고 그 뜻을 성취시키기 위해서 노력하는 임기가 한정되어 있는 한 사람일 뿐이라는 사실을 분명히 하였다.[23] 대통령의 정치적 그리고 행정적 비중에 대한 강약의 차이는 있을지언정 본질적인 대통령의 위상에 대해서는 같은 목소리를 냈던 것이다.

미국 헌법도 대통령의 지위를 완전히 독립을 시키되 의회가 대통령에 대해 강력한 견제권한을 갖도록 하고[24] 시민 직선이

---

22) 이병철, 「앞의 책」, 144쪽.

23) Charles C. Thach, Jr., *The Creation of the Presidency* (Baltimore, Maryland : The Johns Hopkins University Press, 1989), pp.151-155. ; 최평길, 「대통령학 : 대통령을 보면 나라가 보인다」 (서울 : 박영사, 2007), 21쪽에서 재인용.

24) 강력한 정부를 원했던 사람들은 국가를 대표하는 대통령의 권한 강화와 의회로부터의 독립을 주장하였으나 이를 반대하는 입장은 이를 받아들일 경우 말이 대통령이지 사실상 왕정을 도입하자는 것이라면서 강력히 반발하였다. 유종선, 「앞의 책」, 115쪽.

아닌 간선을 통해 대통령을 선출하도록 한 것이다.[25] 즉 시민이 선거를 하되 대통령을 직접 뽑는 것이 아니고 대통령 선거인단만을 선출하여 이들이 나중에 대통령을 뽑는다는 것이다. 각 주에서 보낼 선거인단의 수는 그 주가 연방 하원과 상원에 보내는 대표단의 숫자와 같도록 하고 있다.[26]

25) 대통령을 의회가 아닌 시민이 선출하게 되면 대통령이 시민을 등에 업고, 마치 영국혁명 당시 크롬웰이 그러했듯이 독재를 할 위험도 있다는 점이 제기되었다. 유종선, 「앞의 책」, 115쪽.

26) 유종선, 「앞의 책」, 115-116쪽.

11/

엽관주의의 원조 : 앤드루 잭슨

1. 삶의 발자취

앤드루 잭슨(Andrew Jackson)은 1767년 3월 15일 사우스캐롤라이나 주의 변방에서 개척민의 아들로 태어났다. 일찍 부모를 여의고 불우한 성장기를 보냈다. 그렇지만 독학으로 법률을 공부하여 약관 스무 살의 나이에 변호사가 되었다. 그는 독립전쟁이 발발이 되었을 때 13세의 나이로 민병대에 입대했으며, 해상 해적과 흑인의 협력으로 영국군을 격파하여 영웅이 되기도 하였다. 잭슨은 독립 전쟁에 종군했던 마지막 미국 대통령이었다.[1)]

1796년 잭슨은 테네시 헌법 제정 회의에 대표로 선출되었고,

1) https://ko.wikipedia.org/wiki/%EC%95%A4%EB%93%9C%EB%A3%A8_%EC%9E%AD%EC%8A%A8

같은 해 테네시 주가 성립되면서 주 의원에 선출되었다. 1797년 민주 공화당에서 상원의원으로 선출되었으나, 1년 이내에 사임하였다.[2] 천성적으로 타협할 줄 모르고 사교에도 능란하지 못했던 그는 곧 정치 생활에 회의를 느끼고 은퇴하여 농장을 지키며 시간을 보냈던 것이다.[3]

그러나 그에게 전국적 명사로 떠오를 수 있는 뜻하지 않은 기회가 찾아 왔는데 바로 1812년에 벌어진 영미전쟁을 통해서였다. 평소 정치가보다는 군인이 적성에 맞는다고 생각했던 잭슨은 전쟁이 터지자 곧 민병대 일원으로 참전했으며 가는 곳마다 혁혁한 공을 세워 1814년 파격적으로 정규군 장성으로 진급했다. 특히 그가 지휘하여 싸운 1815년의 뉴올리언스 공방전(Battle of New Orleans)[4]에서 미군은 불과 70명의 사상자를 낸데 비해 영국군은 총지휘관을 비롯해 2천 명 이상이 죽거나 다쳤다. 이 전투로 영미전쟁은 사실상 결판이 나고 말았으며, 잭슨은 하루아침에 조지 워싱턴(George Washington)에 버금가는

---

2) https://ko.wikipedia.org/wiki/%EC%95%A4%EB%93%9C%EB%A3%A8_%EC%9E%AD%EC%8A%A8

3) 유종선, 「미국사 다이제스트100」 (서울 : 도서출판 가람기획, 2012), 155쪽.

4) '겐트 조약'(Treaty of Ghent)은 1814년 12월 24일에 벨기에 겐트에서 체결되었는데 이 조약이 체결된 지 약 2주 후인 1814년 12월 23일 발발하여 1815년 1월 8일 종식된 전투로써 1812년 전쟁의 전투 중 하나이다. 이 전투는 1815년 1월 8일 신생국인 미국과 전 세계를 주름잡던 영국 간의 분쟁이 끝나가던 시점에 발생하였다. 얄궂게도 이 전투 전에 이미 전쟁 종식을 위한 협상이 이루어져 '겐트 조약'이 체결되었다. 하지만 이 소식은 미국 남부에서 교전 중인 미국과 영국의 군대에게 미처 전달되지 않았다. 뉴올리언스 지역에 주둔하고 있던 앤드루 잭슨 장군 휘하의 미국 군대는 당시 전 세계를 주름잡던 영국 군대를 격퇴하였다. 뉴올리언스는 영국 해군이 미국의 남부 해역을 장악하는 데 거점이 되는 항구 도시였으나, 이 전투의 승리로 협정은 미국에게 유리한 조건으로 발효되었다. https://ko.wikipedia.org/wiki/%EB%89%B4%EC%98%AC%EB%A6%AC%EC%96%B8%EC%8A%A4_%EC%A0%84%ED%88%AC

미국의 영웅이 되었다.[5]

이런 대중적 인기를 배경으로 잭슨은 1824년 선거에 출마하였으나 상대자인 존 퀸시 애덤스(John Quincy Adams)[6]의 더러운 흥정으로 패하였다.[7] 그러나 이에 굴하지 않고 다시 재도전을 하여 정적들의 온갖 중상과 모략에도 불구하고[8] 압도적인 표차이로 미국 제7대 대통령에 당선이 되었다.[9] 잭슨은 빈부격차의 극심과 서부지역 개척이 제대로 이루어지지 않음을 목격하고 대통령에 출마하여 서부개척민과 일부 시민 그리고 신흥 엘리트들의 지지로 대통령에 당선되었던 것이다.[10]

앞서 역임한 대통령들과는 달리 서민출신이었던 잭슨은[11]

---

5) 유종선, 「앞의 책」, 155-156쪽.

6) 1825년부터 1829년까지 재직한 미국의 6번째 대통령이다. 1828년 대통령 선거에서 앤드루 잭슨에게 패하였다.

7) 선거에서는 1위를 차지했으나 선거인단 과반수를 차지하지 못해 의회 투표를 치루게 되자 애덤스가 다른 후보인 헨리 클레이(Henry Clay)와 연합해 의회 투표에서 승리했기 때문이다. 이때 잭슨은 클레이와 애덤스가 서로 야합했다고 비난하고 다녔다. https://namu.wiki/w/%EC%95%A4%EB%93%9C%EB%A3%A8%20%EC%9E%AD%EC%8A%A8

8) 선거전 동안, 애덤스 진영은 잭슨을 '수 당나귀' 또는 '멍청이'라 불렀다. 잭슨 자신은 이 호칭을 좋아하였고, 역으로 이를 이용하여, 잠시 수 당나귀를 상징으로 사용하였다. 뒤에 당나귀는 민주당의 상징이 되었다. 미국의 유서 깊은 양당제는 이때부터 시작이 되었다고 한다. 선거전은 사생활의 폭로 등 노골적인 네거티브 전략(Negative campaigning)으로 시종일관하였다. 양 후보 모두 언론을 통해 수사적인 말로 공격하고, 잭슨의 부인 레이첼 여사가 중상모략의 타겟이 되기에 이르자 폭로전은 절정에 달했다. 이러한 탓인지는 불분명하지만, 레이첼은 잭슨의 취임전인 1828년 12월 22일에 급사하여 크리스마스 이브에 매장되었는데, 잭슨은 자기를 모욕한 자는 용서하였지만 처를 공격한 자는 결코 용서하지 않는다고 말하였다. https://ko.wikipedia.org/wiki/%EC%95%A4%EB%93%9C%EB%A3%A8_%EC%9E%AD%EC%8A%A8

9) 유종선, 「앞의 책」, 156쪽.

10) 이병철, 「행정의 역사와 이론」 (부산 : 도서출판 금정, 2003), 145쪽.

11) 켈트족의 피를 이어받은 첫 아일랜드계이고, 또한, 귀족 출생이 아니며, 민주당 소속으로는 최초의 미국 대통령이기도 하다. 그리고 독립 13개주와 관계가

다수의 대중을 등에 업고 대통령에 당선된 최초의 사람이었다. 이를 통해 부유한 상류 귀족들이 판을 치던 중앙정부에 일반 대중은 비로소 자신을 진정으로 대변할 수 있는 인물을 얻게 된 것이다. 일반 대중은 그의 모든 정책을 열광적으로 지지했으며, 이런 지지를 바탕으로 그는 워싱턴 이후 어떤 역대 대통령보다도 강력한 권한을 행사할 수 있었다. 이러한 폭발적인 일반 대중의 힘을 등에 업고 잭슨은 오직 자신만이 주권자인 국민의 진정한 대변자라고 생각했으며, 이에 반해 의회를 특수계층의 이익만을 옹호하는 타락한 집단으로 몰아세웠다. 당연히 잭슨과 의회는 사사건건 대립하고 충돌하기 일쑤였다.[12)]

잭슨은 자신이 대통령이 됨으로써 임명권을 갖게 된 수많은 연방정부 관리직에 기존사람들을 몰아내고 자기 사람들을 대거 들어앉혔다. 의회가 이를 반대하여 몇몇 인사들의 승인을 거부하자 가차 없이 거부권을 행사하였다. 대통령의 거부권은 헌법에 규정되어있긴 했지만 전직 대통령들은 거의 행사하지 않았는데 잭슨은 1829년부터 1837년까지를 임기로 하는 재임기간 중에 이를 마치 전가의 보도처럼 휘둘러댔다.[13)] 대통령 자리에서 물러난 후에는 150명의 노예를 거느리는 대농장주가 되어[14)] 고향의 농장에서 지내다가 1845년 6월 8일 향년 78세를 일기로 사망하였다.

없었던 최초의 미국 대통령이었기도 하다. https://ko.wikipedia.org/wiki/%EC%95%A4%EB%93%9C%EB%A3%A8_%EC%9E%AD%EC%8A%A8

12) 유종선, 「앞의 책」, 156-157쪽.

13) 유종선, 「앞의 책」, 156-157쪽.

14) https://namu.wiki/w/%EC%95%A4%EB%93%9C%EB%A3%A8%20%EC%9E%AD%EC%8A%A8

2. 잭슨과 행정

2.1 잭슨 식 민주주의와 엽관제

그는 대중 민주주의의 상징이라고 불러도 될 잭슨 식 민주주의(Jacksonian Democracy)로 널리 알려져 있는 정부의 민주화를 이룩하였다. 그는 4년을 주기로 하는 공직의 인사교체제도(rotation system)[15]를 정립하여 공직이 선택된 일부 귀족에 의해 사유화되고 독점되었던 시기의 그릇된 관행을 일소하고, 일반교양을 교육받은 사람이면 그가 귀족이 아닌 일반 시민이라 하더라도 공직에 누구나 참가 할 수 있게 하였다.[16]

이러한 조치는 공직의 문호를 일반 대중에게 까지 크게 넓힌 혁신이라고 평가할 수 있을 것이다. 그리고 이 제도는 정치와 경제의 민주화를 위하여 실시되었으며 결과적으로 국민에 의한 정치를 일구어 내는데 큰 몫을 하게 하였다.[17] 또한 그는

---

15) 엽관제의 기반이 되는 4년 임기제는 조지 워싱턴 시기부터 존재하는 제도였다 한다. 건국 초부터 제도가 대통령의 임기와 맞물려 있었다는 것이다. https://namu.wiki/w/%EC%95%A4%EB%93%9C%EB%A3%A8%20%EC%9E%AD%EC%8A%A8

16) 모든 공직은 건전한 상식을 갖춘 사람이면 누구나 수행할 수 있을 정도로 단순하기 때문에 공직의 장기 점유는 그에 따른 순기능보다는 역기능이 더욱 크다고 지적하면서, 엽관주의를 통하여 공직의 대중화를 추진하였다. http://www.kapa21.or.kr/epadic/epadic_view.php?num=538&page=38&term

17) Frederick C. Mosher, "The Evolution of American Civil Service Concepts", *Democracy and the Public Service* (New York : Oxford University Press, 1977), pp.53-98. ; P. Van Riper, *A History of the United States Civil Service* (Evanston, IL : Row, Peterson, 1958) ; E. N. Gladden, *op. cit.*, p.309. ; 이병철, 「앞의 책」, 145쪽.

1820년에 제정된 4년임기법(Four Years' Law)을 통해 대통령이 임명하는 공직자의 임기를 대통령의 임기와 일치시켜 관료의 운명을 정권의 진퇴와 연결시킴으로써 엽관주의에 법적인 기초를 제공하였다.[18]

특히 그는 엽관제(spoils system)를 민주주의의 실천적인 정치 원리라고 선언을 할 만큼 이에 대해 강한 신념을 가지고 있었는데 그의 엽관제에 대한 정당성의 논리를 살펴보면 다음과 같다.

첫째, 엽관제는 정당을 투명화하여 가시성을 높이는데 기여를 한다는 것이다. 즉 어느 누구나 투명하게 들여다 볼 수 있는 깨끗한 정당이 중심이 되는 정치를 할 수 있다는 것이다. 둘째, 정당에 충성하고 그러한 정당을 지지하는 자들에게 공직을 주는 것은 그들 간의 일체감을 증대시켜 정부 내의 결속력과 단결 그리고 응집된 힘을 모으는데 매우 유용하다는 것이다. 셋째, 공직의 교체는 기준에 미달되거나 부실한 성과를 가지고 있음에도 불구하고 장기적으로 공직을 부당하게 장악하려는 자들에 의해 야기될 수 있는 직무남용 등을 방지할 수 있다는 것이다. 넷째는 보다 많은 사람들에게 공직의 문호를 개방함으로써 국가에 기여할 기회와 특권을 넓힐 수 있다는 점이다.[19]

물론 이러한 잭슨의 엽관제 실시에 대한 정당한 신념을 탓할 수는 없지만, 잭슨 이후의 후임자들이 이러한 교체제도를 악용

---

18) http://www.kapa21.or.kr/epadic/epadic_view.php?num=538&page=38&term

19) D. C. Rowat, *Public Administration in Developed Democracies* (New York : Marcel Dekker, 1988), p.405. ; 이병철, 「앞의 책」, 145-146쪽.

하여 4년 후의 교체 시에 능력이나 자질 등에서 부족함이 여실히 드러남에도 불구하고 자신의 측근이나 지지자들로 그 자리를 메움으로 해서 부정적 의미를 가지게 되는 엽관제도가 생겨나게 되는 빌미를 제공하였다는 점에 대해서는 변명의 여지가 없다 하겠다.

2.2 에이브러햄 링컨 대통령과 엽관제

일설에 의하면 미국 제16대 대통령이었던 에이브러햄 링컨(Abraham Lincoln)[20]이 가장 이 엽관제를 이용하여 많은 사람들을 정치적으로 임용하였다고 한다. 링컨은 어떻게 보면 미국에서 건국초기부터 팽팽하게 대치하고 있던 해밀턴의 연방주의와 제퍼슨의 반연방주의 또는 공화주의간의 갈등에서 비롯된 역사적 그리고 정치적 비극의 희생자 또는 순교자인지도 모른다.[21]

링컨은 건국 초기부터 지속되어온 연방파와 반영방파간의 갈등이 자신이 대통령으로 당선되는 시점에 절정에 이름을 감지하고 있었다. 연방주의의 기치를 높이 든 링컨을 곱지 않은

20) 미합중국의 제16대 대통령이 되었고 역사상 가장 존경받는 대통령으로 자리 매김 한 링컨은 켄터키 주의 개척민 통나무집에서 출생하였다. 링컨은 11세에 생모를 잃고 세 명의 이복동생을 데리고 재혼해온 계모의 보살핌 속에서 성장을 하였다. 그는 너무나 가난하여 정식교육을 1년밖에 받지 못하였으나 독학으로 변호사시험에 합격하고 정치계에 입문하여 하원의원 등을 거쳐 대통령에 당선되는 입지전적인 인물이다. 54세를 일기로 암살을 당해 생애를 마치지만 남북전쟁을 통해 미국의 분열을 막고 오늘날과 같은 연방국가 체제를 유지할 수 있는 기틀을 마련한 장본인이다.

21) 이병철, 「앞의 책」, 146쪽.

눈으로 반영방파들이 지켜보고 있었고 더 나아가 링컨의 대통령 당선을 자신들의 위기로 인지하였던 것이다. 일찍이 건국 초기부터 연방분열의 조짐은 보였었고 이러한 갈등의 골은 더욱 심화되어 내연되어진 반목과 대치는 외연적 폭발로 이어지기만을 기다리고 있었던 것이다.[22]

유종선은 이러한 상황을 잘 분석하여 설명을 해주고 있다.

> "잭슨은 자신을 밀어준 대중이 강력한 대통령, 강력한 국가를 원한다고 확신했으며 이에 반대하는 정적들을 반민주적 매국노로 몰아세웠다. 그러나 그것은 그가 상상했던 것처럼 간단한 문제가 아니었다. 의회와 대립하는 강력한 민중독재자의 출현으로 이제 미국은 연방주의자 대 반연방주의자, 북부 대 남부라는 대립적 요소 이외에 의회 대 행정부(대통령)의 대립이라는 또 하나의 분열적 요소를 안게 되었다. 이 모든 분열적 요소들이 머지않아 남북전쟁으로 한꺼번에 폭발한 것은 우리가 잘 아는 사실이다."[23]

링컨은 대통령에 당선되자 자신의 정치철학과 신념을 이루어 나가기 위해 많은 수의 공직을 자신과 뜻을 같이하는 지지자들로 메웠다. 이러한 링컨의 움직임을 불안하게 지켜보던 반대파들이 들고 일어선 계기가 만들어 진 것은 그리고 건국 초부터 지금까지 내연된 갈등과 반목에 도화선이 되어 준 것이 바로 링컨의 노예해방선언이었다. 남부를 중심으로 하는 반영방파들은 이러한 노예해방선언을 인권적 측면의 결단으로 받

22) 이병철, 「앞의 책」, 146쪽.
23) 유종선, 「앞의 책」, 157-158쪽.

아들이기보다는 남부의 경제체제를 와해시키려는 음모로 받아들였다. 그 당시 남부경제의 주축은 광대한 토지 위에 펼쳐진 목화산업이었다. 이 목화산업은 노동집약적 산업으로 많은 노동력을 필요로 하였으며 이러한 노동력의 공급은 아프리카로부터 노예로 팔려오거나 끌려온 흑인들이 주종을 이루었다. 다른 말로 말해 흑인노예의 해방은 일시에 남부경제의 주축을 강타하는 획기적 사건이었던 것이다.[24]

남부는 즉각 이에 반발하고 연방탈퇴를 감행하며 이로써 건국 초부터 해밀턴과 제퍼슨을 중심으로 내연된 갈등이 외부로 표출되는 것이 바로 1861년 4월에 발발한 남북전쟁(the Civil War)이다. 이 전쟁으로 62만에 이르는 귀중한 인명이 희생되었으며[25] 더 나아가 이것은 미합중국의 분열을 낳을 수 있는 미국으로서는 매우 중대한 국가적 위기이며 긴요한 사안이었다. 링컨은 남부를 압도하는 북부의 자원과 인구[26] 그리고 공업력

---

24) 이병철, 「앞의 책」, 146–147쪽.

25) 이 희생자의 수 중 3분의 1이 실제로 전투 중에 사망한 경우고 나머지 3분의 2는 여러 질병 등으로 사망한 것이다. 그리고 이 62만 명이라는 사망자의 수는 북군이 약 36만 명에 달하고 남군이 약 25만 8천명에 이르는 것으로 미국이 제1차 그리고 제2차 세계대전과 한국전쟁을 통해 상실한 총 전사자보다 더 많은 숫자이다. 폴 케네디 (저), 이일수 · 전남석 · 황건 (공역), 「강대국의 흥망」 (서울 : 한국경제신문사, 1996), 253쪽.

26) 북부의 인구는 백인이 약 2,000만 명이었으나 남부의 인구는 겨우 600만 명에 불과하였다. 더욱이 북군의 수는 1861년에서부터 1865년 사이에 이민으로 들어온 80만 명이나 되는 인구와 1862년에 결행된 흑인모병제의 도입으로 꾸준히 증가하였으나 남군은 흑인모병제 도입을 거의 종전 직전까지 결정하지 못하는 등의 정책적 우를 범하여 그 수가 감소되었다. 북군의 육군에서 복무한 인원의 수는 약 200만 명에 달하였고 복무병력이 절정에 달한 것은 1864년에서 1865년으로 약 100만 명에 달하였으나 남군 참전인원은 약 90만 명에 불과하고 최고수준이 46만 4,500명을 넘지 못했다. 설상가상으로 1863년 이후에는 점차 병력수가 감소되었다. 폴 케네디 (저), 이일수 · 전남석 · 황건 (공역), 「앞

을 중심으로 하여 남부를 제압하고 국가분열의 위기를 넘겨 일약 미국의 영웅으로 추앙되지만 그러한 기쁨도 잠시 결국 역사적으로 잉태되고 그 자신이 뿌린 비극의 씨앗에 의해 1865년 4월 14일 '포드극장'(Ford's Theater)에서 공연관람 중 암살을 당하게 되는 것이다.[27)]

이러한 역사적 흐름을 나름대로 해석하여 볼 때 과도한 엽관제의 운영이 링컨으로 하여금 불필요한 정적(政敵)을 많이 만들어냈고 결국 자기 식의 정치채색을 통한 남부에 대한 정치적 압박은 결국 내전을 불러일으키고 그 역시 그러한 비극의 희생자가 될 수밖에 없었다는 사실은 엽관제를 바라보는 우리들에게 좋은 교훈을 던져주고 있다고 볼 수 있는 것이다.[28)]

2.3 엽관제의 역기능과 팬들턴 법

이러한 엽관제도의 역기능은 이에 그치지 않고 남북전쟁이 종식된 이후인 1880년대 들어와서도 식을 줄 모르고 치닫게 된다. 그리고 급기야는 엽관제로 인한 직접적 사건으로 1881년 미국 제20대 대통령이었던 제임스 가아필드(James A. Garfield)의 암살에까지 이르게 되는 것이다.[29)]

엽관제에 대해 크게 실의를 느끼고 있던 공직 지망생 찰스 기토(Charles Julius Guiteau)라는 한 젊은이에 의해 현직 대통령이

의 책」, 253쪽.
27) 이병철, 「앞의 책」, 147-148쪽.
28) 이병철, 「앞의 책」, 148쪽.
29) 이병철, 「앞의 책」, 148쪽.

었던 가아필드가 워싱턴(Washington, D. C.)의 기차역(Baltimore and Potomac Railroad Station)에서 총격을 받고 쓰러졌던 것이다. 링컨이 총격을 받아 암살이 된지 20년도 채 되지 않은 시점에서 또 다른 하나의 대통령이 엽관제의 제물로 바쳐지게 된 것이다.

제임스 가아필드 대통령 암살사건이 계기가 되어 팬들턴 법(Pendleton Act)이 1883년에 통과되어 공무원의 정치적 중립이 요구되었다. 역사적인 의미를 크게 가지는 팬들턴 법은 처음으로 전국차원의 인사위원회(Civil Service Commission)를 설립하였고 경쟁채용시험[30]의 아이디어를 인사행정에 도입케 하였다. 이러한 움직임은 미국의 인사행정제도에 실적제를 뿌리내리게 하고 행정의 비 당파성을 낳게 하였다.[31]

그뿐 아니라 1894년 전국시정공무원동맹(National Municipal League)이 조직되었으며 1906년 뉴욕시정조사위원회 또는 뉴욕시정연구회(New York Bureau of Municipal Research)가 결성되었다. 이 기관은 커팅(R. Fulton Cutting)에 의해 발기되어지고 주도되었다. 그는 이 기관을 설립하기 위해 프레더릭 클리블랜드(Frederick A. Cleveland), 윌리엄 앨런(William H. Allen) 그리고 프랭크 터커(Frank Tucker) 등의 조력을 받았다. 그리고 이 기관의 재정적 지원을 위해 '철강 왕' 앤드루 카네기(Andrew

30) 1890년에 3인으로 구성된 인사위원회(CSC)는 경쟁채용시험을 통해 연방공무원의 10%를 임용하였다. 그리고 1970년에는 그 비율이 85%까지 신장이 되었다. D. C. Saffell, *The Politics of American National Government* (Boston : Little, Brown & Company, 1984), p.343.

31) W. S. Sayre, *The Federal Government Service* (New York : Columbia University, American Assembly, 1965), p.46.

Carnegie)와 스탠더드 석유 회사(Standard Oil Co. Inc.)의 소유주인 존 록펠러(John D. Rockefeller)의 도움을 얻어냈다. 이와 같이 이 기관은 시민과 기업가들로 구성된 민간단체로 이끌어져 나갔다.[32]

이 연구회는 민간차원에서 시정(市政)을 조사하고 감독하고 새로운 시정을 건의하는 매우 중요한 일을 수행하였다. 이와 같이 민간차원에서의 개혁 및 자정노력과 정치와 일정한 거리를 지킨 중립적인 공무원들이 이에 동조해서 미국 민주주의의 위기를 넘겼던 것이다.[33]

2.4 건국 초의 실적제

엽관제에 맞서는 제도로 실적제(merit system)가 미국의 건국 초에 없었던 것은 아니다. 이미 미국의 초대 대통령인 조지 워싱턴은 그의 집권 초기에 연방주의자임에도 불구하고 공직자로서의 적격성과 적재적소의 배치를 관직 임명의 원칙으로 삼아 공정한 인사를 실시하는 실적제를 시도하였었다. 그러나 집권 후반기에 들어서면서 정부 내의 정책적 갈등을 해소하기 위하여 자신과 동일한 정치적 신념을 가진 연방주의자들로 그의 정부를 구성하게 됨으로써 인사정책은 정당 중심의 당파적 색채를 띠게 되었고 이로 인해 실적제의 본질이 희석되어버렸다.[34] 그리고 지금의 기준으로 볼 때 다소 원시적인 형태를 띠

32) 이병철, 「앞의 책」, 126쪽.
33) 이병철, 「앞의 책」, 126–127쪽.
34) http://www.kapa21.or.kr/epadic/epadic_view.php?num=538&page=

었던 실적제에 바탕을 둔 공무원제도의 모습 역시 1829년 잭슨 대통령의 취임과 더불어 사라졌던 것이다.[35]

2.5 잭슨 식 민주주의가 남긴 족적

소위 잭슨식의 민주주의 이론에 의하면 선거로 당선된 정치적 피임명자(political appointee)들이 바뀌게 되면 그에 따라서 전체의 정부가 바뀌어야 한다는 생각을 내포하고 있었다. '전리품은 승리자에게 귀속된다.'(To the victor belong the spoils)는 뉴욕 주 상원의원 윌리엄 마시(William L. Marcy)의 말이 미국정치에 있어 새로운 힘을 얻게 되는 계기를 마련하게 된 것이다. 이러한 생각은 결과적으로 행정부 내에 수많은 공직자들의 이직과 그 후 50년 동안 연방정부서비스의 많은 폐단과 부실 그리고 부정부패를 낳게 하였다. 이러한 초기의 미국행정은 그것을 인정하건 인정하지 않건 간에 미국행정의 기반이 되어 진 것은 부인할 수 없는 사실이다.[36]

이러한 맥락에서 볼 때 잭슨은 민주화를 위해 인사교체제도를 창시했으나 그 제도의 결과를 예측하지 못했다는 한계를 노정 시키고 말았다. 그러나 이러한 오점에도 불구하고 잭슨 식 민주주의는 미국 정치, 행정의 역사적 흐름에 있어 커다란 족적을 남겼다. 잭슨 이전[37]에는 국민을 위한 민주주의(democracy

---

38&term

35) 이병철, 「앞의 책」, 148쪽.

36) 이병철, 「앞의 책」, 148-149쪽.

37) 미국 제7대 앤드루 잭슨 대통령 이전의 대통령들은 초대 대통령인 조지 워싱

for the people)가 실행되었으나 1829년부터 1837년에 와서는 국민에 의한 민주주의(democracy by the people)가 이루어지게 되었던 것이다. 이러한 민주화의 진전에 커다란 기여를 한 것은 조지 커티스(George Curtis), 칼 슈츠(Carl Schurz), 그리고 도만 이튼(Dorman Eaton) 등의 민간개혁사상가들에 의해 정부개혁운동이 일어난 것이다. 이러한 민간주도의 행정개혁은 행정의 나아갈 방향을 보다 민주적이고 시민지향 적으로 하는데 크게 기여하였으며 한 걸음 더 나아가 행정의 이론적 발전을 이루는 계기를 마련하여 주었다.[38]

턴(George Washington), 제2대 대통령인 존 애덤스(John Adams), 제3대인 토머스 제퍼슨(Thomas Jefferson), 제4대인 제임스 매디슨(James Madison), 제5대인 제임스 먼로(James Monroe), 제6대인 존 애덤스(John Quincy Adams)를 들 수 있다.

38) 이병철, 「앞의 책」, 149쪽.

12/

미국 행정학의 아버지 : 우드로 윌슨

1. 삶의 발자취

미국 행정학의 태동과 토착화에 결정적인 역할을 한 토머스 우드로 윌슨(Thomas Woodrow Wilson)은 1856년 12월 28일 남부 버지니아(Virginia) 주 스타운튼(Staunton)에서 출생하였다. 그의 집안은 외조부와 아버지인 조셉 윌슨(Joseph Ruggles Wilson)[1]이 목사인 점에서도 잘 알 수 있듯이 청교도 집안으로 엄격하고 근면하고 검소하였으며 그는 그러한 종교적 분위기 속에서 성장하였다.[2]

1) 아버지 조셉은 비록 중서부 출신이었지만 장로교회 남쪽 계파의 설립자이자 목사였고 어머니 자넷(Janet Wilson)은 장로교회 목사의 딸이었다.

2) Dong-Hyun Kim (ed.), *History and Theory in Public Administration* (Se

윌슨은 사립 고등학교에서 영문법, 라틴어, 희랍어 등을 공부하였고, 1873년에 북부 캐럴라이나(Carolina) 주에 있는 데이비슨 대학(Davidson College)에 입학하였으나 얼마 안 되어 그 학교를 그만두고 1875년 뉴저지 대학(College of New Jersey)[3]으로 학적을 옮기게 된다. 1879년에 뉴저지 대학을 졸업하였고 버지니아 대학교(University of Virginia)에서 법학을 전공하려고 입학을 하였으나 건강 탓으로 1880년 대학공부를 포기하고 집에서 독학을 하였다.[4]

그러면서 조지아(Georgia) 주의 주도인 애틀랜타(Atlanta)로 이사를 가서 법률사무소를 개업하였으나 실패를 하였다. 이에 실망한 그는 법률가가 되려는 꿈을 접고 대학교수가 되려는 다른 꿈을 펼치며 특히 정부와 역사학에 관심을 갖고 메릴랜드(Maryland) 주 볼티모어(Baltimore)에 소재한 존스 홉킨스 대학교(Johns Hopkins University)에 들어가 1886년에 박사학위를 받았다. 그의 학위논문의 제목은 "의회정부론"(Congressional Government)이었다.[5] 그리고 이 학위논문은 1885년에 출간되었다.[6] 그는 1883년에 장로교회 목사의 딸인 앨런 액슨(Ellen Louise Axson)을 만나 약혼하고 2년 후 결혼하였다.

그의 이름난 논문이며 행정학의 기원을 장식하는 "행정의

---

oul : Dae-Wang Sa, 1985), pp.239-240. ; 이병철, 「행정의 역사와 이론」 (부산 : 도서출판 금정, 2003), 151쪽.

3) 후에 프린스턴 대학교가 된다.

4) 이병철, 「앞의 책」, 151쪽.

5) Woodrow Wilson, *Congressional Government : A Study in American Politics* (Boston : Houghton Mifflin and Company, 1885).

6) 이병철, 「앞의 책」, 151쪽.

연구"(The Study of Administration)는 1887년에 컬럼비아 대학교(Columbia University)에서 발행하는 「정치학계간지」(Political Science Quarterly)에 게재가 되었다. 그리고 1889년에 근대 정부에 대한 교과서라고 할 수 있는 「국가」(The State)를 출간하였다. 그는 1886년부터 1887년까지 뉴욕 주 이사카(Ithaca)에 소재하고 있는 코널 대학교(Cornell University)에서 강사로 첫 발자국을 내 디딘 뒤에 브린 마 대학(Bryn Mawr College)에서 1888년까지 근무하였다. 그런 후에 1888년 코네티컷(Connecticut) 주에 소재한 웨슬리언 대학교(Wesleyan University)로 옮겼다가, 1890년 자신의 모교인 프린스턴 대학교(Princeton University)의 법학 및 정치경제학 교수로 대학 강단에 둥지를 틀고 자리를 잡게 된다. 학자로서 그리고 대학개혁가로써 명망을 드높인 결과 1902년에 이르러서는 프린스턴 대학교의 총장이 되어 8년 동안 대학행정의 총 책임자로서 역할을 다하게 된다.7)

그런 후 정치에 입문을 하게 된다. 1910년 민주당 출신으로 뉴저지(New Jersey) 주의 주지사에 당선되었으며, 주지사 직을 수행하면서 개혁적 노력을 아끼지 않았고 이러한 업적들이 그를 국가적 인물로 만들었으며 이로 인해 1912년 민주당 대통령 후보가 되었으며, 대선에서 당선이 되어 미합중국 제28대 대통령이 되었다. 이로서 윌슨은 1865년 남북 전쟁이 종결 된 이후 최초로 미국의 대통령으로 당선 된 남부 출신 대통령이 되었다. 그는 1913년부터 1921년까지 재선을 거듭하면서 대통령으로 재직하였다.8)

---

7) 이병철, 「앞의 책」, 151쪽.

그는 대통령에 취임을 한 후 얼마 되지 않은 1913년에 연방준비은행법(Federal Reserve Act)을 제정하여 미국 내에 12개의 연방준비은행 지점을 설치하여 지방의 금융소통을 원활히 하고 인플레이션과 경기침체를 예방하는데 기틀을 다졌다. 또한 헌법을 개정하여 소득세를 신설하여 금융재정제도를 정착시키는 한편 연방통상위원회(Federal Trade Commission)를 설치하여 기업의 독과점 금지, 노조활동 보장으로 기업체질 개선을 시도하는 등 활발한 국정운영을 펼쳐 나갔다.[9]

그는 특히 사람을 다루는 용인술에도 뛰어났다. 연속 3회 대통령 후보에 오른 윌리엄 제닝 브라이언(William Jennings Bryan)을 국무장관으로 임명하였으며, 훗날 대통령이 된 프랭클린 루스벨트(Franklin Delano Roosevelt)를 해군 차관보(Assistant Secretary of the Navy)로 기용했다.[10] 확실히 그는 인재를 보는 눈과 그들을 적재적소에 배치할 수 있는 혜안이 있었던 듯 싶다.

또한 개혁적 진보파인 그는 주지사 시절에 노동시장에서 약자인 여성과 어린이들을 보호하기 위해 여성과 어린이 근로보호법을 제정했고, 대통령 재임 중에는 누진세법과 앞에서 언급을 한 연방준비은행법을 제정하였다. 그리고 1914년에는 앞에서 언급을 했던 연방통상위원회법(Federal Trade Commission Act)과 클레이튼독과점금지법(Clayton Antitrust Act)을 제정하였고, 1916년에는 어린이노동법(Children Labor Act)[11]과 연방

8) 이병철, 「앞의 책」, 151-152쪽.
9) 최평길, 「대통령학」 (서울 : 박영사, 2007), 489-490쪽.
10) 최평길, "실패한 대통령들의 발자취", 「동아일보」, 2001. 8. 9. ; 이병철, 「앞의 책」, 152쪽.

농촌대부법(Federal Farm Loan Act)을 제정하여 개혁 대통령으로 평가를 받았다.[12)]

국제문제에 있어서도 그는 자신의 역량을 유감없이 발휘하였다. 제1차 세계대전을 승리로 이끌었을 뿐만 아니라, 군비축소, 자유 항해, 자유 통상, 각국의 독립과 영토자주권을 인정한 민족자결권(The right of nations to self-determination) 선언, 국제연맹(League of Nations) 창설 제의 등의 업적을 쌓아 그 공로로 1919년 노벨평화상(Nobel Peace Prize)을 받기도 하였다.[13)]

그러나 옥에도 티가 있다고 제1차 세계대전이 끝난 직후 국제연맹 창설에 관한 베르사유 조약(Treaty of Versailles) 체결에 상원과 하원 국제관계위원회 소속 의원을 대동하지 않았고, 상하원 의원들에게 조약 체결에 대해 설명하지도 않았으며 협조 및 동의를 구하지도 않는 불찰을 저질렀다. 윌슨은 대통령 취임 초에는 상원에 대통령 연락관 실을 두고 자주 방문해 법안 처리에 여야 의원을 가리지 않고 조력을 구하고 협조를 요청하였으며, 매년 양원 합동회의에서 연두교서를 발표하는 관례도 만드는 등 겸허하고 타협지향적인 대통령이었다. 그러나 집권 말년에 들어서서는 초심을 잃고 지나친 자기 과신과 자만, 국회에 대한 오만한 태도 때문에 국제연맹 창설 제안이 의회에서 부결되는 수모를 겪었다.[14)]

---

11) 이것은 14세 미만의 어린이의 공장노동을 금지시키는 법이다.

12) 최평길, "실패한 대통령들의 발자취", 「동아일보」, 2001. 8. 9. ; 이병철, 「앞의 책」, 152쪽.

13) 이병철, 「앞의 책」, 152쪽.

14) 최평길, "앞의 글". ; 이병철, 「앞의 책」, 152쪽.

그는 국민을 상대로 미국이 왜 국제연맹에 참가를 하여야 하는지에 대한 당위성을 설득하기 위한 유세를 전국적으로 다니며 강행을 하였다. 그 결과 뇌일혈로 쓰러지게 되는 것이다. 결국 자신의 건강도 잃고 설상가상으로 야당에게 정권을 넘겨주는 불운을 감내해야 되었다. 1924년 2월 3일 파란만장한 삶을 뒤로 하고 67세를 일기로 하여 영면을 하였다.[15)]

그의 삶을 재조명해보자면 그는 교육, 정치, 행정, 인권, 국제관계 그리고 행정학 분야에 있어 훌륭한 금자탑을 세운 역사에 남을 위대한 거인이었던 것이다.

2. 윌슨과 행정

아직 학문적으로 체계를 잡지 못한 초기의 미국행정의 흐름을 독자적으로 사상적이고 이론적인 기초 위에 집대성을 한 사람이 바로 우드로 윌슨이라고 할 수 있다.[16)]

미국 제28대 대통령이었던 우드로 윌슨은 1887년에 발표한 "행정의 연구"라는 논문에서 정치·행정이원론을 주장하였고, 전문화(specialization)는 질(質)적, 양(量)적인 성장이 가능한 발전의 원동력이 된다고 보았으며, 신 자유개념(new freedom concept)[17)]을 제시하여 자유 민주주의의 병폐를 벗어난 경제적

15) 최평길, "앞의 글". ; 이병철, 「앞의 책」, 152쪽.
16) 이병철, 「앞의 책」, 162쪽.
17) 근대 미국정치이념 확립에 주요한 역할을 한 세 명의 대통령을 꼽으라면 우드로 윌슨(W. Wilson)과 프랭클린 루즈벨트(F. D. Roosevelt), 그리고 존 케네

자유를 주장하기도 하였다.18)

윌슨이 감수성이 예민한 20대와 30대를 학문과 더불어 보냈던 1880년대에는 자유방임주의 사상의 팽배로 인하여 최소의 정부(less government)가 요구되어졌으며 이로 인해 자유경쟁에 의한 경제적 노동시장화가 심화되고 엽관제에 의한 부패가 극심하였다. 이러한 사회적 상황은 정의가 정의로서 제대로 된 구실을 하지 못하여 정의 그 자체가 정치권력과 부(富)로 귀결이 되고 사회 불평등(social disparity)이 심해져 정치, 경제적 형평이 무너지게 되는 상황으로까지 치닫게 되었던 것이다.19)

그는 이러한 사회상을 예리하게 관찰, 분석하고 사회제반의 문제에 대한 해결을 약자에 대한 행정부의 보호에서 찾고자 하였으며 부의 편중에 대한 균등분배 방안을 다각적으로 모색하였다. 그리고 이러한 문제해결을 행정이란 실마리에서 찾으려고 노력하였다. 바로 이러한 노력의 결과가 윌슨이 집필한 "행정의 연구"에 잘 나타나고 있다.20)

또한 윌슨은 초기의 의도와는 너무나 다르게 천박하게 변질되어버린 엽관제의 폐해와 동족상쟁으로 얼룩진 남북전쟁을 지켜보면서 이러한 것들이 엽관주의 그리고 중앙집권주의와 지방분권주의간의 갈등에서 나온 것이라고 생각하고 이러한

디(J. F. Kennedy)를 들 수 있다. 윌슨은 정치이념으로 신자유개념(New Freedom Concept)을 제시하였고 루즈벨트는 뉴딜 개념(New Deal Concept) 그리고 케네디는 새로운 개척정신(New Frontier Spirits)을 정책적 비전으로 제시하였다. 윌슨의 신자유개념에 대해서는 다음의 책을 참고할 수 있다. Woodrow Wilson, *The New Freedom* (New York : Doubleday & Page, 1913).

18) 이병철, 「앞의 책」, 149쪽.

19) 이병철, 「앞의 책」, 152쪽.

20) 이병철, 「앞의 책」, 152-153쪽.

더럽고 추한 정치로부터 차별화 되는 효율적이고 능률적이며 나아가 절약적인 행정에 대해 생각하고 국민에게 보다 기여할 수 있는 행정에 대해 고민하고 번뇌하였다. 그래서 나온 것이 바로 정치행정이원론이었다.[21] 이종수 등도 윌슨이 "행정의 연구"라는 논문을 통해 행정의 탈정치화를 통해 정당정치의 개입으로부터 자유로운 행정 영역을 확립하려는 정치행정이원론을 주창했다는 점을 분명히 하고 있다.[22]

그는 민주성에 있어 가장 앞서있는 영국의 대의제와 능률성과 효과성에 있어 가장 앞서있는 독일의 관방학을 적절히 미국의 정치와 행정풍토에 조화롭게 접목을 시키면 보다 발전된 미국적 정치와 행정의 토착화가 이루어져 국민에 기여하고 봉사하는 행정상이 정립될 수 있을 것으로 생각을 하였던 것이다. 그러나 윌슨은 선진 유럽의 행정학이 후진적인 미국의 행정학에 현실적으로 필요는 하지만 그것을 무비판적으로 수용하는데는 반대하였다. 그는 분별력 있는 비판적 시각을 가지고 선진적인 유럽의 행정학을 취사선택하여 수용할 때 비로소 미국적 행정학으로 토착화시킬 수 있을 것으로 생각을 하였다.[23]

이러한 맥락에서 그는 선진 유럽행정을 미국의 행정, 문화적 토양에 맞도록 흡수시키기 위해서는 외국행정관행이나 행정문화의 불순물을 선별적으로 제거시켜야 한다고 생각하였다. 예를 든다면 영국 의회주의를 받아들이되 상원에서 사용되는 경

21) 이병철, 「앞의 책」, 150쪽.
22) 이종수 · 윤영진 · 곽채기 · 이재원 외, 「새 행정학 2.0」 (서울 : 대영문화사, 2014), 59쪽.
23) 이병철, 「앞의 책」, 150쪽.

(Sir)이라는 칭호를 쓰지 않는 조치 등을 생각하였다. 그리고 행정은 정치와 분리되어져야 하며, 행정은 정치가들에 의해 결정되어진 사항을 효과적이고 능률적으로 집행하는 수단과 방법(executive method)이 되어야 한다고 생각하였다. 또한 행정은 관료들을 중심으로 해서 문제해결능력을 가진 관리 및 경영의 영역이어야 한다고 주장을 하고 그의 스승인 리처드 엘리(Richard T. Elly)가 전수해 준 능률과 절약, 그리고 역시 그의 스승이었던 허버트 애덤스(Herbert B. Adams)가 전수한 헌정이론체계를 가장 중요한 행정사상으로 이해를 하였던 것이다.[24)]

> "윌슨은 정치와 행정을 엄밀히 구분해 중립적이고 효율적인 행정을 구축하려는 시도로서 행정학을 주창한 것이다. 초기행정학의 지배적인 관점이었던 정치·행정이원론은 정책결정을 주도하는 정치 영역과 정책을 집행하는 행정의 영역으로 엄밀히 구분했다. 따라서 행정은 경영과 크게 다르지 않으며, 과학적 관리를 통해 효율적인 운영이 가능하다고 보았다."[25)]

이러한 그의 행정사상의 근저에는 그가 행정을 바라보는 시각이 그대로 투영이 되었다고 이해 할 수 있는 것이다.

그가 제시하고 있는 행정의 개념정의에 따르자면[26)] 행정이란 첫째, 공법의 구체적이고 제도적인 집행(the detailed and

---

24) 이병철, 「앞의 책」, 150쪽.
25) 이종수 · 윤영진 · 곽채기 · 이재원 외, 「앞의 책」, 43쪽.
26) Woodrow Wilson, "The Study of Administration", *Political Science Quarterly*, Vol. II, No.1, June 1887.

systemic execution of public law)이라는 점을 강조하고 있다는 점이다. 그가 행정과 연관하여 강조하고 있는 점은 바로 구체적이고 제도적인 집행 다른 말로 하자면 효과적이고 능률적인 집행인 것이다.

둘째, 행정의 분야는 경영의 분야(a field of business)라는 점을 강조하고 있는 점이다. 행정을 관료들을 중심으로 해서 문제해결능력을 가진 관리 및 경영의 영역이어야 한다고 주장을 하는 것도 이와 맥을 같이 하는 것이다.

> "윌슨은 행정을 관리와 경영의 영역, 그리고 전문적·기술적 영역으로 규정했다. 행정학 연구의 목적은 정부가 무엇을 성공적으로 할 수 있으며, 그 일을 어떻게 최소의 비용으로 가장 효율적으로 할 수 있는가를 탐색하는 것이라고 규정했다."[27]

셋째, 정치와 행정의 이원론을 주장하였으나 행정의 명확한 범위를 정하지는 못하고 단지 행정을 정치나 법의 수단적인 관리도구라고 생각을 하였던 점이다.[28] 이 역시 행정은 정치와 분리되어져야 하며, 행정은 정치가들에 의해 결정되어진 사항을 효과적이고 능률적으로 집행하는 수단과 방법이 되어야 한다고 생각하는 것과 맥을 같이하는 것으로 이해를 할 수 있는 것이다.

이상으로 윌슨의 행정사상과 이론을 살펴보았는데 이를 보다 더 구체적으로 이해하기 위해서 우선 그가 바라 본 행정발

---

27) 이종수 · 윤영진 · 곽채기 · 이재원 외, 「앞의 책」, 59쪽.
28) 이병철, 「앞의 책」, 154쪽.

전의 단계를 살펴보고, 다음 그가 제창한 정치행정이원론과 비교분석 적 관점에 입각하여 선진 유럽의 행정학을 미국의 행정학으로 토착화시키는 과정에 대해 살펴보도록 한다. 그런 다음 윌슨의 정치행정이원론 주장에 대한 여러 이견들을 살펴보도록 한다. 이러한 고찰을 통해 윌슨의 행정사상과 이론들을 보다 명료하게 이해를 할 수 있을 것이다.

2.1 윌슨의 행정발전의 단계

윌슨은 행정발전의 단계를 크게 보아 절대군주(absolute rulers) 국가시대, 헌정시대, 그리고 주권자인 국민(sovereign people)을 위한 행정시대로 나누고 있다. 먼저 절대군주국가 시대의 행정발달 요인을 살펴보면 첫째, 유럽의 절대군주에 의한 행정으로 절대군주권력의 독점을 지속적으로 보전하기 위해 또 헌정을 배제하기 위해 강한 행정권이 발달하였다.

둘째, 한 사람이 정책결정을 하는 것이 여러 사람이 결정하는 것보다 더 쉽고 더 빠르게 이루어진다는 생각에서 행정의 신속성을 강조하였고 셋째, 국민의 전체적인 동의를 얻어서 통치하기보다 절대군주에 의한 통치가 더 능률적이라고 생각하였으며 넷째, 행정의 초점은 "어떻게 통치하느냐?" (How is to rule?)에 모아졌다는 것이다.[29]

다음 헌정시대의 행정은 그 배경을 존 로크(John Locke)의 자연법사상과 장자크 루소(Jean-Jacques Rousseau)의 계약법 사

29) 이병철, 「앞의 책」, 153쪽.

상에서 찾고 있다. 모든 인간은 자연 앞에 평등[30]하므로 어떤 한 인간이 다른 인간을 다스리는 것은 자연법에 위배된다는 것이다. 피치자의 동의에 의한 통치, 다른 말로 표현하자면 자동성(自同性)의 원리라고 하는 민주주의의 기본적 원리가 등장하게 되는 것도 바로 이러한 생각에서 연유되는 것이다. 따라서 이 시기에는 행정부의 집행권력(executive power)의 견제가 큰 문제였기에 행정의 발달이 이루어지지 못했다는 것이다. 이 시대의 행정의 초점은 "누가 통치하느냐? (Who is to rule?)"에 모아졌다는 것이다.[31]

마지막으로 주권자인 국민을 위한 행정시대의 행정은 행정절차나 방법을 배울 수 있도록 납득시키는 것이 쉬운 일이 아니라는 것과 행정개혁을 하는 것은 점진적이고 타협적으로 이루어져야 하며 미국의 발전을 위해 개혁을 해야 할 시기에 있는데 헌법을 만드는 것보다 집행하는 것이 더 어려우므로[32] 행정에 대해 더 많은 관심이 모아져야 된다고 보는 것이다.[33]

이종수 등도 윌슨이 행정의 연구를 발표 한 1887년 당시에는 정치와 구분해 정부가 합리적으로 일하는 기준과 방식이 필요했던 시대였으며, 새로운 기관을 형성하는 일보다 그것을 효과적으로 운영하고 관리하는 것이 더 힘들다는 윌슨의 문제 제기에 따라 정부의 활동을 위한 새로운 접근방식이 필요했던 시기로 이해를 하고 있다.[34]

---

30) 이것은 법 앞의 평등으로 이해할 수 있다.
31) 이병철, 「앞의 책」, 153쪽.
32) Woodrow Wilson, "The Study of Administration", *op. cit.*, pp.197-222.
33) 이병철, 「앞의 책」, 153-154쪽.

특히 헌법을 만드는 것보다 집행하는 것이 더 어렵다고 생각한 윌슨은 바죠트(Bagehot)의 신·구 행정비교의 일화를 소개하면서 과거와 달리 현재에 있어 헌법을 운영하는 것이 다른 말로 표현하자면 '행정'이, 헌법을 제정하는 '정치'보다 점점 더 어려워지는 이유를 잘 설명해 주고 있다.[35)]

2.2 윌슨의 정치행정이원론과 비교분석 적 관점에 입각한 토착화

이미 앞에서 언급이 되었듯이 존스 홉킨스 대학교에서 영국의 대의정치와 독일의 관방행정의 강점을 유럽에서 수학한 스승들에게서 배워서 28세의 젊은 나이에 서구의 정치행정을 정리한 학문적 업적으로 프린스턴 대학교에서 박사학위를 받은 윌슨은 그 후 코널 대학교에서 행한 연설에서 정치와 행정의 미국적 의미를 부여하고 행정의 정수(精髓)를 파악하려 했다. 그리고 이러한 그의 생각은 1887년에 콜롬비아 대학교에서 발행하는 「정치학계간지」에 "행정의 연구"라는 논문으로 정리된 바 있다.[36)]

여기에서 윌슨이 제시한 행정 개념과 행정학 이론은 당시의

---

34) 이종수 · 윤영진 · 곽채기 · 이재원 외, 「앞의 책」, 25쪽.

35) Woodrow Wilson, "The Study of Administration", *Political Science Quarterly*, Vol. II, No.1, June 1887 in Korean Association for Public Administration (ed.), *Selected Readings in Public Administration* (Seoul : Da San Publishing Company, 1980), p.11-12. ; 이병철, 「앞의 책」, 154쪽.

36) 최평길, "행정학방법론과 비교 및 발전행정", 「연세행정논총」, 제6집, 1979., 91쪽. ; 이병철, 「앞의 책」, 162쪽.

미국적 상황 속에서 독일, 프랑스, 영국의 정치체제를 소개해 준 그의 스승 리처드 앨리와 허버트 애덤스의 영향아래 선진유럽의 정치와 행정관행을 비교 분석하고 그 특성을 미국 행정이론 정착화, 다른 말로 표현하자면 토착화에 참고사항으로 고려했다는 점에서 한 층 성숙한 것으로 평가 할 수 있는 것이다.[37)]

1) 윌슨의 정치행정이원론

윌슨이 생각하기에 정치란 영국에서 볼 수 있는 대의제에서 발생하는 권력배분이며 이를 체계화한 이론이 헌정이론(Constitutionalism)이라고 보았다. 반면에 행정은 프랑스나 프러시아[38)]에서 볼 수 있듯이 국민의사나 권력의 배분에는 별로 관심을 보이지 않고 오직 주어진 정책 프로그램을 일사불란하게 수행하는 방책인 정부업무의 효율적 달성방법(executive methods)을 의미하며 이러한 방법을 논리적으로 연구한 것이 행정이론이라고 보았다.[39)]

그는 이러한 관점에서 확실하게 행정을 몰가치 또는 가치중립(value-free)적으로 보았을 뿐만 아니라, 가치적 영역을 다루는 정치와는 완전히 차별화되는 별개의 것으로 인정을 하고 있는 것이다.[40)]

그런데 여기에서 재미있는 사실은 윌슨이 정치로부터 행정의 독자성과 고유성을 강조하게 된 것은 순수한 이론적인 이유

37) 이병철, 「앞의 책」, 162쪽.
38) 지금 독일의 모체가 된 나라이다.
39) 최평길, “앞의 논문”, 1979., 91-92쪽.
40) 이병철, 「앞의 책」, 162-163쪽.

에 기인된 탓보다는 실천적인 이유에서 비롯되었다고 볼 수 있다는 점이다. 이 당시 미국의 시대적 배경을 보면 행정에 있어서 문제해결능력이 전제되는 전문주의가 다른 어느 것보다 요구되고 있었는데, 엽관제 등으로 오염된 정치물결이 행정에 침투를 하게 되면 행정에 있어서 직업적 전문주의의 확보가 사실상 불가능하게 된다는 것이다.[41] 예컨대 이 당시 성행하던 엽관주의는 행정상의 혼란과 비능률을 극대화시키고 있었던 것이다.[42]

또한 행정 관료의 진퇴를 자신의 정치적 운명과 같이 하게 함으로써 행정의 전문화를 키울 여지를 주지 않았던 것이다. 이런 관점에서 윌슨은 행정을 정치로부터 분리시키는 것이 절실히 필요로 되었던 것이다. 즉 행정의 전문적 기술성을 강조함으로써 엽관제 등으로 오염된 정치의 그릇된 영향으로부터 행정의 영역을 보호하여 행정상의 전문주의를 지키고 강조하고 싶었던 것이다.[43] 어찌 되었든 이런 맥락에서 볼 때 윌슨의 이러한 생각은 행정을 정치로부터 분리하고 이러한 사실을 최초로 확인해 준 것이라 이해 할 수 있다.[44]

이러한 생각의 연장선상에서 결론적으로 윌슨은 헌정이론이나 정부업무의 효율적 집행방법론의 어느 한 면만을 실천적으로 따르거나 이론적으로 개발하는 것은 의미가 없으며, 양자의 결합에서 나오는 이론을 정립할 필요가 있다고 본 것이다. 즉

41) 백완기, 「행정학」(서울 : 박영사, 1998), 18쪽.
42) 이병철, 「앞의 책」, 163쪽.
43) 백완기, 「앞의 책」, 19쪽.
44) 이병철, 「앞의 책」, 163쪽.

서구의 헌정이론과 행정집행방법론은 현실적으로 대의제를 밑바탕으로 하여 효율적인 정책집행을 추구하는 것이 필요하며, 그러한 대의제 이론을 밑바탕으로 한 정부업무의 효율적 집행방법론의 강구가 미국의 참 행정이며 미국행정학 성립의 기초이며 철학이라고 본 것이다.[45)]

이종수 등도 밝히고 있지만 윌슨은 이상에서 살펴 본 것처럼 정치와 행정의 분리 필요성과 그 이유를 명료하게 제시함으로써 행정학 연구의 개념적 기초를 제공했으며, 행정학이 정치학으로부터 독립해 분과 학문으로 발전 할 수 있는 기초를 다지는데 공헌했던 것이다.[46)]

2) 윌슨의 비교분석 적 관점에 입각한 토착화

어쨌든 윌슨은 위에서 천명한 이러한 학문적 연구는 영국이나 프랑스, 독일의 정치 행정 관행을 비교분석 함으로써 가능하다고 주장하는 것이다. 이러한 윌슨의 비교분석 적 시각에서 볼 때 미국의 행정은 시정부의 독주, 주정부의 기만성과 자기만족, 연방정부의 무책임성, 비능률 등으로 인하여 훌륭한 정부의 모형을 찾기 어렵기 때문에 이러한 문제해결의 처방을 유럽국가에서 구할 수밖에 없다고 본 것이다.[47)]

윌슨은 역사적으로 먼저 국가체제가 발전된 유럽제국 중 영국은 국왕권한의 축소에 역점을 둔 헌정에 침잠한 나머지 왕권

45) 이병철, 「앞의 책」, 163쪽.
46) 이종수 · 윤영진 · 곽채기 · 이재원 외, 「앞의 책」, 59쪽.
47) 이병철, 「앞의 책」, 164쪽.

인 행정권능(executive power) 제한에 전력하여 국민의 정부통제는 성공했으나 행정 활력 화에는 관심이 없었다고 보았다. 따라서 정부가 정당하고 중용적이기를 바랄 뿐 체계적으로 조직화된 정부업무의 효율화에는 진전이 없었으므로 헌정과 정치에 대한 비판으로 일관한 정치사의 발전은 있었으나 정부조직 개선에 관한 행정발전이론은 없었다고 간주하면서 다만 책임성을 구현하는 민주성만은 본받을 만 하다고 생각한 것이다.48)

한편 절대군주제와 군주주권 중심의 계몽군주제에서는 상대적으로 국민의 참여가 없는 관계로 행정권 침해에 소지가 없는 상황이므로 행정을 능률화시킨다거나 조작 화하는 것은 쉬운 일이었던 바, 일찍이 프러시아의 프레더릭 대제, 프랑스의 나폴레옹, 루이 18세의 통치체제에서는 그들 군주의 의사에 따른 행정장치(civil machinery)가 마련되어 있었던 것으로 생각을 하였다.49)

그리하여 유럽의 국가행정은 영국을 제외하고는 국민의사와 관계없이 군림하는 정부독점자들이 국민 참여가 배제된 상황에서 국민을 자극시키지 않는 행정수단을 강구하였다고 보았다. 윌슨은 이러한 정치, 행정 상황을 고려하면서 미국이 영국의 대의제, 독일, 프랑스의 행정체계를 도입하고 적용함에 있어 미국은 유럽제국과 같이 소규모 국가도 아니고 또한 고도의 지방분권정부체제와 연방정부체제 내에 다양한 통치체제를 갖고 있다는 점에서 신중을 기할 것이 필요하다고 본 것이다.50)

---

48) 이병철, 「앞의 책」, 164쪽.
49) 이병철, 「앞의 책」, 164-165쪽.
50) 이병철, 「앞의 책」, 165쪽.

특히 민주정치는 군주정치보다 행정을 조직화하는 것이 어려우며, 여론에 입각한 다수 만족을 충족시키는 행정 상황에서 군주정치체제풍토에서 발전된 행정을 도입하는 것은 근원적으로 불합리하며 대륙국가인 프러시아와 같은 정부주도 적 행정은 바람직하지 않으므로 도입 시 미국행정을 질식시킬 것으로 보았다. 그런 의미에서 일사불란하면서 냉혹한 조직적 행정보다는 차라리 비전문적이며, 훈련되지 않고, 정리되지 않은 행정이 바람직하다고 보았던 것이다. 그러나 분명한 점은 윌슨이 이념면에서는 자유민주주의적이고 실천면에서는 능률적인 행정을 선호했다는 것은 분명한 사실인 것 같다. 그러므로 미국의 정치이념에 상반되는 정치, 행정제도의 무비판적 맹목적 도입은 금물이며 설사 도입, 적용한다 해도 성장하지 못할 것으로 내다보았다.[51]

윌슨은 역사적 상황과 비교분석의 시각에서 미국적 헌정이념과 행정체계 내에서 비판과 수정을 가하고 부정적인 요소들을 제거하는 등의 방법을 통해 점진적으로 충분히 여과하여 적용 가능한 것만 미국행정에 접목시키려고 하였다. 그 구체적인 내용이 살인자의 칼 가는 방법에서 죽일 의도 없는 칼 정련법만 배우면 되고, 영국 정치체제를 도입하더라도 국왕, 경이라는 귀족칭호를 배제하면 되고, 쌀을 요리하여 먹되 포크(fork)를 사용하면 될 것이라고 생각했던 것이다.[52]

이러한 과정에서 윌슨은 비교분석방법에 각별한 관심을 두

51) Woodrow Wilson, "The Study of Administration", *op. cit.*, p.491. ; 이병철, 「앞의 책」, 165쪽.
52) 이병철, 「앞의 책」, 165쪽.

었다. 그는 비교분석방법을 통해 하등의 두려움 없이 외국 제도를 해부하여 미국 행정체계의 혈관에 순수한 행정수혈이 이루어지게 하고, 독단적이거나 교조적인 외국 행정이론의 사용은 금지되어야 할 것으로 보았다. 그렇다면 비교적 분석시각에서 제기된 미국행정의 좌표는 어떤 것인가? 이에 대한 윌슨의 대답은 아주 간단명료하다. 그는 여론에 입각한 효율적 집행방법으로 국가업무를 수행하는 민주행정(representative executive method)을 주장하였다.[53]

윌슨이 주장한 민주행정은 구체적으로 공직자의 경우, 직접적으로 국민여론에 민감할 것은 물론 전문 행정교육 훈련을 받고 계층제 규율에 순응하며 임무감과 소명감으로 국민의 여망에 부응한 행정수행을 하는 것을 최상의 행정방안으로 제시하고 있다. 그리하여 연방조직 체계내의 하부 정치조직으로서 시나 주, 그리고 연방정부에 균형이 맞는 권능을 부여하고 독자적 권한 내에 상호조정 협조하되 독일식의 행정장관에 책임지는 행정이 아니라 국민에게 봉사하고 책임지는 영국식 내각행정을 동시에 만족시키는 협조적인 지방분권을 이룩해 나갈 수 있는 위대한 국가로 발전시켜 나가는데 주안점을 두었다.[54]

이러한 행정체계를 이론화시키기 위해 국가체계의 비교분석을 아무런 선입견 없이 정열적으로 소명감을 갖고 실천적으로 시도하고, 그 결과에 대해 많은 비판을 받으면서 정부개선에 긍정적 조언을 지속적으로 시도하는 일련의 이론적 기반을 구

---

53) 이병철, 「앞의 책」, 165-166쪽.

54) *Ibid.*, p.503. ; 이병철, 「앞의 책」, 166쪽.

축하면서, 사회과학분야의 정부연구학과가 신설된다면 가장 위대한 학과로 발전할 것임을 그는 예언하였다. 1885년에 제기되어 1887년에 이론적으로 체계화된 윌슨의 이러한 예언은 100년이 지난 오늘날 전 세계의 각 대학에서 행정학과, 행정대학원이 설립되어 발전하고 있음을 볼 때 적중되었다고 할 수 있을 것이다.[55]

돌이켜 보면 윌슨의 행정학이론이 제기된 이후 1940년대까지 정통파 행정이론으로 행정학이론이 정착되고 그 이후 오늘날까지 다양한 행정학 패러다임이 등장하면서 행정학은 성숙되어 오고 있는 것이다. 또한 그는 정부의 갈 길을 바로 잡고 정부의 사업을 영리만 추구하는 기업의 그것과는 다르게 하고 정부의 조직을 강화하고 정부가 마땅히 해야 할 바를 제대로 다 할 수 있게 하는 것을 행정학이 학문으로서 존재해야 하는 이유로 들고 있기도 하다.[56]

2.3 윌슨의 정치행정이원론 주장에 대한 이견들

여기서 분명히 짚고 넘어 가야 할 점은 윌슨이 정말로 정치로부터 행정의 독립을 주장하였느냐 하는 점이다. 이에 대해서는 학자에 따라 의견이 분분하지만 윌슨이 일반적으로 알려져 있는 것처럼 행정을 정치로부터 분리시키려 했다는 것은 잘못된 이해라는 지적이 없지 않다.[57] 우선 미국의 행정학자로 프

55) 이병철, 「앞의 책」, 166쪽.
56) *Ibid.*, p.13. ; 이병철, 「앞의 책」, 167-168쪽.
57) 이병철, 「앞의 책」, 154쪽.

리즘 적 사회(prismatic society)와 살라(sala) 모형을 제시하여 유명해진 발전행정론 자인 프레드 리그스(Fred Riggs)는 윌슨이 정치로부터 행정의 독립을 주장하지 않았다고 분명히 주장하고 있다.[58)]

리처드 스틸만(Richard J. Stillman) 역시 윌슨이 정치와 행정의 영역간의 적절한 관계에 대해 명료한 이해와 설명을 하지 못했다고 주장함으로써 이에 동조하고 있다.[59)] 또한 그러한 맥락에서 한 발 더 나아가 그는 윌슨이 1887년에 발표한 "행정의 연구"라는 논문을 기원으로 하는 미국행정학의 출발시점에 대해서도 이의를 제기하고 있다.[60)] 이것은 앞으로 후속 되는 연구들에 의해 깊이 있게 파헤쳐져야 할 과제로 판단이 되는 것이다.[61)]

정도의 차이는 있지만 리그스나 스틸만은 모두 윌슨이 정치문제로부터 행정의 문제를 분리시키는데 있어 분리의 기준을 구체화하지 않았다는 점을 지적하고 있는 것이다. 이에 착안하여 나름대로 분리의 기준을 제시하려고 한 사람이 바로 1900년

---

58) Fred Riggs, "Relearning and Old Lesson : The Political Context of Development", *Public Administration Review*, Vol.25, No.1, 1965, pp.70-79.

59) 스틸만은 윌슨의 "행정의 연구"를 검토한 후에 결론짓기를 윌슨의 "행정의 연구"가 실제로는 무엇을 과제로 하고 있는지, 그리고 행정의 영역과 정치의 영역간의 적절한 관계는 어떻게 설정되어야 하는지, 그리고 행정에 대한 연구는 과연 자연과학과 유사한 일종의 추상적 과학이 될 수 있는지에 관하여 상세하게 의견을 개진하지 못했다고 주장하였다. Richard J. Stillman, "Woodrow Wilson and the Study of Administration : A New Look at an Old Essay", *American Political Science Review*, Vol.67, June 1973, p.587.

60) Richard J. Stillman, Ⅱ., *Preface to Public Administration : A Search for Themes and Direction* (New York : St. Martin's Press, 1991), p.19.

61) 이병철, 「앞의 책」, 154-155쪽.

에 미국정치학회 제1대 회장을 역임한 프랭크 굳노우(Frank Johnson Goodnow)[62)]이다.[63)]

그는 이러한 분류기준을 구체화하는 작업에 착수하였다. 그의 정의에 따르면[64)] "정치는 국가의사의 표현이요 행정은 표현된 의사를 집행하는 것"이라고 규정하면서 정치와 행정의 더 확실한 구분을 주장하였다.[65)] 또한 이러한 기준에 따라 정치와 행정을 구별 짓는 것이 정치와 행정 양 분야의 효과성을 높이는데 기여할 것이라고 생각하였다.[66)]

또한 윌로우비(W. F. Willoughby)도 정부의 제4부 설치를 주장하면서 집행, 사법 및 입법 권력으로 부터 행정기능을 완전히 분리시킬 것을 주장하였다.[67)] 그러나 윌슨과 마찬가지로 굳노우나 윌로우비 역시 이러한 구별이 모든 경우에 적용될 수 없음을 인정하고 있다.[68)] 단지 굳노우나 윌로우비가 윌슨보다

---

62) Frank J. Goodnow, *Politics and Administration* (New York : The Macmillan Company, 1900). ; Frank J. Goodnow, *Comparative Administrative Law* (New York : G. P. Putman's Sons, 1902). ; Frank J. Goodnow, *Principles of the Administrative Law of the United States* (New York : G. P. Putman's Sons, 1905). ; 이상의 내용은 다음의 책에서 재인용하였다. Dong-Hyun Kim (ed.), *History and Theory in Public Administration* (Seoul : Dae-Wang Sa, 1985), pp.265-266.

63) 이병철, 「앞의 책」, 163쪽.

64) Frank J. Goodnow, *op. cit.* 참고.

65) 이병철, 「앞의 책」, 155쪽.

66) 이병철, 「앞의 책」, 163-164쪽.

67) 이병철, 「앞의 책」, 163쪽.

68) 이러한 정치와 행정의 구별에 대해 이를 회의적으로 보는 시각이 이후에 많이 제기되는데 특히 사이몬(Herbert A. Simon)은 정치인과 행정가는 모두 정치적 결정에 관여한다고 주장하여 이러한 구별의 모호성을 통박함으로써 정치 · 행정이원론에 종식을 고하게 하였다. Herbert A. Simon, *Administrative Behavior* (New York : Macmillan, 1945). ; 왈도(Dwight Waldo)는 정치와 행정에 대한 전통적인 분리는 오늘날 거의 무의미하게 되었으나 행정연구

정치와 행정의 분리기준을 보다 구체화했다는 점에서 차별성을 인정받을 수 있을 따름이다.[69]

그러나 이러한 시각에 반대 입장을 분명히 하고 있는 정치행정일원론자인 폴 애플리비(Paul Appleby)의 정의에 따르면[70] 첫째, 정치와 행정의 명확한 구분이 어렵다는 반성에서 정치와 행정의 양분은 있을 수 없다고 보았고 둘째, 이론적인 면에 있어서는 정부의 관료들은 정책결정에 참여하지 못하지만 현실적으로는 입법 전후에 있어서 정부의 관료들인 행정가들은 정책을 결정하고 있기 때문에 절대적인 이론에 있어서 정치와 행정의 양분은 하나의 신화에 불과하다고 비판하면서 정치행정이원론 적 시각은 지양되어야 한다고 주장하였다.[71]

에 있어서 그 역사적인 가치는 남아있다고 보면서 정치 · 행정이원론의 역사적, 학문적 가치를 이해하려는 입장에 서있다. Dwight Waldo, "Politics and Administration : On Thinking about a Complex Relationship", in Ralph Clark Chandler (ed.), *A Centennial History of the American Administrative State* (New York : Wiely, 1985).

69) 이병철, 「앞의 책」, 164쪽.

70) Paul Appleby, *Policy and Administration* (University, Alabama : University of Alabama Press, 1949). 참고.

71) 이병철, 「앞의 책」, 155쪽.

13/

우드로 윌슨의 후예들 : 프랭크 굳노우, 레오나르도 화이트 그리고 윌리엄 윌로우비

1. 프랭크 굳노우(Frank Johnson Goodnow)

1.1 삶의 발자취

굳노우는 1859년 1월 18일 뉴욕(New York) 시 브룩클린(Brooklyn)에서 출생하였다. 그는 1886년 엘리자베스 뷔캐넌(Elizabeth Buchanan)과 결혼을 하고 슬하에 세 자녀를 두었다. 앰허스트 대학(Amherst College)을 1879년에 졸업을 하고 1882년에 컬럼비아 대학교(Columbia University) 법과전문대학원을 졸업하였으며, 이 기간 해외로 나가 학문 활동을 계속하였다. 즉 그는 프랑스의 정치학 대학교(the Ecole Libre des Sciences

Politiques)와 베를린 대학교(University of Berlin)에서 행정법을 연구하여 이 분야에서 전문가가 되었다. 그는 1884년 10월에 행정법 전임교수로 콜롬비아 대학교에 부임을 하여 오랜 동안 교단에 서게 된다.1)

그는 1903년에 미국정치학회(American Political Science Association : APSA)를 창립하고 초대 회장이 되어 학회활동도 주도적이고 활발하게 이어나갔다. 그는 뉴욕 주지사였던 시어도어 루즈벨트(Theodore Roosevelt)의 부름을 받고 뉴욕 주의 행정운영에 대한 위원회에 들어가 활동을 하였을 뿐만 아니라, 윌리엄 태프트(William Howard Taft) 대통령을 돕기 위해 1910년에 구성되어 1913년까지 활동을 벌인 절약과 능률을 위한 위원회(Commission on Economy and Efficiency)에 참여하여 프레더릭 클리블랜드(Frederick A. Cleveland)를 주축으로 하여 윌리엄 윌로우비(William Willoughby), 그리고 하비 체스(Harvey Chase) 등과 함께 국정 운영에도 많은 도움을 주었다.2)

그의 정책 자문활동을 비롯한 정책과정에의 참여는 미국 국내에 그치지 않고 중국으로까지 확대가 되었다. 1912년 10월에 중국정부의 헌법자문위원회(Commission of Constitutional Adviser)에 참여를 하는 것으로 시작을 하여 1913년부터 1914년까지 왕성한 활동을 하였다.

그는 1914년에 존스 홉킨스 대학교(Johns Hopkins University)

---

1) 이병철, 「행정의 역사와 이론」(부산 : 도서출판 금정, 2003), 177-178쪽. ; https://en.wikipedia.org/wiki/Frank_Johnson_Goodnow

2) https://en.wikipedia.org/wiki/Frank_Johnson_Goodnow ; https://en.wikipedia.org/wiki/Commission_on_Economy_and_Efficiency

제3대 총장으로 취임을 해서 1929년 퇴임을 할 때까지 이 대학교에서 학교 행정을 책임지는 총장직을 수행을 하였다. 그는 이러한 기간 동안 윌로우비 쌍둥이 형제[3]와 함께 행정학에 관련된 많은 공동연구를 아주 적극적으로 수행을 하였다. 그리고 그의 수제자로서 행정학계에 많은 영향을 끼친 마셜 디목(Marshall E. Dimock)과 스파이서(G. W. Spicer)에게 많은 학문적 유산을 전수하였다. 또한 브루킹스 연구소(Brookings Institution) 이사회의 이사를 역임하는 등 활발한 연구 및 관련 활동을 하다가 1939년에 영면을 하였다.[4]

그는 콜롬비아 대학교에 재직하고 있을 때 집필한 3권의 책[5]이 있었다. 이 중 가장 먼저 발표된 것은 두 권의 책을 한질로 하여 1893년에 출판된 「비교행정법」(Comparative Administrative Law)으로 행정에 대한 최초의 보고서라고 할 수 있는 책이었다.[6]

그리고 뒤를 이어 1900년에 출간이 된 것이 행정학이론체계에 커다란 영향을 준 「정치와 행정」(Politics and Administration)이라는 널리 알려진 책으로서 윌슨(Woodrow Wilson)에서 시

---

3) 행정학자였던 윌리엄 윌로우비(William F. Willoughby)와 웨스텔 윌로우비(Westel Woodbury Willoughby)는 쌍둥이 형제이다. https://en.wikipedia.org/wiki/William_F._Willoughby

4) Dong-Hyun Kim (ed.), *History and Theory in Public Administration* (Seoul : Dae-Wang Sa, 1985), pp.265-266. ; 이병철, 「앞의 책」, 178쪽.

5) 세 권 중 나머지 두 권은 다음과 같다. Frank J. Goodnow, *Comparative Administrative Law* (New York : G. P. Putman's Sons, 1902). ; Frank J. Goodnow, *Principles of the Administrative Law of the United States* (New York : G. P. Putman's Sons, 1905).

6) Frederick C. Mosher (ed.), *American Public Administration : Past, Present, Future* (University, Alabama : The University od Alabama Press, 1975), p.27.

작된 정치·행정이원론(politics-administration dichotomy)의 패러다임을 체계적으로 완성시킨 저서로 높이 평가받고 있다. 물론 나머지 한 권인 「미국행정법의 원리들」도 행정발전에 많은 도움을 주는 저작이었다.7)

굳노우가 이러한 저작들을 통해 행정에 대한 체계를 잡고 있었던 이 시기에 대체적으로 정치와 행정을 구별 짓는 선이 그어졌고 행정을 과학적이고 능률적인 입장에서 보려는 입장이 대두되었다고 볼 수 있다.8)

1.2 굳노우와 행정

미국 행정학의 학문적 초석을 다진 사람은 굳노우였다. 그는 비교행정법의 시각에서 서술 된 「정치와 행정」이라는 저작을 통해서 정치와 행정의 차이를 분명히 했다. 정치는 국가의 의지를 표명하고 정책을 구현하는 것이며, 행정은 이를 실천하는 것으로 양자를 나름대로 명료하게 구별했던 것이다.9)

그는 행정에 대한 지나친 정당정치의 개입이 정책의 능률적 집행을 저해한다고 생각을 했다. 따라서 행정이 정치다툼에서 오염되지 않도록 분리돼야 할 뿐만 아니라 정책결정 과정으로

---

7) Frank J. Goodnow, *Politics and Administration* (New York : The Macmillan Company, 1900). ; Frank J. Goodnow, *op. cit.* ; 이상의 내용은 다음의 책에서 재인용하였다. Dong-Hyun Kim (ed.), *History and Theory in Public Administration* (Seoul : Dae-Wang Sa, 1985), pp.265-266. ; 이병철, 「앞의 책」, 155쪽, 178쪽.

8) 이병철, 「앞의 책」, 178쪽.

9) 이종수 · 윤영진 · 곽채기 · 이재원 외, 「새 행정학 2.0」(서울 : 대영문화사, 2014), 59쪽.

부터도 분리돼야 한다는 정치·행정이원론을 체계화했다. 이러한 그의 주장은 시정개혁운동의 방향을 설정하고 모색하는 데도 큰 도움이 됐다.[10)]

2. 레오나르도 화이트(Leonard Dupee White)

2.1 삶의 발자취

화이트는 1891년에 매사추세츠(Massachusetts) 주의 액선(Action)에서 출생하였고 1914년에 다트마우스 대학교(Dartmouth College)에서 학사학위를 수여받았고, 1915년에 같은 대학에서 석사학위를 받았다. 그리고 1921년에 시카고 대학교(University of Chicago)에서 박사학위를 받았다. 1915년에서 1920년까지 다트마우스 대학교 등에서 강의를 한 후 1920년부터 1956년까지 시카고 대학교의 교수를 역임하였다.[11)]

그는 1934년 워싱턴으로 가서 프랭클린 루스벨트(Franklin Delano Roosevelt) 대통령을 위해 인사위원회(Civil Service Commission)와 중앙통계국(Central Statistics Board)에서 활동을 하였으며[12)], 1944년에 미국정치학회(American Political Science Association : APSA)의 회장과 1947년에 미국행정학회(ASPA)의 회장을 각

---

10) 이종수 · 윤영진 · 곽채기 · 이재원 외, 「앞의 책」, 59쪽.
11) Dong-hyun Kim, *op. cit.*, p.316. ; 이병철, 「앞의 책」, 197쪽.
12) https://en.wikipedia.org/wiki/Leonard_D._White

각 역임하였다.

그는 특히 1926년에 최초의 미국 행정학 교과서인 「행정학 입문」(Introduction to the Study of Public Administration)을 집필하여 출간한 것으로도 유명하다.[13] 1959년에는 「공화국 시대 : 1869년부터 1901년까지」(The Republican Era : 1869-1901 : A Study in Administrative History)라는 저작으로 역사부문 퓰리처 상(Pulitzer Prize)을 수상하기도 하였다. 1958년 2월 23일 시카고에서 영면하였다.

2.2 화이트와 행정

존 가우스(John M. Gaus)가 이야기하였듯이 그는 행정가로서, 행정을 가르치는 교사로서, 그리고 교양 있는 행정의 신사로서 어느 것 하나 손색이 없이 행정의 연구와 실무의 발전을 위해 기여를 한 사람이다.[14]

행정을 하나의 과학적 학문(science)으로서 그리고 또 다른 의미의 예술적 학문(art)으로써 승화를 시키고자 노력을 하였다. 그의 정치, 행정사상에 있어 철학적 지향은 고전 해밀턴주의(classical hamiltonianism)에 가까웠다고 말 할 수 있을 것이다. 이렇게 그를 평가할 수 있는 것은 그가 쓴 미국 최초의 행정

---

13) 이병철, 「앞의 책」, 197쪽. ; Leonard Dupee White, *Introduction to the Study of Public Administration* (New York : Macmillan Company, 1926).

14) John M. Gaus, "Leonard Dupee White : 1891-1958", *Public Administration Review* (Summer 1958). ; http://www.citizenship-aei.org/wp-content/uploads/16.-Leonard-D.-White-and-the-Study-of-Public-Administration.pdf

학 교과서인 「행정학입문」의 서문(preface)에서 제시한 네 가지의 정치, 행정에 관한 가정(assumption)에서 비롯된다.[15)]

이해의 편의를 위해 이 네 가지 가정을 살펴보자면, 우선 먼저 행정과정을 반드시 단결과 협력이 필요로 되는 것으로 이해하고 있다는 점이다. 둘째 가정은 법보다는 관리를 더욱 중시하고 있다는 점이다. 즉 제약적인 법이나 규칙보다는 능동적인 리더십에 더 중점을 두어야 한다는 의미로 해석이 되는 것이다. 셋째는 행정은 주로 초점을 인간관계관리에 집중시키는 기술적 학문이지만 끝없이 변모하는 사회변동에 대처키 위해 획일성, 일관성, 과학적 방법론의 탐구가 요망된다는 점에 초점을 집중시키는 과학적 학문으로 변형될 것이 중요하게 요망된다는 점을 강조하고 있는 점이다. 넷째는 행정을 근대 및 현대 정부의 문제의 핵심으로 이해하고 있는 점이다. 즉 근대 및 현대정부의 실제 이슈는 새로운 법을 제정하는 것 못지않게 정책을 효과적으로 디자인하고 프로그램들을 집행하는 것도 포함해야 된다는 점을 의미하는 것으로 이해 할 수 있다는 것이다.[16)]

이러한 화이트의 생각은 정부에 있어 행정의 중요성을 부각시키고 행정을 통한 보다 과학적이고 효율적인 관리가 현대 정부의 문제를 해결해 나가는데 중요한 관건이 되고 있다는 점을 분명히 하고 있다고 볼 수 있는 것이다.[17)]

앞서 언급을 하였듯이 고전 해밀턴주의에 가까운 행정관을 가지고 있는 화이트로서는 당연히 활력이 있는 정부가 좋은 행

15) 이병철, 「앞의 책」, 192쪽.
16) 이병철, 「앞의 책」, 192쪽.
17) 이병철, 「앞의 책」, 192쪽.

정부라고 생각하였으며 입법부보다 행정부, 특히 행정수반에게 보다 많은 권한이 부여되어야 한다고 주장하였다. 여기에서 활력은 통일성, 지속성, 적절한 공급, 충분한 권한이 가능하게 해주는 것을 의미한다 하겠다.[18)]

우선 여기에서 통일성이란 정책결정이나 활동, 그리고 비밀이나 신속성 등의 다양한 차원에서 볼 때, 여러 사람이 처리하는 것보다 한 사람의 최고책임자에 의해 처리되는 것이 보다 더 유리하다고 보는 것이다. 이러한 사고는 계속 이어지다가 루더 규릭(Luther Halsey Gulick)에 이르러 보다 명료하게 이론화가 된다.[19)] 화이트가 말하는 통일성을 좀 더 간명하게 설명을 하자면 루더 규릭이 말한 명령의 통일(unity of command)을 의미하는데 이것은 한 사람이 두 사람의 주인을 동시에 섬길 수 없다는 것을 뜻한다.[20)]

명령은 통일성 있게 일사불란(一絲不亂) 하게 하달되어야 하며 아래로부터의 보고 역시 체계적으로 전달되어 명령권자가 모두 알 수 있게 하여야 된다는 것이다. 명령통일이 이루어지면 그렇지 못할 때 나타나는 혼란, 비능률, 무책임 등을 불식할 수 있다고 주장한다.[21)] 이것은 뒤에 루더 규릭이 제시한 주장과 일치하고 있음을 알 수 있다.[22)]

---

18) 이병철, 「앞의 책」, 193쪽.
19) 이병철, 「앞의 책」, 193쪽.
20) 이병철, 「앞의 책」, 196쪽.
21) Luther Gulick and Lyndall Urwick (eds.), *Papers on the Science of Administration* (New York : Institute of Public Administration, 1937), p.9 & 13.
22) 이병철, 「앞의 책」, 196쪽.

다음 화이트가 말한 지속성이란 행정의 안정성이란 측면이 중요하기 때문에 행정이 조령모개(朝令暮改) 또는 조삼모사(朝三暮四) 식으로 변화되는 것보다는 지속성이 있게 일관되게 운영되어야 한다는 점을 강조하고 있는 것이다. 그리고 지속성이 있어야 기획이 가능하다고 보고 있으며 또 그 기획을 실천할 권한이 가능하게 된다고 보면서, 일정한 기간이 도래되면 자리에서 물러나야 되는 임기제를 별로 탐탁하게 여기지를 않았다.[23]

화이트는 앞에서 언급을 하였던 1926년에 쓰인 미국 최초의 행정학 교과서인 「행정학입문」에서 미국 행정의 정신(精神)과 제도를 확립한바 있다. 이러한 맥락에서 참고적으로 그가 제시한 미국행정의 정신적 기반을 살펴보면 다음과 같다.[24]

첫째, 법치주의 체제 아래에서 행정은 법에 입각하여 집행되어야 하므로 모든 공직자들이 행사하는 공권력은 법에 근거하여 그리고 법의 정신과 그 규정에 의해 집행되어야만 한다는 것이다. 이것은 행정이 국민의 지지에 의해 선출된 자, 즉 국민주권의 위임체인 입법부에 의해 통제를 받아야 한다는 생각을 그대로 반영한 것이다.[25]

둘째, 정부의 관료들인 행정가는 정신적 측면에서 민주적이어야 한다는 것이다. 이것은 남녀의 성별, 인종, 종교, 지역, 정치단체 소속, 그리고 교육정도 등에 따른 차별이 없어야 함을 의미한다. 특히 인사제도에서의 차별배제가 무엇보다 긴요하다는 점이다.[26]

---

23) 이병철, 「앞의 책」, 196–197쪽.
24) 이병철, 「앞의 책」, 197쪽.
25) 이병철, 「앞의 책」, 167쪽, 197쪽.

셋째, 미국행정의 바탕은 피치자의 동의에 의한 통치를 하여야 된다는 것이다. 피치자의 동의 없이 통치를 할 경우 피치자인 국민은 계약위반을 사유로 하여 통치자를 거부할 수 있고 새로운 통치자를 선임할 수 있는 국민적 저항권을 가지고 있다는 것이다. 따라서 통치자는 피치자의 동의에 입각하여 행정을 펼쳐 나가야 한다는 것이다.[27)]

넷째, 미국의 공공행정은 구조, 인사(personnel), 관점에 있어서 시민적이고 민간적이어야 한다는 것이다. 시민이 중심이 되며 정치과정이나 행정과정에 항상 시민들의 참여가 전제가 되어야 한다는 것이다. 또한 시민들이 이러한 과정을 모두 관찰하고 감시하고 감독할 수 있도록 정부의 투명성이 확보되어야 하며, 행정행위에 대해서도 책임성을 물을 수 있도록 행정의 실명성이 보장되어야 한다는 것이다.[28)]

특히 행정행위에 대한 책임성처럼 정치적 행위에 있어서도 책임성을 물을 수 있어야 한다는 점에 대해서는 윌슨이 화이트보다 한 걸음 더 나아간 입장을 취하고 있다. 제퍼슨보다는 해밀턴의 사상적 영향에 비중을 두고 있던 윌슨은 "의회정부론"(Congressional Government)에서 의회의 세분화되고 무책임한 위원회제도를 비판하였다.[29)] 특히 위원회 제도는 정치적 결정에 대해 책임을 묻기 어려운 제도이므로 책임을 물을 수 있는 새로운 대안이 제시되어져야 함을 지적한 것으로 이해를 할

---

26) 이병철, 「앞의 책」, 197쪽.
27) 이병철, 「앞의 책」, 167쪽, 197쪽.
28) 이병철, 「앞의 책」, 167-168쪽, 197쪽.
29) 이병철, 「앞의 책」, 150쪽.

수 있는 것이다.

또한 화이트는 시민들이 자신들의 의지와 뜻에 반하는 공직자에 대해서는 이를 단호히 거부할 수 있는 권리와 권한도 가질 수 있어야 한다는 것이다. 또한 자신들의 운명을 결정할 사안에 대해서는 참여하여 이를 결정 할 수 있는 권한이 보장되어야 하고, 자신들의 의견을 행정과정에 투입시킬 수 있는 통로도 확보되어야 한다는 것이다.[30]

이런 의미로 볼 때 미국 행정체제의 골간을 형성하는 것은 정부의 민간 통제 메커니즘(civilian control mechanism)이다. 이런 체제 하에선 제3세계 후진 국가들에서 일어났던 군(軍)에 의한 통치는 결코 있을 수 없는 일이 되는 것이다.[31]

3. 윌리엄 윌로우비(William Franklin Willoughby)

3.1 삶의 발자취

1867년 7월 20일 버지니아(Virginia) 주의 알렉산드리아(Alexandria)에서 출생하였으며, 1888년에 존스 홉킨스 대학교(Johns Hopkins University)를 졸업하였다.[32] 1890년에서 1901년까지 미합중국

30) 이병철, 「앞의 책」, 168쪽, 197쪽.

31) 이병철, 「앞의 책」, 168쪽.

32) *Who's Who in America*, Vol.31 (Chicago : The A. N. Marquis Co., 1960–1961). ; 1885년에 졸업했다는 기록도 있다. https://en.wikipedia.org/wiki/William_F._Willoughby

노동부(U. S. Department of Labor)에서 통계전문가로 일을 한 후 1901년에는 하버드 대학교(Harvard University) 경제학과 조교로 재직하면서 경제학 강의를 하였다.[33)]

1912년부터 1917년 동안 프린스턴 대학교(Princeton University)의 법학 및 정치학 교수를 역임했으며 존스 홉킨스 대학교(Johns Hopkins University)에서 프랭크 굳노우 등과 연계하여 행정학에 관한 연구를 하면서 교수직을 수행하였다. 1901년부터 1909년까지 시어도오 루스벨트(Theodore Roosevelt) 대통령 밑에서 푸에르토리코(Puerto Rico) 정부행정에 관여를 하였고, 1910년에는 미국 센서스 국(U. S. Census)의 국장보를 역임하였다.[34)]

이후 태프트 대통령의 '절약과능률을위한위원회'(U. S. Commission of Economy and Efficiency)의 위원이었으며 인사행정국의 국장을 역임했고 1916년부터 1932년까지 부르킹스 연구소(Brookings Institution)의 초대 원장으로 취임을 하였고 이후 이 연구소의 정부조사연구소(Institute for Government Research)의 장(Director)이었다.

1921년에는 예산회계법의 기안자이기도 하였고, 1931년부터 1932년까지 미국정치학회(American Political Science Association)의 회장이었으며, 1940년부터 1944년까지 의회 도서관(Library of Congress) 자문관을 역임하였다. 그는 「근대국가의 정부」(The Government of Modern States), 「행정의 원리」(The Principles of Public Administration), 「사법행정의 원리」[35)] 등과 같은 저

---

33) 이병철, 「앞의 책」, 197-198쪽.

34) 이병철, 「앞의 책」, 197-198쪽.

35) William F. Willoughby. *Principles of Judicial Administration* (Washingt

작들을 출간하였다.[36] 윌로우비 역시 화이트와 같이 미국행정학 정립에 초석을 마련한 학자로 미국행정학 발전에 크게 기여하였다. 1960년 5월 6일에 버지니아 주 뉴포트 뉴스(Newport News)에서 심장마비로 영면하였다.[37]

3.2 윌로우비와 행정

미국 행정학교과서 출간에 있어서 레오나르도 화이트가 1926년에 집필하여 출판한 「행정학입문」보다 1년 뒤짐으로써 영예의 자리를 화이트에게 빼앗겼다.[38] 윌로우비가 1년 뒤인 1927년에 「행정의 원리」(Principles of Public Administration)란 책을 출간을 하였던 것이다.

특기할 점은 그가 화이트와는 달리 입법이 주가 되는 행정을 강조했다는 점이다. 이러한 접근은 제퍼슨의 시각과 상통하는 일면이 있다고 볼 수 있으며 그런 맥락에서 해밀턴의 사상에 가까운 화이트의 생각과는 일정한 거리를 두고 있음을 알 수 있는 것이다.[39]

---

on, D. C. : The Brookings Institute, 1929).

36) W. F. Willoughby, *The Government of Modern States* (New York : The D. Appleton Century Co., Inc., 1919). ; William F. Willoughby, *Principles of Public Administration* (Washington : The Brookings Institution, 1927). ; William F. Willoughby, *Principles of Judicial Administration* (Washington D. C : The Brookings Institution, 1929).

37) 이병철, 「앞의 책」, 198쪽.

38) 이병철, 「앞의 책」, 197쪽.

39) 이병철, 「앞의 책」, 193쪽.

이종수 등은 행정관리론이 최초의 행정학 교과서인 화이트의 「행정학입문」이나 윌로우비의 「행정의 원리」에서 학문적으로 종합이 되어 정통 행정학으로 정립이 되었다고 주장을 하고 있다.[40]

40) 이종수 · 윤영진 · 곽채기 · 이재원 외, 「앞의 책」, 61쪽.

14/

과학적 관리와 인간관계의 원조 : 프레더릭 테일러와 엘톤 메이요

1. 프레더릭 테일러(Frederick Winslow Taylor)

1.1 삶의 발자취

테일러는 독실한 종교적 유산을 물려받으면서 1856년 3월 20일 미국 펜실베이니아(Pennsylvania) 주의 필라델피아(Philadelphia)에서 출생하였다.[1] 테일러의 부친은 프린스턴 대학교에서 학사와 석사학위를 받고 필라델피아에서 변호사를 하고 있는 지식계층이었으며 모친은 청교도의 영향을 강하게 받아서 그러한

1) 테일러에 대한 삶의 발자취는 다음의 책을 참고하였다. Brian R. Fry, *Mastering Public Administration : From Max Weber to Dwight Waldo* (Chatham, New Jersey : Chatham House Publishers, Inc., 1989), pp.48–52.

성품을 테일러에게 많이 전수를 하여 주었다.[2]

테일러의 유년 시절은 이러한 유복한 가정생활에 힘입어 해외여행과 체류도 할 수 있었고 다양한 스포츠와 게임을 만끽할 수도 있었다. 그는 골프를 즐겨 거의 매일 골프에 매달리기도 하였다. 그는 또한 노래도 잘 불렀다. 그러나 그의 재능은 여기에 그치지 않고 발명에 대한 재간에 까지 이르게 된다.[3]

그는 16세 되던 해인 1872년에 아버지와 같은 길을 가기로 마음먹고, 뉴햄프셔(New Hampshire) 주에 있는 필립 엑스터 아카데미(Phillips Exeter Academy)라는 학교에 법을 공부하기 위해 입학하였다. 그는 여기에서 좋은 성적을 올렸으나 졸업할 무렵 시력(視力)에 문제를 갖게 되었다. 그는 법을 전공하기 위해 하버드 대학교(Harvard University)에 지원을 하였고 우수한 성적으로 합격이 되었으나 시력문제로 결국 입학을 포기할 수밖에 없었다.[4]

그의 인생행로는 이로 인해 완전히 뒤바뀌게 되는 것이다. 그는 다행히 1875년 시력을 회복하게 되었고 많은 사람들이 대학에 다시 진학할 것으로 생각을 하였으나 그는 예상치도 않게 필라델피아에 소재하고 있는 조그만 공장인 엔터프라이즈 수력공사(Enterprise Hydraulic Works)에 기계수리 견습공으로 들어가 4년을 보내게 된다. 이로써 법률가를 꿈꾸던 인생행로가 바뀌어 명성 있는 엔지니어로 바뀌게 되는 것이다.[5]

---

2) 이병철, 「행정의 역사와 이론」(부산 : 도서출판 금정, 2003), 181쪽.
3) 이병철, 「앞의 책」, 181쪽.
4) 이병철, 「앞의 책」, 181쪽.
5) 이병철, 「앞의 책」, 181쪽.

그 후 그는 22세가 되던 1878년부터 12년간 근무하게 되는 미드베일 철강회사(Midvale Steel Works)로 자리를 옮겼고 이곳에서 그는 능력을 인정받아 6년 만에 주임기사(chief engineer)가 되었다. 또한 이 기간 중 스티븐스 공과대학(Stevens Institute of Technology)에서 기계공학을 공부하고, 1884년 5월 3일 루이스 스푸너(Louise M. Spooner)와 결혼까지 하게 되는 것이다. 그리고 바로 이 미드베일 철강회사에 재직하면서 테일러는 과학적 관리법에 대한 개념을 싹 틔우고 다듬을 수 있었다.[6)]

그가 개발시킨 아이디어는 과학적 관리의 골간이 되는데 크게 두 가지로 나누어 볼 수 있다. 하나는 시간과 동작에 대한 연구(time and motion studies)이고 다른 하나는 일한 분량에 따라 급료를 차등지급 함으로써 일을 격려시키는 유인계획(a piecework incentive plan)이다. 그는 생산성을 증대시키기 위해 작업실을 재조직하였고 작업도구들을 표준화시켰으며 5개의 직책들을 새로 만들었다. 1886년에 그는 미국기계공학회(American Society for Mechanical Engineering)의 회원이 되었으며 후에 이 학회의 회장이 되기도 하였다. 이 학회는 테일러가 그의 과학적 관리법을 널리 전파시키는데 많은 도움을 주었다.[7)]

1890년에 정든 미드베일 철강회사의 주임기사 직을 떠나 잠시 매뉴팩처링 인베스트먼트 사(Manufacturing Investment Company)의 총지배인으로 있다가 1893년 과학적 관리법에 기초한 자문을 여러 회사들에게 해주기 위해 최초의 경영 자문기사(consulting

6) 이병철, 「앞의 책」, 182쪽.
7) 이병철, 「앞의 책」, 182쪽.

engineer)가 되었다. 1895년 그는 미국기계공학회에 임금을 통한 유인동기 증진방안이 담긴 첫 논문발표를 하고[8] 과학적 관리법에 관한 연구에 몰두하였다.[9]

1898년 테일러는 베들레헴 철강회사(Bethlehem Steel Company)에 들어가 그가 연구한 많은 과학적 관리법들을 적용하였다.[10] 그리고 그는 이런 과정에서 획득한 특허권료로 많은 돈을 벌어들 일 수 있었다. 1901년 베들레헴 제철공장을 떠난 후에 테일러는 과학적 관리법을 전파하고 발전시키는 홍보자로서, 또 교육자로써 그리고 사회개혁가로써 활동을 정열적으로 하였다.[11]

1903년에는 미국 기계기술사 협회에서 숍 관리(shop management)를 발표하여 테일러의 과학적 관리시스템을 완성시켰다. 1906년에는 미국 기계기사 협회(The American Society of Mechanical Engineers : ASME)의 회장이 되었으며 펜실베이니아 대학교(University of Pennsylvania)에서 명예박사학위를 수여하였다.[12] 그리고 다트마우스 대학(Dartmouth College)의 터크(Tuck) 경영대학원의 교수가 되었다.[13]

1911년에 이르러서는 지금까지 자기가 일구어 놓은 업적과 경험을 총 집대성하여 「과학적 관리법」(The Principles of Scientific

---

8) Frederick W. Taylor, "A Piece Rate System", in *Scientific Management*, ed. Clarence Bertrand Thompson (Easton, Pa. : Hive Publishing, 1972), pp.636-683.

9) 이병철, 「앞의 책」, 182쪽.

10) Daniel Nelson, *Frederick W. Taylor and the Rise of Scientific Manage ment* (Madison, WI : University of Wisconsin Press, 1980), p.86.

11) 이병철, 「앞의 책」, 182쪽.

12) 이병철, 「앞의 책」, 182쪽.

13) https://en.wikipedia.org/wiki/Frederick_Winslow_Taylor

Management)이라는 유명한 역작을 발표하였다. 이 책에서도 나타난 그의 경영철학은 작업의 과학화를 통해 생산성(productivity)을 증대시키고 이를 통해 근로자와 사용자 모두 상생하고 번영하는 길을 추구하려 한 것이다.

1912년에는 미국 하원의 테일러 청문회에 참석해 과학적 관리에 대해 강연을 하였으며 스스로 개혁가라고 생각하면서 죽는 순간까지 과학적 관리법의 원리와 그의 시스템에 대해 설명을 하고, 이의 전파를 위한 노력을 아끼지 않는 여생을 보내다가 59세의 생일을 보낸 그 다음날인 1915년 3월 21일 강의를 마치고 돌아오는 열차 안에서 폐렴으로 영면을 하였다.[14]

테일러가 가지고 있었던 관리 철학의 궁극적 목적은 통제였다. 그는 열심히 일하는 것이 도덕성을 낳게 된다고 굳게 믿었으며 단점이나 약점들은 옳음을 행함으로써 치유될 수 있다고 믿었다.[15] 또한 성격은 지루하고 단조롭고 유쾌하지 못한 일들을 참고 행함에 의해 발전되고 강화된다고 보았다.[16] 그리고 그는 효용을 매우 중요시하였으며 그러한 그의 생활철학은 일상생활에서 필수품이 아니라 기호품으로 일컬어지는 술과 커피 그리고 차(茶)를 마시지 않도록 만들었다.[17]

이러한 것들로 볼 때 테일러의 삶은 긴장과 내부적 갈등으로

---

14) 이병철, 「앞의 책」, 182–183쪽. ; 권기헌, 「행정학 콘서트」, 개정판 (서울 : 박영사, 2014), 43쪽. ; https://en.wikipedia.org/wiki/Frederick_Winslow_Taylor

15) Samuel Haber, *Efficiency and Uplift : Scientific Management in the Progressive Era 1890–1920* (Chicago : University of Chicago Press, 1964), p.20.

16) *Ibid.*, p.7.

17) 이병철, 「앞의 책」, 183쪽.

특징화할 수 있는데 이렇게 보는 이유는 우선 그가 자신에게 내재하고 있는 내부적 약점을 극복하기 위해 무던히도 자기 자신과 싸웠다는 점[18]과 그가 냉정성을 갖으면서도 따스한 인간적 일면을 가지고 있음을 부인 할 수 없다고 하는 점이다. 또한 많은 비판자들이 그의 내부적 약점을 들춰냄에도 불구하고 그가 또 미덕과 인간으로써의 매력을 가지고 있다는 점을 부인하기 어렵기 때문일 것이다.[19]

1.2 테일러와 행정

1911년에는 공장기사인 프레더릭 테일러의 과학적 관리법[20]이 보급되면서 행정부에서도 최선의 방법에 따른 조직구성원의 작업 단위, 업무량 측정, 동작과 업무량의 규격화 등과 같은 기법의 도입으로 생산능력을 제고하고 극대화하고자 하는 움직임이 일어났다.[21]

테일러의 과학적 관리법이 내포한 관리사상이 정부에 영향을 주는데 있어 가장 큰 영향력을 끼친 기관은 1906년에 발족된 뉴욕시정연구회(New York City's Bureau for Municipal Research)이었다. 이 기관은 1920년까지 비영리민간기구로서

18) Samuel Haber, *op. cit.*, p.5.
19) 이병철, 「앞의 책」, 183쪽.
20) 테일러와 같이 과학적 관리운동을 일으킨 자들은 길브레스(Gilbreths), 갠트(Gant), 다지(Dodge), 호소웨이(Hathaway), 쿡(Cook), 그리고 퍼슨(Person) 등을 들 수 있다.
21) Frederick W. Taylor, *The Principles of Scientific Management* (New York : Harper & Row, 1947) 참고. ; 이병철, 「앞의 책」, 179쪽.

프랭크 굳노우(Frank Goodnow), 윌리엄 앨런(William H. Allen), 프레더릭 클리블랜드(Frederick A. Cleveland), 찰스 비어드(Charles Beard), 윌리엄 모셔(William Mosher), 그리고 루더 규릭(Luther Gulick) 등[22]의 저명한 행정학계 원로 인사들에 후원을 받으면서 행정학 분야를 위해 가장 영향력 있고 창조력을 발휘한 지적 전당으로서의 기능을 수행하였다.[23]

그리고 테일러는 이러한 과학적 관리법의 적용으로 산업사회에 고질화되어 있는 노동자와 사용자간의 갈등을 해결할 수 있을 것이라고 1912년 미 하원 특별위원회의 증언에서 밝힌바 있다.[24] 이는 과학적 관리법의 적용으로 생산성을 증대시키게 됨으로써 분배의 몫을 증대시킬 수 있고 이것이 노사 간의 갈등의 근본요인을 해소시켜주게 된다는 것이다. 이렇게 됨으로써 산업사회는 평화를 가질 수 있고 이는 또한 조직의 생산성 제고에 기여케 됨으로 해서 지속적인 조직의 발전을 기해 나갈 수 있다는 것이다.[25]

---

22) 이들은 뉴욕의 비능률적이고 혼란스런 사회서비스의 실태를 목격하고 이러한 정부의 문제를 해결하기 위한 처방전으로 해밀턴의 사상을 적용해 보려고 노력하였다. 이 당시 뉴욕은 엘리스 섬(Ellis Island)을 통해 입국하는 많은 이민자들에 의해 사회적으로나 재정적으로 많은 어려움을 겪고 있었다. 해밀턴사상을 기반으로 하고 있는 이들의 처방전은 분권화된 위원회보다는 한 사람에 대해 책임을 지는 중앙집권화 된 문제해결의 처방 쪽으로 무게의 비중을 두고 있다.

23) 이병철, 「앞의 책」, 179-180쪽.

24) Taylor's "testimony" before the special house committee, in Frederick W. Taylor, *Scientific Management* (New York : Harper & Brothers, 1911), p.125.

25) Herbert A. Simon, *The Sciences of the Artificial* (Cambridge, Mass. : MIT Press, 1969). ; Herbert A. Simon, *The New Science of Management Decision* (Englewood Cliffs, New Jersey : Prentice- Hall, 1960). ; 이병철, 「앞의 책」, 180쪽.

이러한 생각은 미국 정부차원에서도 상당한 공감을 가지게 만들었으며 결과적으로 기계적 능률성이란 사고에 기인하는 이 방법을 정부에 도입하게 되는 커다란 동기유인이 되었으며 도입 후에는 더욱 커다란 영향력을 행사하여 드와이트 왈도(Dwight Waldo) 같은 학자는 과학적 관리법과 행정을 거의 동일시하는 것이 그 당시의 일반적 정서였음을 지적하고 있다.[26] 이러한 맥락에서 볼 때 민주행정을 보다 더 능률적으로 만드는데 기여한 것은 테일러가 주창한 과학적 관리법을 행정에 도입, 적용하려는 과학적 관리운동이었다고 평가할 수 있는 것이다.[27]

도널드 케틀(Donald F. Kettl)은 정당이나 정파와 같은 정치적 개입을 배제시키기 위한 전략적 사고로 능률을 앞세운 행정의 기술성(craft)을 과학적 관리기법의 도입에서 찾은 것이라고 보고 있다.[28]

어찌되었건 이것은 하나의 작업을 완성하는데 있어서 '오직 하나뿐인 최선의 방법'(one best way)을 발견하려는 것으로 이 방법의 발견을 위한 창의와 책임이 행정가의 임무로 요청되기도 하였다.[29]

이해의 편의를 위하여 테일러에 의해 대표되는 과학적 관리법에 대해 그 내용과 이에 따른 비판을 집약하면 다음과 같다.

---

26) Dwight Waldo, *The Administrative State* (New York : The Ronald Press, 1948), p.47. ; 이병철, 「앞의 책」, 180쪽.

27) 이병철, 「앞의 책」, 180쪽.

28) Donald F. Kettl, "Public Administration : The State of the Field", in Ada W. Finifter (ed.), *Political Science : The State of the Discipline II* (Washington, D. C. : The American Political Science Association, 1993), p.410. ; 이병철, 「앞의 책」, 180쪽.

29) 이병철, 「앞의 책」, 180쪽.

1) 과학적 관리법의 내용

첫째, 인간을 해석하는데 있어서 개인은 경제적 이윤을 추구하는데 가장 합리적인 존재라는 것에 기초를 한다는 점을 꼽을 수 있다. 물론 여기에는 인간의 생리적 측면도 강조를 한다. 인간은 급료만 많이 주면 육체적 조건이 허락하는 한 노동을 기꺼이 투하하는 경제적이고 생리적인 존재라는 것이다.[30)]

둘째, 과학적 관리방법이 추구하는 기본이념은 능률(efficiency)과 절약(economy)이며 이들이 추구하는 능률은 상대적 능률이 아니라 기계적 능률이라는 것이다. 철저하게 비용과 편익 그리고 비용과 효과의 상호비교를 통해서 따져지고 도출되는 능률을 의미하는 것이다.[31)]

셋째, 과학적 관리방법은 원리의 발견에 급급하였으며 이때의 원리란 능률에 인도되는 원리였다. 테일러는 능률을 확보하는 원리로서 과학의 개발, 과학적인 노동자의 선발, 노동자의 과학적 교육과 훈련 및 경영자와 노동자간의 우호적인 협조체제였다.[32)]

넷째, 과학적 관리방법의 입장에선 행정의 과제란 작업, 사람 및 작업장소간의 관계를 체계적으로 설정하고 권한과 책임을 합리적으로 배열하고 이러한 책임들이 이행되도록 통제장치를 마련하는 것이다.[33)]

---

30) 백완기,「행정학」(서울 : 박영사, 1998), 22쪽. ; 이병철,「앞의 책」, 183쪽.
31) 백완기,「앞의 책」, 22쪽. ; 이병철,「앞의 책」, 183쪽.
32) Frederick W. Taylor, *The Principles of Scientific Management* (New York : Harper and Brothers, 1947), pp.36-37. ; 이병철, 「앞의 책」, 184쪽.
33) 백완기「앞의 책」, 22쪽. ; 이병철,「앞의 책」, 184쪽.

다섯째, 과학적 관리방법은 원리나 합리적 구조는 행정의 내적 요소들만을 고려해서 만들어 진 것이며 따라서 행정이 행정 자체의 세계에 의해서 움직이는 것이지 그 밖의 다른 요인들에 의해서 움직이는 것이라고 보지 않았다는 점을 들 수 있다.[34)]

이상의 과학적 관리법의 내용과 생각은 뒤에서 자세하게 논의하게 될 루더 귤릭이 제시한 원리적 접근법과 상당히 유사하며 그 맥을 같이 하고 있다.[35)]

2) 테일러의 과학적 관리법에 대한 비판

이러한 테일러의 과학적 관리법은 지금까지 언급한 강점과 장점들에도 불구하고 나름대로의 단점도 존재하고 있는 관계로 비판의 대상이 되었다. 그 중 가장 중요한 것은 과학적 관리법이 인간을 기계처럼 다루었다는 점이다. 인간 개개인을 하나의 독립되고 신성한 인격체로 간주 한 것이 아니라 하나의 생산수단, 보다 극적으로 심하게 표현하자면 기계의 일부분 또는 톱니바퀴 하나정도로 여겨졌다는 것이다. 이러한 문제점은 과학적 관리법의 한계이기도 하였다.[36)]

이러한 문제점에 관심을 경주하면서 과학적 관리법을 비판하는 입장은[37)] 첫째, 인간을 생리적인 존재, 기계적인 존재, 합리적인 존재 및 경제적인 존재로만 보았기 때문에 사회심리적인 존재나 감정적인 존재로서 나타나는 현상을 설명하지 못하

34) 백완기, 「앞의 책」, 23쪽. ; 이병철, 「앞의 책」, 184쪽.
35) 이병철, 「앞의 책」, 184쪽.
36) 이병철, 「앞의 책」, 184쪽.
37) 백완기, 「앞의 책」, 23-24쪽.

고 있음을 지적하고 있다.[38)]

둘째, 행정에 영향을 주는 외적 요인들을 고려하지 않은 관계로 해서 행정 내에서 일어나는 현상은 설명 할 수 있어도 행정과 외부환경과의 상호작용에 대해서는 설명을 못하고 있다는 점을 제시하고 있다.[39)]

셋째, 이들이 추구하는 능률은 기계적 능률(mechanical efficiency)이기 때문에 조직전체의 신축적 운영이나 장기적 능률에 크게 관심을 기울이지 않을 뿐만 아니라 기계적 능률 확보에 치중하기 때문에 조직원의 인간발전과 개발에 소홀하다는 점 등을 제시하고 있다.[40)]

이런 면에 초점을 맞추고 과학적 관리법이 추구하는 기계적 능률을 비판하는 학자들 중 대표적인 자가 바로 사회적 능률(social efficiency)을 제창한 마셜 디목(Marshall E. Dimock)이다.[41)] 그는 종래의 능률개념이 '누구를 위한 능률이냐'는 목적의식과 방향감각을 결하고 있다고 지적하고 그래서 능률의 상대화, 사회화, 인간화가 필요하다고 주장하였다.[42)]

---

38) 이병철, 「앞의 책」, 184쪽.
39) 이병철, 「앞의 책」, 184쪽.
40) 이병철, 「앞의 책」, 184-185쪽.
41) Marshall E. Dimock, *Modern Politics and Administration* (New York : American Books Co., 1937). ; M. E. Dimock, G. O. Dimock and L. Koenig, *Public Administration* (New York : Rinehart & Co., 1960).
42) 백완기, 「앞의 책」, 51쪽. ; 이병철, 「앞의 책」, 185쪽.

2. 엘톤 메이요(George Elton Mayo)

2.1 삶의 발자취

1880년 12월 26일 오스트레일리아의 에이델에이드(Adelaide)에서 출생하였다.[43] 그의 부친은 엔지니어였으며 그의 집안은 의학과 법학분야에서 출중한 인물들을 많이 배출한 가계였다.[44] 1897년에 그는 에이델에이드 대학교(University of Adelaide)에 의학을 공부하기 위해 입학하였으나 곧 의학공부에 싫증을 느꼈다. 그의 부모는 곧 그를 영국으로 보내 의학수업을 지속시키려 했으나 그는 그 학교까지 그만두고 말았다.[45]

그는 오스트레일리아로 다시 돌아와 1907년에 그가 평소 관심을 가지고 공부하고 싶어 하던 철학과 심리학을 공부하기 위해 다시 에이델에이드 대학교에 재입학을 하였다. 그는 이 대학에서 학사학위와 석사학위를 받고 1910년에 졸업을 하였다. 졸업 후 모교에서 논리학, 윤리학, 심리학에 대한 강의를 하였고 그 다음엔 퀸스랜드 대학교(University of Queensland)에서 가르쳤다.[46]

그는 사회와 개인의 문제간의 관계에 대해 깊은 관심을 가졌

43) George F. F. Lombard, "George Elton Mayo", in *Dictionary of American Biography*, supplement 4, 1946-50 (New York : Scriber's, 1974), pp.564-566.
44) 메이요에 대한 삶의 발자취는 다음의 책을 참고하였다. Brian R. Fry, *op. cit.*, pp.123-125.
45) 이병철, 「앞의 책」, 199-200쪽.
46) 이병철, 「앞의 책」, 200쪽.

으며 제1차 세계대전에 참전한 군인들의 전장공황(戰場恐慌)[47]을 치료하는 심리요법에 참여하면서 얻은 생각과 경험들이 메이요의 차후의 연구들에 많은 영향을 끼쳤다. 그는 「민주주의와 사회적 자유」[48]라는 책을 처음으로 출간하였으며 퀸스랜드 대학교에서 철학교수직을 얻었다.[49]

1922년 메이요는 사회와 산업문제를 지속적으로 연구할 수 있을 거라는 생각에서 미국으로 이민을 갔다. 그는 펜실베이니아 대학교(University of Pennsylvania)의 와튼 경영대학원(Wharton School of Finance and Commerce)의 연구조교(RA)로 채용이 되었다. 그리고 산업문제의 연구를 위한 연구비를 록펠러 재단에서 받았다.[50]

그는 필라델피아의 직물공장에 대한 연구를 하였고 이러한 연구결과가 논문으로 공간되었다. 이러한 것이 하버드 경영대학원장이었던 월레스 돈햄(Wallace B. Donham)의 눈에 띄게 되었고 이러한 인연으로 그는 하버드 대학교로 자리를 옮기게 되었다. 그는 부교수로 임용되었으며 산업연구부의 부장이 되었다.[51]

1927년 그에게 기회가 찾아왔는데 그것은 서부전기회사(Western Electric Company)의 호손 공장(Hawthorne Plant)의 엔지니어인 조지 페녹(George A. Pennock)을 만나게 된 것이다.[52]

47) 전장공황은 전투중의 포화(砲火) 등에 의해 발생하는 정신적 충격 상태로 적절한 치료와 요양이 이루어지지 않을 경우 심각한 정신장애를 유발 할 수 있다.
48) Elton Mayo, *Democracy and Freedom : An Essay in Social Logic* (Melbourne, Australia : Macmillan, 1919).
49) 이병철, 「앞의 책」, 200쪽.
50) 이병철, 「앞의 책」, 200쪽.
51) 이병철, 「앞의 책」, 200쪽.
52) "The Fruitful Errors of Elton Mayo", *Fortune*, Vol.34, No.5 (November

이 만남에서 페녹은 현재 서부전기회사 엔지니어들에 의해 실시되고 있는 조명등 실험의 결과를 보러 오기를 메이요에게 부탁하였다. 이 초빙이 5년간의 실험연구로 지속되다가 막을 내린 그 유명한 서부전기회사의 호손 실험(Hawthorne Experiment)이었다.[53)]

1930년대의 이러한 메이요의 정성이 깃들은 연구결과들은 1933년 「산업문명의 인간적 문제들」[54)]로 출간되었다. 1945년에 메이요는 그의 가장 유명하면서도 논란거리를 크게 불러일으켰던 책인 「산업문명의 사회적 문제들」[55)]을 출간하였다. 그리고 1947년에는 "산업문명의 정치적 문제들"이란 논문을 발표하였다. 그는 같은 해에 하버드 대학교를 퇴직하고 영국으로 돌아와 거주하다 1949년 영면하였다.[56)]

2.2 메이요와 행정

인간관계론은 하버드 대학교 경영대학원 교수였던 메이요를 중심으로 하여 윌리엄 딕슨(William J. Dickson)과 프리츠 뢰슬리스버그(Fritz J. Roethlisberger) 등에 의해 체계화되고 이론화되었으며[57)] 이를 위한 실험적 바탕이 되어준 것이 시카고에

1946), p.181.

53) 이병철, 「앞의 책」, 200쪽.

54) Elton Mayo, *The Human Problems of an Industrial Civilization* (New York : Viking, 1960).

55) Elton Mayo, *The Social Problems of an Industrial Civilization* (Boston, Mass. : Graduate School of Business Administration, Harvard University, 1945).

56) 이병철, 「앞의 책」, 200-201쪽.

소재한 서부 전기회사 호손 공장이었다. 그래서 일반적으로 인간관계론과 관련된 실험이나 연구를 호손 실험 혹은 연구라고 명명하고 있는 것이다.[58]

과학적 관리법이 인간과 물리적인 요소와 경제적 유인의 조화를 강조한 반면 인간관계학파는 상호의존적인 요소들로 구성된 비공식사회체계 내에서 일하는 노동자의 측정 가능한 행태적 특징을 분석하였다.[59] 이러한 맥락에서 볼 때 인간관계론은 과학적 관리법의 문제와 한계를 보완하기 위한 접근이었다고 해석 할 수 있을 것이다.[60]

1) 메이요의 인간관계론의 내용

메이요에 의해 대표되는 인간관계론에 대해 그 내용을 간단히 집약하면 우선 노동자의 생산력을 결정하는 요인은 물리적이고 경제적이고 육체적인 조건보다는 인간관계의 사회심리적 요인이 더욱 중요하다는 점이다. 다시 말해 인간의 생산력이란 돈을 얼마 받고, 조명장치를 어떻게 설치하고, 휴식시간을 어떻게 짜고, 작업과정을 어떻게 분할할 것인가의 경제적이고

---

57) 이들의 이론적 집대성이 다음과 같은 책자들로 출판되어 나왔다.
Elton Mayo, *The Human Problems of an Industrial Civilization* (New York : Macmillan, 1933). ; William J. Dickson & Fritz J. Roethlisberger, *Management and the Worker* (Cambridge, Mass. : Harvard University Press, 1939). ; Fritz J. Roethlisberger, *Management and Morale* (Cambridge, Mass. : Harvard University Press, 1941).

58) 이병철, 「앞의 책」, 199쪽.

59) 전종섭(저) · 윤재풍 외(공역), 「행정학 : 구상과 문제해결」 (서울 : 박영사, 1989), 113쪽.

60) 이병철, 「앞의 책」, 199쪽.

물리적이고 생리적이며 기술적인 조건들보다는 누구와 같이 일하고, 사람으로써의 대접을 받고 있고, 자기 능력을 인정받고 있으며, 자기가 그 조직에 꼭 필요한 인물인가와 관련된 인간적이고 사회심리적인 요소에 의해서 결정된다는 것이다.[61)]

물론 인간관계론도 과학적 관리와 마찬가지로 작업의 능률과 생산성을 강조하는 것은 사실이지만 인간에 대한 해석이 다르기 때문에 능률이나 생산성을 달성하고 증대시키는 방법에 있어서 차이가 나는 것이다.[62)]

2) 메이요의 인간관계론에 대한 비판

그러나 인간관계론도 과학적 관리법과 마찬가지로 문제점을 가지고 있으며 이에 대한 비판이 존재하고 있는데 이를 열거하면 다음과 같다.[63)]

첫째, 이 이론은 과학적 관리법이 가지는 문제점을 해결하기 위해 인간적 관리의 필요성을 제기한 것인데 실제로는 방법과 관점만 다를 뿐 과학적 관리법과 마찬가지로 인간을 하나의 톱니바퀴로 간주하고 생산성을 올리는 수단으로 여기는 데는 차이가 없다는 비판이 제기되었다.

다니엘 벨(Daniel Bell)은 1947년 자신의 저작에서 메이요가 제시한 인간관계적 관리이론에 대해 비판을 하고 있는데, 그 내용을 살펴보면 인간의 능력과 인간의 자유를 증대하고 신장

61) 백완기, 「앞의 책」, 24쪽. ; 이병철, 「앞의 책」, 201쪽.
62) 백완기, 「앞의 책」, 25쪽. ; 이병철, 「앞의 책」, 201쪽.
63) 백완기, 「앞의 책」, 27-28쪽. ; 이병철, 「앞의 책」, 201쪽.

시키는 것 보다는 인간을 기계에 끼워 맞추는 똑같은 어리석음을 저지르고 있다는 것이 비판의 요지였다.64)

또한 드와이트 왈도 역시 메이요의 호손 실험에 따른 인간관계론에 대해서도 산업조직의 병폐를 개선하기 위해 보다 인간적인 측면에서 대책을 찾은 것으로 이해를 하면서도, 이러한 조직인본주의 혹은 인간관계론 적 연구도 결국 과학적 관리론과 같이 생산성 증대를 위하여 관리를 위한 간섭이나 통제를 위한 방편을 찾는 노력에 불과하다는 입장을 분명히 하고 있다는 점에서 이와 맥을 같이 하고 있다.65)

둘째, 이 이론과 접근법도 다른 것과 마찬가지로 인간의 한 면만을 지나치게 강조하고 있다는 비판인데, 사실 이 접근법은 인간의 합리적이고 경제적인 측면을 무시하고 있다. 또한 이 접근법은 모든 조직성원이 추구하는 심리적 만족이나 행복을 획일적으로 다 같은 것으로 가정하고 있다는 점이다. 복잡다기한 인간의 심리적 측면을 지나치게 일원화하여 단편화하고 있다는 비판인 것이다.

셋째, 이 접근법은 소규모 조직은 어떨지 모르지만, 대규모의 조직체를 행복한 하나의 커다란 가정으로 착각하고 있다는 비판이다. 라인하드 벤딕스(Reinhard Bendix)나 로이드 피셔

---

64) Daniel Bell, "The Study of Man : Adjusting Men to Machines", *Commentary*, Vol.3. (January 1947), pp.79-88. ; https://en.wikipedia.org/wiki/Elton_Mayo

65) Dwight Waldo, "Development of Theory of Democratic Administration", *American Political Science Review*, Vol.46, 1952, pp.81–103. ; Dwight Waldo, *The Study of Public Administration* (New York : Random House, 1955). ; 이병철, 「앞의 책」, 216쪽.

(Lloyd H. Fisher) 등도 호손 실험과 그 연구의 결과를 일반화한 것에 대해 비판을 하면서, 메이요가 실험한 집단이 소규모이고 폐쇄적인 집단들이었다는 점을 꼬집고, 그가 만든 실험환경이나 조건 그리고 실험 감독 등이 과연 대규모 조직이나 대규모 공장 같은 곳에서도 동일하게 나타날 수 있는지에 대해 불분명하다는 점을 지적하였다.66)

넷째, 이 접근법은 지나치게 인간 간의 협동이나 원활한 관계만을 강조하고 있다는 점이 비판이 되고 있다. 그러나 실제의 인간관계에 있어서는 다른 사람에 대한 의심이나 질투 그리고 시기 등의 생경함 등으로 인해 인간 간의 협동이나 원활한 관계가 손상을 얼마든지 입을 수 있다는 점이 간과된 면이 없지 않다는 점이다. 이 점을 비판하는 학자들은 메이요의 이론이 인간의 본성 상 집단 간에 협력을 원하고 집단을 만드는 것에 친화적이라는 전제에 근거하고 있을 뿐, 인간은 본성상 다른 사람을 의심하고 서로 생소한 입장에 설 수 있다는 전제는 받아들이지 않고 있다는 점을 지적하고 있다.67)

그리고 이러한 부정적인 측면이 오히려 갈등을 극복했을 때는 더 나은 결과를 가져 올 수 있다는 갈등의 건설적이고 긍정적인 측면을 간과하고 있다는 지적도 있다. '비온 뒤에 땅이

---

66) Y. Hseuh, "The Hawthorne Experiments and the Introduction of Jean Piaget in American Industrial Psychology, 1929–1932", *History of Psychology*, Vol.5, No.2 (2002), pp.163–189. ; https://en.wikipedia.org/wiki/Elton_Mayo

67) B. Sarachek, "Elton Mayo's Social Psychology and Human Relations", *The Academy of Management Journal*, Vol.11, No.2. (1968). pp.189–197. ; https://en.wikipedia.org/wiki/Elton_Mayo

더 굳어진다.'는 속담에서 우러나오는 진실을 외면하고 있다는 말이다.

다섯째, 이 접근법 역시 조직과 환경과의 상호작용관계를 다루지 않고 있다는 점 등이다.68) 앞서 언급을 하였던 라인하드 벤딕스나 로이드 피셔 등의 비판에서 알 수 있듯이 메이요가 실험한 집단이 소규모이고 폐쇄적인 집단들이었다는 점은 조직은 조직대로 그리고 이를 둘러싸고 있는 환경은 환경대로 따로 노는 결과를 초래하여 결과적으로 이 이론의 신뢰를 떨어뜨리는 결과를 만들었다는 비판이다. 이렇다 보니 원래의 호오손 실험의 자료들을 재분석해본 결과 연구의 질이 형편없다는 연구결과까지 나오게 되었던 것이다.69)

---

68) 백완기, 「행정학」, 27-28쪽. ; 이병철, 「앞의 책」, 201쪽.

69) H. M. Parsons, "What happened at Hawthorne?", *Science*, Vol.183, No.4128 (1974). pp.922-932. ; S. D. Levitt, & J. A. List, "Was There Really a Hawthorne Effect at the Hawthorne Plant? An Analysis of The Original Illumination Experiments", *American Economic Journal : Applied Economics*, Vol.3 (2011). pp.224-238. ; https://en.wikipedia.org/wiki/Elton_Mayo

15/

행정학 정통이론의 원조 : 루더 규릭

1. 삶의 발자취

루더 규릭(Luther Halsey Gulick)은 1892년 1월 17일 일본 오사카에서 출생하였다.[1] 그의 양친은 선교사였다. 특히 그의 부친인 시드니 규릭(Sidney Lewis Gulick)은 신학자이면서 천문학자였고 수학자로서 다재다능한 능력을 소유한 자였다. 그의 모친인 카라 메이(Cara May)는 캘리포니아의 은행가이며 목장주의 딸로써 전문적인 간호사훈련을 받은 여성이었다.[2]

---

1) 규릭에 대한 삶의 발자취는 아래의 책을 참고하였다. Brian R. Fry, *Mastering Public Administration : From Max Weber to Dwight Waldo* (Chatham, New Jersey : Chatham House Publishers, Inc., 1989), pp.74–77.
2) 이병철, 「행정의 역사와 이론」 (부산 : 도서출판 금정, 2003), 193쪽.

규릭은 그의 유년시절을 일본에서 보내고, 가족과 함께 미국으로 되돌아온 것은 1904년이었다. 1910년 여름동안 영국을 여행하였고 미국으로 되돌아와서 오하이오 주에 있는 오버린 대학(Oberlin College)에 입학하였다. 그는 대학에 다니면서 공부하는 것 이외에 접시닦이, 청소부, 그리고 잔디 깎기 등의 허드렛일을 하였다. 규릭은 1914년 오버린 대학에서 졸업을 하면서 정치학으로 학사학위를 받았으며 스위프트(Helen Mckelvey Swift)와 약혼을 하였다.[3]

대학 졸업 후에 아버지와 같은 선교사의 길을 가기 위해 오버린 신학대학원에 진학을 하여, 1915년 철학 석사학위를 받긴 했지만 그는 불가지론적 불확실성에 빠져 정신적 방황을 하였으며 이 과정에서 선교사 보단 사회사업이나 정부에의 헌신이 보다 더 의미를 가질 수 있다는 생각을 가지게 되었다. 그는 결국 1915년에 콜롬비아 대학교에 응시했고 그 해 가을에 정치학 및 공법학과의 박사과정학생으로 입학을 하였다.[4]

여기에서 보다 중요한 것은 그가 뉴욕시정연구회(New York Bureau of Municipal Research)의 산하기관인 공무원훈련원(Training School for Public Service)에서 제공하는 훈련과정에 참여하게 됨으로서 뉴욕시정연구회와 인연을 갖게 되었다는 것이다.

1917년에 그는 매사추세츠(Massachusetts) 주 법원(General Court)의 재정 및 예산절차합동특별위원회(Joint Special Committee

3) 이병철, 「앞의 책」, 193-194쪽.
4) 이병철, 「앞의 책」, 194쪽.

on Finance and Budget Procedure)의 비서가 되었다. 여기에서의 경험과 자료가 박사학위 논문을 만들어내었고 후에 이것은 「매사추세츠 주에서의 예산의 진화」(Evolution of the Budget in Massachusetts)라는 책[5)]으로 출판되기도 하였다.[6)]

그는 군복무 후 공무원훈련원의 책임자로 임명되었으며 뉴욕시정연구회 이사회의 비서가 되었다. 이로써 그는 공직에서의 경력을 쌓아 나가기 시작하였다. 1920년대 동안 그는 콜롬비아 대학교에서 철학박사 학위를 받았고 시정연구회의 책임자가 되어 그의 지도력 아래에서 다음 20년 동안 몇 개의 주[7)]가 행정연구들을 추진시켜 나갔다. 그 외에 많은 공적 직책을 맡았으며 1930년대 들어와서는 그의 관심이 전국단위로 확대되게 되었다. 1931년에 콜롬비아 대학교의 교수직을 받게 되고 이것은 1942년까지 유지되었다.[8)]

그리고 1935년에서 1937년 사이에 그는 프랭클린 루스벨트(Franklin D. Roosevelt) 대통령을 도와 연방정부의 행정조직을 혁신하기 위한 브라운로우 위원회(Brownlow Committee)로 잘 알려진 행정관리를 위한 대통령위원회(President's Committee on Administrative Management)의 위원이 되었고 이 위원회를 통해 그 유명한 「행정학논문집」(Papers on the Science of Admini-

---

5) Luther Gulick, *Evolution of the Budget in Massachusetts* (New York : Macmillan, 1920).

6) 이병철, 「앞의 책」, 194쪽.

7) 이러한 행정연구프로그램에 참여한 주들로는 매사추세츠 주, 뉴욕 주, 버지니아 주, 사우스다코타 주, 델라웨어 주, 테네시 주, 뉴저지 주, 미시간 주 그리고 메인 주가 있다.

8) 이병철, 「앞의 책」, 194쪽.

stration)[9]을 린달 어윅(Lyndall F. Urwick)과 함께 공동편집 하게 되는 것이다.[10]

1940년대가 되고 제2차 세계대전이 일어나자 귤릭은 워싱턴으로 가서 재무성과 전쟁성의 자문관으로 활약을 하고 예산국의 일도 보았다. 이외에 그는 전쟁 후의 계획과 운용에 관한 여러 가지 일들을 하였다. 그리고 백악관 행정담당비서로 있으면서 이를 위해 유럽, 러시아, 일본, 그리고 필리핀 등을 두루 살펴보고 다니기도 하였으며 1945년에는 전후 처리를 위해 독일에서 열린 포츠담 회담(Potsdam Conference)에도 참석하였다.[11]

전쟁이 종결되자 그는 뉴욕으로 되돌아와서 행정연구소(the Institute of Public Administration)의 일을 재개하였으며, 1954년엔 뉴욕 시(New York City)의 수석 시행정관(city administrator)이 되었고 1959년에는 뉴욕정부운영위원회 위원으로 선임되기도 하였다. 그리고 1962년에는 행정연구소 이사회 의장 자리를 필두로 하여 많은 중요한 요직들을 거치면서 많은 활동과 업적을 남겼다. 1982년 90세가 되던 해 그는 행정연구소의 명예소장으로 임명되었다.[12]

귤릭은 이외에 정부서비스와 관련된 많은 업적으로 많은 상

---

9) Luther Gulick, “Notes on the Theory of Organization”, in *Papers on the Science of Administration*, eds. Luther Gulick and Lyndall Urwick (New York : Institute of Public Administration, 1937), pp.3–45 ; Luther Gulick, “Science, Values, and Public Administration”, *Ibid.*, pp.191–195.

10) 이병철, 「앞의 책」, 194–195쪽.

11) 이병철, 「앞의 책」, 195쪽.

12) Frederick C. Mosher (ed.), *American Public Administration : Past, Present, Future* (University, Alabama : The University od Alabama Press, 1975), vii. ; 이병철, 「앞의 책」, 195쪽.

도 받았다. 그 중 하나가 미국행정학회(American Society for Public Administration : ASPA)에서 수여하는 왈도상(Dwight Waldo Award)이었다. 그는 평생을 정부와 행정발전을 위해 헌신하였으며 그런 결과가 그를 행정학계에서 잊을 수 없는 명사로 자리를 잡게 해주었다.[13] 그는 1993년 1월 10일 버몬트(Vermont) 주의 그린스보로(Greensboro)에서 영면하였다.[14]

2. 규릭과 행정

제퍼슨 보다는 해밀턴의 사상을 추종한 레오나르도 화이트(Leonard Dupee White)로서는 당연히 활력이 있는 정부가 좋은 행정부라고 생각하였으며 입법부보다 행정부, 특히 행정수반에게 보다 많은 권한이 부여되어야 한다고 주장하였다. 여기에서 활력은 통일성, 지속성, 적절한 공급, 충분한 권한이 가능하게 해주는 것을 의미한다.[15]

앞에서 언급을 하였듯이 여기에서 통일성이란 정책결정, 활동, 비밀, 신속성 등이 여러 사람이 처리하는 것보다 한 사람의 최고책임자에 의해 처리되는 것이 보다 더 유리하다고 보는 것이다. 이러한 사고는 계속 이어지다가 규릭에 이르러 명령통일(unity of command)의 원칙이나 통솔범위(span of control)의 원

13) 이병철, 「앞의 책」, 195쪽.
14) https://en.wikipedia.org/wiki/Luther_Gulick_(social_scientist)
15) 이병철, 「앞의 책」, 193쪽.

칙 등으로 명료하게 이론화가 되었다. 사실 귤릭 만큼 엄격한 조정의 가치에 대한 신념을 가진 자는 그리 흔치 않을 것이다.[16)]

실증적으로 검증되지 않은 가설은 과학적 이론이나 사실이 아니라는 신념으로 무장된 논리실증주의자인 허버트 사이몬(Herbert A. Simon) 등에 의해 혹독한 비판을 당하게 되는 원리적 접근법을 창안하고, 행정의 내용을 POSDCORB[17)]로 이해하여 미국행정학 정통이론의 대두에 중요한 역할을 수행하였다. 이러한 주장들을 담고 있는 것이 바로 1937년 린달 어윅과 함께 편저하여 발표한 「행정과학에 관한 논문집」(Papers on the Science of Administration)이다. 이곳에서 귤릭은 분권화 된 행정으로부터 자유롭게 그들 부서를 재조직할 수 있도록 집행부의 권위를 제공해주고 있으며, 이러한 연구를 통해 정통 행정학을 집대성하였다.

귤릭에 의해 창도 된 관리과학으로서의 정통 행정학은 이종수 등이 주장을 하듯이 대공황과 뉴딜 정책 이전까지 미국 행정학에서 지배적인 자기 정체성을 유지했다. 정통 행정학의 토대를 이뤘던 것은 정치행정이원론과 행정의 원리라는 두 개의 패러다임이었던 것이다.[18)]

---

16) Paul C. Light, *Thickening Government : Federal Hierarchy and the Diffusion of Accountability* (Washington, D. C. : The Brookings Institution, 1995), p.1. ; 이병철, 「앞의 책」, 193쪽.

17) 이것은 기획(Planning), 조직(Organizing), 참모 및 인사(Staffing), 지시(Directing), 조정(Coordinating), 보고(Reporting) 및 예산 및 재무(Budgeting)의 단어 첫 글자만을 따서 합성시켜 만든 것이다. 핵심적인 행정내용을 7개로 축약하여 정리했다는 점에서 의미가 크며 고전적 의미에서의 행정학연구의 중점분야를 대변하고 있다는 점에서도 가치를 부여할 수 있다.

18) 이종수 · 윤영진 · 곽채기 · 이재원 외, 「새 행정학 2.0」 (서울 : 대영문화사,

그러면 행정의 원리에 입각하여 규릭이 제시하는 세 가지 기본적인 조정원칙을 살펴보자면, 첫째 명령의 통일, 둘째 참모조직의 필요성, 셋째 통솔의 범위이다.[19] 이를 보다 이해의 편의를 위해 간명하게 설명하면 다음과 같다.

먼저 명령의 통일이란 명령을 내리고 보고를 받는 사람이 반드시 한 사람이어야 한다는 것이다. 즉 조직 내에서 한 사람이 두 사람 이상으로부터 명령과 지시를 받을 때에는 혼란과 갈등을 일으키기 때문에 명령을 내리는 사람도 한 사람이고 보고를 받고 책임을 지는 사람도 한 사람이어야 한다는 것이다.[20]

규릭은 명령통일을 지나치게 엄격하게 고수할 경우 문제가 발생할 수도 있다고 생각을 하였으나 이런 문제는 명령통일을 지키지 않음으로써 발생하는 혼란과 비능률 그리고 무책임에 비하면 아무 것도 아니라고 생각했다.[21]

> "옛날부터 단지 혼란은 여러 상반된 명령에서부터 야기된다는 점이 일반적으로 인식되고 있다. 한 사람이 두 사람의 주인을 동시에 섬길 수는 없다. 명령통일의 원칙을 엄격히 고수하는 것이 불합리를 낳게 되는 경우도 있지만 이 원칙을 무시함으로써 야기되는 확실한 혼란, 비능률, 그리고 무책임과 비교해 볼 때 그것은 그리 중요한 것이 되지 못한다."[22]

2014), 61쪽.

19) 이병철, 「앞의 책」, 195쪽.

20) 백완기, 「행정학」 (서울 : 박영사, 1998), 20쪽. ; 이병철, 「앞의 책」, 195쪽.

21) 이병철, 「앞의 책」, 196쪽.

22) Luther Gulick and Lyndall Urwick, (eds.), *Papers on the Science of Administration* (New York : Institute of Public Administration, 1937), p.9.

사실 규릭은 공공조직이나 민간조직을 막론하고 행정의 과학화를 이루기 위해서는 기본적인 선(善)이 바로 능률성이 되어야 한다고 보았다. 그러한 맥락에서 그는 행정의 과학화를 위한 기본 목표는 모든 일을 인력과 자원의 최소의 소비로 이끄는데 있다고 보았다. 그러한 생각을 가지고 있었기 때문에 그는 능률성을 행정의 가치척도 중 제일의 합리적 준거로 보았던 것이다.[23] 이러한 맥락에서 볼 때 가장 능률적인 조직체계이며 조정의 방법은 명령체계를 일원화하고 통일을 하여 혼란과 혼선으로 인한 비능률과 과다 비용을 최소화하는 것으로 생각을 했던 것이다.

다음 참모조직의 필요성은 전문화의 원리와 부서편성의 원리와 관련을 갖는다. 전문화의 원리란 전문화가 이루어질수록 행정능률이 증대된다는 것을 의미하며 부서편성의 원리는 조직을 편성하는 기준을 의미하는 것으로 규릭이 제시한 기준으로는 목적(purpose), 과정(process), 고객(people : clientele), 그리고 장소(place) 등이 있는데 이 네 가지 기준에 의해서 조직이 편성될 때에 행정능률이 올라간다는 것이다. 즉 조직의 목적이 무엇이며 어떤 절차를 따르며 고객이 어떠한 부류이며 조직이 위치하는 장소가 어느 곳인지에 따라 원리가 선별적으로 적용되어 편성되어져야 한다는 것을 의미한다.[24]

이해의 편의를 위해 하나의 예를 들어 본다면 목적에 따라 조직을 편성한 것으로는 국가 방위와 안보를 목적으로 설립 된

23) 이병철, 「앞의 책」, 196쪽.
24) 이병철, 「앞의 책」, 196쪽.

국방부 등을 들 수 있고, 장소에 따라 조직을 편성한 것으로는 지역 동사무소나 외교부의 아시아지역을 담당하는 부서인 아주국이나 유럽 지역을 담당하는 부서인 구주국 등을 들 수 있을 것이다.

조직의 장에게 능률적이고 생산성 높게 조언하고 충고할 수 있는 참모조직이 되기 위해서는 참모조직자체가 전문화되어야 하며 참모조직도 부서편성의 원리에 부합되도록 구성이 되어야 능률적인 조직이 될 수 있을 것이다.[25]

그리고 통솔의 범위란 하나의 상관이 부하들을 효과적으로 통솔하기 위해서는 그 부하의 수가 한정되어야 한다는 것을 의미한다.[26] 규릭은 인간의 손이 피아노의 건반을 두드리는데 한 뼘이란 한계를 가지듯이 인간의 마음과 의지도 관리적 접촉을 하는데 있어서 범위상의 한계를 갖는다고 하였다. 통솔의 한계는 지식의 한계에서도 오지만 그것 못지않게 시간과 정력의 한계에서도 온다고 하면서 이런 점에서 관리자는 시간과 정력의 한계 범위 내에 들어오는 몇몇 사람들만 개인적으로 직접 접촉해야 한다고 주장한다. 조직의 마지막 사람까지 관리자의 손길을 미치게 하기 위해선 필연적으로 다른 사람에게 의존할 수밖에 없다는 것이다.[27]

규릭은 명백하게도 통솔의 범위는 조직의 규모나 업무의 성격에 따라 다양하다는 점을 꿰뚫어 이해하고 있는 것이다. 업무가 다양하고 가치판단이 많이 필요하고 부하들이 산재되어

---

25) 이병철, 「앞의 책」, 196쪽.
26) 이병철, 「앞의 책」, 196쪽.
27) Luther Gulick and Lyndall Urwick, (eds.), *op. cit.*, p.7.

있는 독특한 상황일수록 관리하는 부하의 수는 적어져야 한다고 주장하고 있음은 이를 잘 대변해 주는 것이다.[28)]

그러면 몇 명의 부하를 통솔하는 것이 가장 적당한가에 대해서 규릭은 프랑스의 관리 컨설턴트인 그레이쿠나스(V. A. Graicunas)의 주장에 따라 최대 6명으로 결론짓고 있다.[29)] 그러나 이것은 어디까지나 규릭의 개인적인 생각일 뿐이며 절대적인 통솔의 범위라고 결론을 내릴 수는 없다. 이에 대해 많은 비판들이 제기되고 있는 이유이기도 하다.

화이트가 말하는 통일성이란 명령의 통일을 의미하는데 이것은 한 사람이 두 사람의 주인을 동시에 섬길 수 없다는 것을 뜻한다. 명령은 통일성 있게 일사불란(一絲不亂) 하게 하달되어야 하며 아래로 부터의 보고는 체계적으로 전달되어 명령권자가 모두 알 수 있게 하여야 된다는 것이다. 명령통일이 이루어지면 그렇지 못할 때 나타나는 혼란, 비능률, 무책임 등을 불식할 수 있다고 주장한다.[30)] 이것은 규릭이 제시한 주장과 일치하고 있음을 알 수 있다.[31)]

---

28) Paul C. Light, *op. cit.*, p.2-3.

29) V. A. Graicunas, "Relationship in Organization", in Luther Gulick and Lyndal Urwick (eds.), *Papers on the Science of Administration* (New York : Institute of Public Administration, 1937), p.184.

30) Luther Gulick and Lyndal Urwick (eds.), *op. cit.*, p.9 & 13.

31) 이병철, 「앞의 책」, 196쪽.

16/

행정국가를 일구어낸 대통령 : 프랭클린 루스벨트

1. 삶의 발자취

프랭클린 루스벨트(Franklin Delano Roosevelt)는 1882년 1월 30일 뉴욕의 하이드파크(Hyde Park)에 있는 허드슨 리버 밸리(Hudson River Valley)의 대저택에서 태어나 그 곳에서 성장을 하였다. 그는 17세기 뉴 암스테르담 출신의 조상을 두고 있던 대지주인 제임스 루스벨트(James Roosevelt)와 1621년 플리머스(Plymouth) 식민지 건립에서 시작된 부유한 가문출신 사라 델라노 루스벨트(Sara Delano Roosevelt) 사이에서 태어난 독자였다.[1)]

1) 이병철, 「행정의 역사와 이론」 (부산 : 도서출판 금정, 2003), 187쪽.

그는 부모의 극진한 사랑과 많은 하인, 친지들의 정성스런 보살핌 속에서 성장을 했고 가정교사로부터 교육을 받았고 매년 부모와 함께 유럽의 주요 휴양지에서 많은 시간을 보냈다. 아버지인 제임스 루스벨트는 지역성공회의 교구회원으로 하이드파크 지역의 정신적 지주였으며, 아랫사람들을 온화하게 다스렸고 어머니 역시 아들을 신사도를 지키며 시민의 의무를 다하는 사람으로 키워냈다.[2)]

그는 14세에 그로턴(Groton) 사립 고등학교에 입학을 하였으며 졸업 후 하버드 대학교로 진학을 하여 향학열을 불태웠다. 부친인 제임스 루스벨트는 그가 대학 1학년 때 사망을 하였으며 사라 루스벨트는 아들이 학교를 마칠 때까지 보스턴으로 이사와 지냈을 정도로 자식에 대해 각별한 관심을 쏟았다. 1905년 3월 17일, 어머니의 맹렬한 반대에도 불구하고 당시 대통령으로 재임 중이던 시어도어 루스벨트의 조카였던 애나 엘리너 루스벨트(Anna Eleanor Roosevelt)와 결혼하였다.[3)]

그가 정치가로서 성장하는데 자극제가 된 사람은 그의 성장기에 공화당의 샛별로 떠 오른 12촌인 시어도어 루스벨트(Theodore Roosevelt)이었다.[4)] 프랭클린 루스벨트가 시어도어 루스벨트를 자기의 이상형으로 삼을 충분한 이유가 있었다.

시어도어 루스벨트는 뉴욕 시 경찰청장(New York City Police

---

2) 이병철, 「앞의 책」, 187-188쪽.
3) 이병철, 「앞의 책」, 188쪽. ; https://ko.wikipedia.org/wiki/%ED%94%84%EB%9E%AD%ED%81%B4%EB%A6%B0_D._%EB%A3%A8%EC%8A%A4%EB%B2%A8%ED%8A%B8
4) 이병철, 「앞의 책」, 188쪽.

Commissioner)을 역임하고 스페인 전쟁 당시에는 기병대 대장으로 활약을 하였을 뿐만 아니라, 텍사스를 미국 영토에 편입시키는 쾌거를 거두었다. 그리고 뉴욕 주의 주지사를 역임하였을 뿐만 아니라, 대통령이 되어서는 대통령 관저를 백악관이라는 명칭을 붙이게 하고, 흑인 교육에 관심을 두고, 반독과점제도를 정착시키고, 파나마 운하(Panama Canal)를 건설하고, 러일전쟁(Russo-Japanese War) 후 뉴햄프셔(New Hampshire) 주 포츠머스(Portsmouth)에서 전쟁 중재 회담을 개최하는 등 내치와 외치에 커다란 족적을 남겼다.[5]

또한 포츠머스 회담을 어렵사리 이끌어 내어 일본은 한국과 만주지역을 획득하고 태평양 이동은 미국이 장악하고 러시아는 현재의 영토를 보존하도록 하는 등 태평양과 동북아시아 국제질서의 안정화를 도모한 기여로 노벨 평화상을 받았다. 또한 그가 기용한 국무장관 엘리후 루트(Elihu Root)도 노벨 평화상을 받은 것을 볼 때 사람을 알아보고 그를 적재적소에 배치할 수 있는 인사 용인술에도 뛰어났으며, 차기 대통령에 국방장관인 윌리엄 테프트(William Howard Taft)를 공화당 대통령 후보로 밀어 당선을 시킨 것을 보더라도 그의 사람 보는 안목이나 인사 용인술이 대단했음을 알 수 있는 것이다.[6]

프랭클린 루스벨트는 하버드 대학교를 졸업한 후 취미삼아 변호사를 했지만 주된 관심은 정치였으며 궁극적으로는 미국 대통령을 희망하였다. 그의 이러한 정치여정은 민주당의 입당

5) 최평길, 「대통령학」 (서울 : 박영사, 2007), 489쪽.
6) 최평길, 「앞의 책」, 489쪽.

으로부터 시작을 하여 1910년 뉴욕 주 상원의원으로 당선을 하게 됨으로써 정치적 발판을 굳히게 되는 것이다. 1913년부터 1920년까지 그는 윌슨 대통령 아래서 해군 차관보(Assistant Secretary of the Navy)로 일을 하였고, 이러한 여세를 몰아 1920년 당시 39세의 나이로 민주당 부통령후보로 지명이 되었다. 비록 이 선거에서 워런 하딩(Warren Gamaliel Harding)의 공화당에게 패배는 했지만 그의 지명도는 크게 부각이 되었고 대통령으로의 길에 많은 도움이 되었다.[7)]

그러나 호사다마(好事多魔)라고 했던가! 1918년에 발생한 사회담당비서와의 염문설과 1921년 발병한 척수 회백질 염, 일명 소아마비(Polio)로 인한 신체적 불구는 그의 정치생명에 커다란 부담으로 작용을 하였다. 그러나 이를 지혜롭게 극복하고 1928년 뉴욕 주 주지사 선거를 승리로 이끌었다. 대공황이 닥쳐왔을 때 그는 자신이 몸담고 있는 주의 경제회복을 위해 과감한 정책들을 수행함으로써 눈에 띄는 성과와 명성을 얻게 된다. 이것이 커다란 힘이 되어 1930년 압도적인 표 차이로 재선이 되고[8)] 1932년 민주당 대통령 후보로 지명이 되어 이 역시 압도적인 지지를 얻어 미합중국의 대통령으로 당선을 하게 되는 것이다.[9)]

---

7) 이병철, 「앞의 책」, 188쪽.

8) 뉴욕 주 수력 회사의 설립, 양로 연금제도의 확립, 농민 및 실업 구제 등 혁신적인 여러 개혁을 실행하였으며, 두 번에 걸친 임기 중 '최고의 지사'라는 칭송을 받았다. https://ko.wikipedia.org/wiki/%ED%94%84%EB%9E%AD%ED%81%B4%EB%A6%B0_D._%EB%A3%A8%EC%8A%A4%EB%B2%A8%ED%8A%B8

9) 낙관적인 경제론 때문에 최악의 인기로 허덕이던 대통령 허버트 후버(Herbert Clark Hoover)를 누르고, 대공황으로 허덕이는 국민들에게 뉴딜 정책을 선언,

주지하다시피 그는 대통령에 취임하자 곧 뉴딜(New Deal) 정책을 통해 작동하지 않는 시장에 정부가 개입하는 적극적인 경제정책을 실시하였다. 이러한 정책 탓으로 인해 어느 정도 경제가 살아나는 듯싶었고 이를 통해 1936년 대통령에 재선되었다. 그러나 1937년에 이르러 경기는 다시 악화되기 시작하였고 이에 대처하기 위해 후기 뉴딜정책이 추진되었으나 효과는 크게 나타나지 않았다. 그러던 차에 1939년 제2차 세계대전이 발발하고 이어 1941년 일본제국주의 세력의 진주만(Pearl Harbor) 공습으로 제2차 세계 대전에 참전하게 됨으로써 전쟁 군수 수요증대에 힘입어 미국의 경제는 되살아났고 이로 인해 차고 넘치던 실업자도 줄어들기 시작하였다. 죽어가던 경제가 다시 되살아나고 있었던 것이다.10)

이러한 여러 긍정적인 성과 등에 힘입어 1940년 선거에 출마해 공화당의 웬델 윌키(Wendell Willkie)를 누르고 세 번째로 당선이 되었으며, 승기를 잡은 미국의 지도자로서의 역할과 전후 처리과정에서의 인기 등으로 또 다시 4년 후 네 번째의 대통령 도전에 성공했지만 임기를 다 채우지 못하고 1945년 4월 12일 독일의 항복을 눈앞에 둔 시점에서 애완견 팔라와 공원을 거닐다 뇌출혈로 인해 63세에 영면을 하였다.11)

압도적인 득표 차로 대통령에 당선되었다. https://ko.wikipedia.org/wiki/%ED%94%84%EB%9E%AD%ED%81%B4%EB%A6%B0_D._%EB%A3%A8%EC%8A%A4%EB%B2%A8%ED%8A%B8 ; 이병철, 「앞의 책」, 188쪽.

10) https://ko.wikipedia.org/wiki/%ED%94%84%EB%9E%AD%ED%81%B4%EB%A6%B0_D._%EB%A3%A8%EC%8A%A4%EB%B2%A8%ED%8A%B8

11) https://ko.wikipedia.org/wiki/%ED%94%84%EB%9E%AD%ED%81%B4%EB%A6%B0_D._%EB%A3%A8%EC%8A%A4%EB%B2%A8%ED%8A%B8

2. 루스벨트와 행정

그가 1933년 대통령으로 취임을 할 당시 미국의 사회적, 경제적 상황은 그렇게 위태로울 수가 없었다. 국가는 1929년에 발발한 경제공황으로 인해 4년째 극심한 불황의 늪에 빠져 허우적거리고 있었고 이러한 결과로 인해 노동인구의 1/4이 실업 상태에 있었고 38개 주에서 은행들이 문을 닫았다.[12] 이에 그치지 않고 사회적 불안도 고조되어 공산주의, 파시스트, 무정부주의 세력들이 준동을 하여 거친 폭력이 자행되는 암울한 상황이었다.[13]

그는 이러한 위기적 상황임에도 불구하고 당황하지 않고 공황극복을 위한 많은 정책들을 적극적이면서 지속적으로 뚝심있게 밀고 나갔다. 이러한 정책 중에는 일곱 개 주에 전력을 공급하고 홍수를 예방하며, 토양을 관리하고, 산림을 육성하는 등 여러 목적들을 동시에 성취하기 위한 테네시계곡개발청(Tennessee Valley Authority : TVA)으로 상징화되는 정책도 바로 그의 정책적 산물 중 하나에 포함되어 있었다.[14]

이러한 정책 이외에 그는 시민건설단(Civilian Conservation Corps)을 결성하여 저소득 빈곤가정의 300만 명에 달하는 젊은이들을 도로건설, 식수, 홍수방지 건설 사업에 투입하여 산업인프라와 기반확충을 통해 고용을 창출하였고, 농촌청을 신설

12) 전 미국의 50%에 달하는 은행이 파산을 당했다. 최평길, 「앞의 책」, 488쪽.
13) 최평길, 「앞의 책」, 488쪽.
14) 최평길, 「앞의 책」, 488쪽.

하여 농산물 생산제한에 보조금을 지급하여 불안정한 농산물 가격을 안정시켰다. 또한 연방긴급구호청(Federal Emergency Relief Administration : FERA)을 신설하여 지방정부에 구호기금을 방출하여 주로 빈곤주민이 지방 건설 사업에 참여하도록 유도하였다.[15]

이러한 여세를 몰아 국가산업부흥법(National Industrial Recovery Act : NIRA)을 입안하여 산업부흥청이 주 정부, 시 정부에 보조금을 주어 도로나 댐, 하수도, 공공건물 등을 건설하도록 하였으며, 일시 독점금지법도 해제를 하고, 노조와 기업, 그리고 정부가 협조하는 산업재건 역시 시도하였다.[16] 그는 연방대법원(Supreme Court)의 위헌시비에 까지 휘말리면서도 자신의 소신을 굽히지 않았으며 그의 이러한 탁월한 리더십은 공황극복에 커다란 활력소를 제공해 줄 수 있었던 것이다.[17]

또한 그는 제2차 세계대전을 미국을 중심으로 하는 연합국 세력의 승리로 이끌고 나간 지도자로 널리 알려져 있다. 그의 신념과 열정에서 우러나오는 카리스마와 그의 강력한 리더십은 전례에 보기 드문 공황극복과 세계대전에서의 승리를 가져오게 하였고 이러한 그의 노력은 미국사상 유례없는 4선 대통령이라는 명예를 가지게 하였다. 경제공황 극복과 세계대전에서의 승리를 가져 오기 위한 그의 정책적인 노력은 시장에 대한 정부개입을 자연스럽게 받아들이도록 하는 시민적 정서를 낳았을 뿐만 아니라 전쟁 수행을 위한 정부의 역할 증대를 가

---

15) 최평길, 「앞의 책」, 488쪽.
16) 최평길, 「앞의 책」, 488쪽.
17) 이병철, 「앞의 책」, 189쪽.

져오게 만들었다.

이로 인해 정부의 비대화 현상이 나타났고 특히 입법부나 사법부보다 행정부의 권력과 영향력이 보다 더 증대되었으며 이러한 현상은 자연스럽게 행정수반인 대통령의 권한이 강화되는 변화가 나타나게 되었던 것이다. 실제적으로도 경제공황을 극복하는 과정과 세계대전을 치르면서 행정부의 조직이나 기관수가 말로 형용하기 어렵게 크게 증대되었으며 이에 따라 관료들의 수도 많이 늘어나게 되었으며 그로 인해 행정부의 규모는 더욱 커지게 되었다.

폴 라이트(Paul C. Light)는 이러한 현상을 빗대어 마치 대도시의 마천루가 하늘을 찌르듯 치솟는 것처럼 행정부의 규모가 날이 거듭될수록 하늘을 찌르듯 치솟고 있다고 표현하고 있는데[18] 적절하게 당시의 상황을 언급한 것으로 이해 할 수 있는 것이다.

> "1937년은 연방 계층제에 있어 괄목할만한 의미가 있는 해이다. 프랭클린 루스벨트의 뉴딜 정책이 날개를 활짝 폈으며 연방부서들이 마천루보다 더 빠르게 솟아 올라갔다. 연방고용은 1930년에 60만 명에서 7년 후에는 90만 명으로 증대되었으며 연방예산은 거의 10배가 증가되었다. 행정부서에만 60개의 새로운 부서들이 신설되었다. 연방 계층제는 분명히 비대화되기 시작했던 것이다."[19]

---

18) Paul C. Light, *Thickening Government : Federal Hierarchy and the Diffusion of Accountability* (Washington, D. C. : The Brookings Institution, 1995), p.1.

19) *Ibid.*, p.1.

어쨌든 이러한 현상은 제퍼슨 등과 같은 건국의 아버지들은 인정하고 싶지 않겠지만 로렌츠 폰 슈타인(Lorenz von Stein)이 최초로 언급을 하였던 행정국가(administrative state)가 완전히 정치적, 문화적으로 토양이 전혀 다른 미국에서 자리를 잡기 시작한 것이다.

이미 앞에서 살펴 본 것처럼 원래 미국은 작은 정부를 지향하고 시장을 중시하는 자유방임적인 사상에 깊이 빠져 있었다. 제퍼슨을 비롯한 건국의 아버지들 중 상당수와 그들을 추종하고 지지하는 후세들은 자유방임주의와 이에 입각한 분권주의, 그리고 자유지상주의에 흠뻑 취해있었던 것이다. 이러한 입장에서 볼 땐 시민의 자유를 제한하고 위협할 수 있는 정부는 그야말로 필요악(necessary evil)일 수밖에 없는 것이다. 따라서 이들의 생각은 정부가 하는 일은 그저 밤에 도둑이나 잡는 등 시민의 안전을 지켜주고 외부의 적으로부터 국가를 지키는 국방의 일만 하면 모든 것이 해결된다는 정도에 머무르고 있었던 것이다.

그래서 독일의 사회주의자이며 혁명가인 페르디난트 라살(Ferdinand Lassalle) 같은 사람은 이런 국가를 야경국가(夜警國家 : Nachtwächterstaat)라고 비아냥거리면서 자유국가를 비판했던 것이다. 어쨌든 자유방임적 사상에 젖어 있는 사람들에게는 작은 국가 또는 제한된 국가(limited state)[20]라는 국가의 역할이 아주 자연스럽게 받아들여졌고 로버트 노직(Robert

20) John Gray, "Limited Government", in David McKevitt and Alan Lawton (eds.), *Public Sector Management : Theory, Critique and Practice* (Thousand Oaks, CA : SAGE Publications, 1994).

Nozick) 같은 사람이 주창한 자유방임적 사상을 뒷받침하는 최소국가론(minimal state)에 심취를 하여[21] '최소의 정부가 최적의 정부'라는 생각이 일반화 되었던 것이다.

이들에게 있어서는 시민이 향유하는 자유는 어느 누구도 침범할 수 없으며 어떠한 흥정이나, 거래나 협상의 대상도 될 수 없는 하늘이 내려 준 천부 불가양의 고유 권리로 받아들여졌던 것이다. 그러나 이러한 사상과 그에 입각한 정치 및 경제체제에 커다란 도전이 위기라는 얼굴을 가지고 나타났던 것이다. 바로 전대미문의 얼굴을 하고 나타난 경제공황이었던 것이다.

영국의 경제학자인 아담 스미스(Adam Smith)가 1776년 「국부론」(The Wealth of Nations)[22]을 출간한 그 시기부터 경제공황이 닫치기 직전까지 그렇게도 믿었던 시장이 대책 없이 무너지기 시작했고 그로 인해 미국 경제는 주저앉기 시작했던 것이다. 이러한 여파로 인해 정치나 사회체제 역시 붕괴상황으로 치닫게 되었던 것이다.

자유 시장에 커다란 믿음을 보내고 자유방임주의 적 사고에 매몰되어 있던 사람들에게는 경제공황이란 위기는 하나의 커

---

21) Robert Nozick, *Anarchy, State, and Utopia* (New York : Basic Books, Inc., 1974). ; Jonathan Wolff, *Robert Nozick : Property, Justice, and the Minimal State* (Stanford, CA : Stanford University Press, 1991).

22) 이 책은 자유 시장 자본주의경제를 뒷받침하는 근대 경제학의 고전이며 바이블이라고 말할 수 있을 정도로 많은 영향력을 발휘하였다. 이 책을 통해 아담 스미스의 경제사상과 철학은 많은 경제학자들과 후학들에게 전수되었다. 특히 쟝 세이(Jean-Baptiste Say), 데이비드 리카르도(David Ricardo), 인구론으로 유명한 토머스 맬서스(Thomas Malthus)에서부터 근자에 이르러서는 루드비히 미세스(Ludwig von Mises)에 이르기까지 그야말로 유명한 경제학자들에게 많은 영향을 끼쳤다.

다란 재앙임에 틀림이 없는 것이었다. 이러한 재앙 앞에서 그들이 신주단지처럼 소중하게 여겼던 자유 시장과 자유방임적 사상은 효력을 상실하고 있었던 것이다. 이제 그들에게 절실히 필요로 되는 것은 죽어가는 시장을 살리고 경제를 예전의 활력 넘치는 경제로 부활시켜 줄 그 무엇이 필요로 되었던 것이다.

바로 이러한 대안으로 나타난 것이 이론적으로는 영국의 경제학자인 존 케인즈(John Maynard Keynes)가 「일반이론」(The General Theory)[23]에서 제시한 경제학이었고 실천적으로는 루스벨트의 시장에 대한 정부개입 정책을 기조로 하는 뉴딜 정책(New Deal Policy)이었던 것이다.

시장에 대한 정부개입은 당시의 미국인들이 원했건 또는 그렇지 않고 원하지 않았건 정부의 역할을 증대시키고 행정부의 권한을 강화시켜 주는 방향으로 나아갔고 이에 따라 행정수반의 권한을 확대하는 방향으로 나아갔다. 그리고 이러한 움직임은 정부의 행정조직이나 기관의 수가 늘어나고 행정인력 즉 관료의 수를 증대하는 결과를 수반하였다. 그야말로 행정부의 놀라운 규모 확대는 자유방임사상을 신봉하는 이들에게는 거대

---

23) 이 책은 존 메이너드 케인스가 1936년 집필한 경제학 이론서이다. 케인스의 주요 저서이자 거시경제학의 기초가 되는 서적으로 현재에도 재정정책의 이론적 기초가 되는 서적이다. https://ko.wikipedia.org/wiki/%EA%B3%A0%EC%9A%A9%C2%B7%EC%9D%B4%EC%9E%90_%EB%B0%8F_%ED%99%94%ED%8F%90%EC%9D%98_%EC%9D%BC%EB%B0%98_%EC%9D%B4%EB%A1%A0 ; John Maynard Keynes, *The General Theory of Employment, Interest, and Money* (Harcourt, Brace & World ; 1st Harvest/HBJ ed edition, May 12, 1965). ; John Maynard Keynes, *The General Theory of Employment, Interest, and Money* (New York : Classic Books America, 2009).

한 공룡의 탄생을 의미하는 것이었다. 이에 대한 놀라움과 이를 진정시키고 진화를 해야 한다는 노력들이 없지는 않았다. 이러한 노력의 일환으로 나타났던 것 중 하나가 루스벨트가 공격적으로 시도한 정책들에 대한 연방대법원의 위헌 판결이었다.

지금 대부분의 경제학자들이나 정치학자들은 루스벨트에 의한 경제공황 극복이 이러한 적극적 정부개입에 따른 뉴딜정책의 성공에 힘입은바 크다고 보고 있긴 하지만 이에 대해 그렇지 않다고 보는 입장도 적지 않음에 유념할 필요가 있다. 루스벨트가 추진한 뉴딜정책의 성과에 대해 회의적인 시각을 가지고 있는 이들은 오히려 이러한 정부의 과도한 개입이 경제공황을 더욱 가속화시켜 결과적으로 실패를 가져왔다고 이해를 하고 있으며, 여기에서 한 걸음 더 나아가 후대에 까지 실패에 따른 대가를 요구받고 있다고 비판을 하고 있는 것이다. 이들은 경제공황이란 거대한 재앙에서 벗어나게 한 것은 루스벨트의 뉴딜 정책이 아니라 제2차 세계대전에 미국이 참전한 결과라고 주장을 하기도 한다. 한마디로 전쟁이 경제공황을 해결해 주었다는 것이다.

그러나 주목하고자 하는 분명한 사실은 뉴딜정책 이전까지 금기시 되었던 시장에 대한 적극적인 정부개입을 전제로 하는 루스벨트의 공격적인 여러 정책으로 인해 정부의 역할이 커졌으며, 특히 행정부의 역할과 기능이 커졌다는 것이다. 그리고 이로 인해 행정국가의 발판이 다져졌다고 하는 것이다. 이러한 관점에서 볼 때 루스벨트는 금기시 된 정부 역할 그리고 규모의 증대, 행정부의 강화, 그리고 대통령인 행정수반의 권한 강화를 뛰어넘어 새로운 미국 정부와 행정을 위한 지평을 마련한 대통령으로 평가를 받아야 할 것으로 사료가 된다.

루스벨트 집권 당시의 많은 행정학자들도 경제공황 극복을 위한 정책과정에 참여를 하였을 뿐만 아니라 전쟁 승리를 위한 정책과정에도 참여를 함으로써 지적 상아탑이라는 한계에 머무르지 않고 실용적이고 실제적인 행정학 발전에 기틀을 새롭게 이루어나가는데 유용한 경험과 지식 그리고 지혜를 습득할 수 있는 좋은 기회를 가졌던 것이다. 이러한 계기를 통해 행정학은 이론적인 차원에서 뿐만 아니라 실제적인 측면에서도 많은 발전을 이룰 수 있는 기회를 가지게 되었고 보다 문제해결 지향적인 행정학으로 그리고 보다 풍요롭고 다채로운 행정이론과 방법론을 개발하고 발전시켜 나갈 수 있는 도약의 발판을 마련하게 된 것이다.

경화되어진 기존의 틀을 깨고 새로운 위기에 보다 탄력적이고 유연한 새로운 도전방식을 통해 위기를 극복한 루스벨트를 통해 미국은 종전에는 감히 생각할 수 없었던 새로운 행정의 신기원을 열면서 새로운 지평을 열고 새로운 패러다임을 갖게 된 것이다. 이런 의미에서 루스벨트는 미국이 행정국가를 이루어 나가는 데 있어 실제적인 측면에서나 이론적인 측면에서 커다란 새로운 차원의 기틀을 놓고 다진 대통령으로 평가를 할 수 있는 것이다.

17/

정통파 행정이론의 비판과 행정국가 : 드와이트 왈도

1. 삶의 발자취

미국행정학의 양대 산맥으로 허버트 사이몬(Herbert A. Simon)과 같이 당대를 이끌어 온 드와이트 왈도(Clifford Dwight Waldo)는 1913년 9월 28일 네브래스카(Nebraska) 주의 드윗(Dewitt)에서 출생하였다. 고등학교를 졸업한 후 경제적 사정 등으로 1932년 그는 네브래스카 주 페루에 있는 네브래스카 주립사범대학(Nebraska State Teachers College)에 입학을 하였다. 그는 1935년에 이 대학에서 학사학위를 받고 교직을 찾았으나 심각한 경제대공황으로 뜻을 이루지 못했다.1)

1) 왈도에 대한 삶의 발자취는 다음의 책을 참고하였다. Brian R. Fry, *Mastering*

왈도는 네브래스카 대학교(University of Nebraska) 대학원에 진학하여 전공을 영어로 하였으나 뒤에 정치학 쪽으로 전공을 바꾸어 정치학과 석사과정에서 공부를 하게 되었고 1937년 그는 이 학교에서 정치학 석사학위를 받았다. 그 이후 예일 대학교(Yale University)로 옮겨 프랜시스 코커(Francis Coker) 등 당대 최고의 행정학자들에게 정치 사상사를 전수받았다.[2] 그는 1941년에서 1942년까지 정치학과의 강사를 역임했으며 1942년에 예일 대학교에서 박사학위를 취득하였다.[3]

왈도의 주된 관심은 정치이론이었으나 학위논문에선 행정학 쪽으로 관심의 초점을 선회하고 있다. 그는 학위논문을 다시 손봐서 책으로 펴내게 되는데 그것이 바로 「행정국가론」(The Administrative State)[4]이었다. 정통 행정관리론의 대표 격으로 일컬어지는 루더 규릭(Luther Gulick)의 사상과 이론들을 비판한 이 책을 통해 그는 미국 행정학에 있어 확고부동한 이론가로서의 위치를 가질 수 있게 되었다. 예일 대학교에서 학위를 받은 그는 1942년에 정치이론 쪽으로 대학에서 강의를 할 수 있는 기회가 주어졌지만 이를 거절하고 워싱턴으로 자리를 옮겼다.[5]

1944년까지 가격통제국(the Office of Price Administration)에

Public Administration : From Max Weber to Dwight Waldo (Chatham, New Jersey : Chatham House Publishers, Inc., 1989), pp.219-222. ; 이병철, 「행정의 역사와 이론」(부산 : 도서출판 금정, 2003).

2) https://en.wikipedia.org/wiki/Dwight_Waldo

3) 박사학위논문의 제목은 "미국행정문헌의 이론적 국면들"(Theoretical Aspects of the American Literature in Public Administration)이다. 이병철, 「앞의 책」, 213쪽.

4) Dwight Waldo, *The Administrative State : A Study of the Political Theory of American Public Administration* (New York : Ronald Press Co, 1948).

5) 이병철, 「앞의 책」, 213-214쪽.

서 가격 분석관으로 일을 하였으며 1944년에서 1946년까지 예산국(Bureau of the Budget)에서 행정 분석관으로 일을 하였다. 그가 이러한 행정실무를 접하게 된 것이 정치이론보다는 행정 쪽에 더 많은 관심을 기울이고 이를 굳히게 되는 중요한 계기가 되었던 것이다.[6)]

제2차 세계대전이 끝난 후인 1946년 그는 캘리포니아 대학교 버클리(University of California-Berkeley)에서 정치이론을 가르치는 교수로 임용이 되었다. 그러나 그는 행정 쪽에 더 많은 관심과 애정을 가졌으며 그러한 그의 생각과 노력은 버클리 대학교 내에 정부학연구소(the Institute of Governmental Studies)를 출범시켰고 1958년부터 1967년까지 이 연구소의 소장으로 재직을 하였다.[7)]

그의 행정에 대한 관심의 영역은 이전 보다 더욱 넓어졌으며 그는 특히 비교행정에 대해 그러하였다. 그는 1956년부터 1959년까지 그리고 1961년부터 1962년까지 두 차례에 걸쳐 이탈리아 볼로냐(Bologna) 대학에서 이루어진 이탈리아 행정의 개선을 위한 프로젝트에 참여하여 이탈리아를 둘러보면서 비교행정의 필요성과 미국이 개발한 행정원리들의 한계를 경험하게 되었다.[8)] 이러한 경험과 노력들이 1960년대 초에 그로 하여금 미국행정학회(American Society for Public Administration : ASPA)

---

6) Frederick C. Mosher (ed.), *American Public Administration : Past, Present, Future* (University, Alabama : The University of Alabama Press, 1975), ix. ; 이병철, 「앞의 책」, 214쪽.
7) Frederick C. Mosher (ed.), *Ibid.* ; 이병철, 「앞의 책」, 214쪽.
8) Dwight Waldo, *The Enterprise of Public Administration* (Novato, CA. : Chandler and Sharp, 1980), p.119.

산하의 비교행정연구회(Comparative Administration Group : CAG)에 보다 적극적으로 참여하게 하였다.[9)]

행정학의 과학화를 위해서는 비교연구가 반드시 수행되어야 한다는 로버트 달(Robert A. Dahl)에 의한 비교분석의 필요성 강조[10)]가 있은 것이 비교행정의 출발에 많은 영향을 끼쳤다. 그러나 왈도 역시 이러한 출범에 많은 영향을 주었다고 말할 수 있다. 그는 1948년에 버클리 대학교에서 '비교국가행정'이란 과목을 개설하였다. 당시로서는 생소한 교과목이었고 어떻게 보면 실험적인 성격을 띠는 교과목이기도 하였다. 그는 이 교과목을 통해 제2차 세계 대전 이후 미국의 후진국 및 신생국에 대한 원조에서 행정의 역할이 다른 어느 것보다 중요함을 강조하였다. 이러한 그의 노력들이 보태져서 비교행정은 새로운 학문적 체계로서 또 분야로서 연구의 기원을 이루어나갔다고 볼 수 있는 것이다.[11)]

그는 이외에 많은 학문적 경력을 쌓아 나갔는데 1957년부터 1960년까지 미국정치학회(APSA) 집행위원회에서 활약하였고 1961년에는 이 학회에서 부회장을 역임하였다. 또한 1959년부

---

9) 이병철, 「앞의 책」, 214쪽.

10) 달(Robert A. Dahl)은 행정학이 학문으로 성숙하고 과학적인 학문으로 자리매김하기 위해서는 법칙이 있어야 하며 그 법칙은 어떤 규범이나 정치이념에도 초연하고 다양한 인간의 개성이나 특정사회문화권에서도 독립된 보편타당성이 있는 것이어야 된다고 말하고 특정사회문화권에서 독립된다는 말은 특정국가의 영역과 특수한 역사적 경험에서 탈피한 행정의 원칙과 보편적 법칙의 존재를 의미하며 그러기 위해서는 비교연구가 밑받침이 되어야 한다고 주장한다. Robert A. Dahl, "The Science of Public Administration", *Public Administration Review*, Vol.7, No.1, 1947., p.8.

11) 최평길, "행정학방법론과 비교 및 발전행정", 「연세행정논총」, 제6집, 1979, 96쪽.

터 1963년까지 「미국정치학회보」(American Political Science Review : APSR) 편집위원회에서 활동하였고 1963년부터 1966년까지 미국행정학회 집행위원회에서 일하였으며 1958년부터 1966년까진 「미국행정학회보」(Public Administration Review : PAR) 편집위원회에서도 활동하였다. 1966년에는 이 학회보의 편집장(editor-in-chief)이 되어 11년 동안 학회지 발전을 위해 헌신하였다.12)

정치학보다 앞서가는 행정학에 대한 관심과 열정은 1967년 그를 행정학의 메카로 자리를 잡고 있는 시라큐즈 대학교(Syracuse University)로 자리를 옮기게 하였다. 그는 시라큐즈 대학교 맥스웰 행정대학원(the Maxwell School of Citizenship and Public Affairs)의 슈바이처 석좌교수(Albert Schweitzer Professor) 겸 정치학교수로 임용되었다. 그는 맥스웰 행정대학원의 교수로서 재직하는 동안 수많은 행정학 및 정치학 관련 젊은 후학들을 양성해내는데 크게 기여를 하였다.13)

특히 1968년 뉴욕 주 시라큐즈 인근에 소재하고 있는 미노브룩에서 미노브룩 회의(Minnowbrook Conference)를 조직하여 이 시대가 요구하는 새로운 학문적 패러다임의 정립을 위한 회의를 개최하여 이 과정과 결과를 통해 신행정학(New Public Administration)이라는 새로운 행정학 패러다임을 창출해 냄으로써 수많은 젊은 후학들에게 심대한 영향을 끼쳤다. 이러한 후학 중에 대표적인 학자로는 조지 프레데릭슨(H. George

12) 이병철, 「앞의 책」, 214–215쪽.

13) https://en.wikipedia.org/wiki/Dwight_Waldo

Frederickson)이나 게리 웜슬리(Gary Wamsley) 등이 있다.[14)]

그리고 1979년 시라큐즈 대학교 명예교수로 은퇴하였으며 그 후 윌슨국제센터(the Woodrow Wilson International Center)에서 일을 하였다. 그는 이러한 지금까지의 학문적 공헌 등으로 인해 많은 수상경력을 가지고 있으며 미국행정학회, 미국정치학회 등 많은 학회에 회원으로 가입되어 있었다. 그는 2000년 10월 27일 87세를 일기로 버지니아 주 펄스 처치(Falls Church)의 자택에서 운명하였다.[15)]

미국 행정학계에 전설처럼 남아있는 일화가 하나있는데, 그것은 그가 논리실증주의를 대변하는 허버트 사이먼과 미국정치학회보(APSR)를 통해 관료제 본질에 대해서 서면 논쟁을 벌인 것이다.

2. 왈도와 행정

2.1 행정의 시원(始原)

왈도는 행정현상의 시원에 대해서 많은 연구를 하였다. 행정의 출발이 어디에서부터 그리고 언제부터 시작이 되었는가 하는데 대해 많은 관심을 기울였던 것이다. 그는 나름대로 이러한 문제의식에 대해 결론을 내리고 있다. 이집트 문명, 메소포

14) https://en.wikipedia.org/wiki/Dwight_Waldo
15) 이병철, 「앎의 책」, 215쪽.

타미아 문명, 인더스 문명, 황하 문명으로 대변되는 인류의 고대 문명과 행정의 발달은 매우 밀접한 관계를 지닌다는 것이다.[16] 그런 맥락에서 고대 시대 이루어진 여러 가지 치수사업 때부터 이미 행정현상이 존재했음을 시사(示唆)하면서 특히 지중해 고대국가 시대나 이집트 그리고 로마시대에 고전적 의미의 행정이 절정에 달했었음을 논급하고 있다.[17]

행정학자인 마셜 디목(Marshall E. Dimock)도 고대시대부터 행정현상이 존재했음을 주장함으로써 왈도의 이러한 견해에 일조를 하고 있다. 그는 고대시대에 행정현상이 존재했음을 입증하기 위해서 고대 이집트에서 공문서로 사용되어졌던 파피루스 자료를 제시하고 있다. 로마 관리로부터 중부 이집트의 지역 총독에게 보내진 파피루스에는 지역민들의 재물을 착취하기 위해 재정회계관, 비서관, 그리고 감독관리관 등 적당한 관직을 임의적으로 마구 만들어서 이를 지역민들에게 팔아먹는 부패한 지역관리들에 대한 불평이 적혀있었다.[18] 이 시기에 이미 이러한 여러 행정직책들이 있었으며 공직윤리에 반하는 행위들이 골칫거리로 로마행정에 대두되었다는 사실은 행정현상의 편린을 읽을 수 있게 하는 것이다.

---

16) Dwight Waldo, *op. cit.* (1980), Ch.1.

17) Dwight Waldo, *The Enterprise of Public Administration* (Novato, CA : Chandler and Sharp Publishers, Inc., 1980), pp.1–16. ; Dwight Waldo, "The Future of Management", *The Bureaucrat*, Vol.6, No.3 (Fall 1977), p.101.

18) Marshall E. Dimock, *Administrative Vitality : The Conflict with Bureaucracy* (New York : Harper & Brothers, 1959), p.116. ; Paul C. Light, *Thickening Government : Federal Hierarchy and the Diffusion of Accountability* (Washington, D. C. : The Brookings Institution, 1995), pp.5–6.

막스 베버(Max Weber) 또한 이러한 계층제를 중심으로 하는 관료제가 이것을 필요로 하는 사회·경제적 조건에 따라 역사적으로 면면히 홍성·발전하였다고 주장하면서 그 대표적인 예로 고대 로마제국과 5세기의 중국과 유럽의 중세말기를 들고 있다.[19]

왈도의 생각에 입각해 본다면 우리가 배우고 연구하는 행정의 편린은 고대시대까지 거슬러 올라갈 수 있으며 그 시기부터 많은 행정과 관련된 지식과 실체들이 역사적 흐름을 타고 현재까지 전수되어 내려왔다는 것이다. 이는 나름대로 행정과 행정학의 역사적 시원을 밝혀주고 있다는 데 의미가 있는 것으로 이해 할 수 있는 것이다.

2.2 행정의 가치와 사실

또한 왈도는 행정과 행정학에서 가치의 문제에 대해 명료한 입장을 밝히고, 이를 배제하려는 학문적 움직임에 대해 강한 일침을 가하고 있는 것이 그의 사상이나 이론의 핵심을 이루는 것 중 하나라고 볼 수 있다. 이러한 입장을 확인 할 수 있는 것은 그가 주도한 미노브룩 회의에서 핵심적인 주제가 행정학을 포함하여 사회과학을 연구하는데 있어 가치중립적인 실증적 접근을 거부하는 것을 기본 입장으로 설정했던 것이다.[20] 그리고 이

19) H. H. Gerth and C. Wright Mills, *From Max Weber : Essays in Sociology* (New York : Oxford University Press, 1946), 서문 참고.

20) Jay D. White, "Knowledge Development and Use in Public Administration : Views from Postpositivism, Poststructuralism, and Postmodernism", in Mary Timmey Bailey, and Richard T. Mayer (eds,), *Public Management in an Interconnected World : Essays in the Minnowbrook Tra*

러한 기본 입장에 충실한 신행정학이 시대적 산물로 나타나 시대적 처방전으로 행정학분야에 커다란 충격을 일으켰다는 평가를 내림으로써 이러한 입장을 지지하고 있는 것이다.[21)]

그가 집필한 저서 「행정국가론」[22)]에서 행정은 가치부하(Value loaded), 즉 문화가치가 개입된 것으로 보았다. 이러한 맥락에서 그는 이러한 의미와 성격을 지니는 가치를 배제한 행정학은 생각할 수도 없으며 기존의 과학성 위주의 행정학은 여러 가지 사회 및 행정문제를 해결할 능력이 없다고 주장하였다.[23)]

왈도는 가치를 배제한 실증주의적 접근방법의 그릇됨을 지적하기 위해 눈이 먼 장인들이 코끼리를 만지는 비유를 사용하고 있다. 코끼리의 모양을 알지 못하는 장인들에게 코끼리를 만져 보고 어떻게 생겼는지 물어 볼 경우 이들의 대답은 자기가 만져 본 부위에 따라 제각각일 것이다. 코끼리의 다리를 만져 본 장인은 코끼리가 기둥이나 나무 등걸처럼 생겼다고 대답할 것이고 꼬리를 만져 본 장인은 새끼줄처럼 생겼다고 대답할 것이며, 귀를 만져 본 장인은 부채처럼 생겼다고 대답할 것이

---

dition (New York : Westport, Connecticut : Greenwood Press, 1992), p.159.

21) Dwight Waldo, "Developments in Public Administration", *Annals of the American Academy of Political and Social Science,* Vol.404, November 1972, p.328.

22) Dwight Waldo, *Administrative State* (New York : Ronald Press, 1948).

23) Dwight Waldo, "Administrative State Revisited", *Public Administration Review,* (March 1965) ; Frank Marini (ed.), *Toward a New Public Admi nistration : The Minnowbrook Perspective* (San Francisco, CA : Chan dler Publishing Co., 1971). ; 이병철, 「앞의 책」, 215쪽.

다.

실증주의자들의 현상에 대한 이해가 이와 크게 다르지 않을 것이라는 것이 왈도의 생각이다. 전체를 보지 못하고 부분만을 봄으로써 현상에 대한 정확한 이해에 실패를 하게 된다는 것이다. 마치 숲속에 있으면 숲 전체의 모양을 알 수 없듯이 말이다.

또한 과학성은 상식의 확산이나 습득이 아니며 경험주의만이 그 본질은 아니라고 보았으며 개념과 이론으로부터 구분된 순수한 사실이란 존재하지 않는다고 보았다. 그에 따르면 과학적 이론은 자료의 축적과 사례반복으로 이루어지는 것이 아니라 내면의 신조 없이는 이루어질 수 없는 것으로 이해하였다.[24)]

여기에서 내면의 신조란 예를 들면 이삭 뉴턴(Isaac Newton)이 나무에서 떨어지는 사과를 관찰하고 이러한 낙하과정을 자기 나름대로 인식하는 과정에서 만유인력의 법칙을 발견하는 것에 비유할 수 있다. 즉 뉴턴은 사과가 나무에서 분리될 때 왜 앞으로도 나아갈 수 있고 또는 뒤로도 갈 수 있고 위나 옆으로도 갈 수 있는데 꼭 밑으로만 떨어지는가 하는데 대한 생각을 가지고 그렇다면 무엇인가 밑에서 잡아당기는 힘이 있기 때문에 그렇게 되는 것이 아닌가 하는 생각을 하게 되는데 이것이 바로 그가 가지고 있는 내면의 신조라는 것이다. 왈도는 바로 이러한 중요한 점을 실증주의자들은 가볍게 여기거나 또는 간과 혹은 무시하고 있다고 비판하는 것이다.[25)]

군나 미르달(Gunar Myrdal) 역시 사회과학에서는 관심 없는

---

24) 이병철, 「앞의 책」, 215쪽.
25) 이병철, 「앞의 책」, 215쪽.

연구란 행해 질 수 없으며 가치판단이 연구의 모든 것을 결정한다[26]고 주장하여 가치개입이 행정학을 위시한 사회과학의 연구에 있어서는 필연적임을 분명히 함으로써 왈도의 이러한 주장을 뒷받침 해 주고 있다.[27]

그렇다고 해서 왈도가 자연과학적 방법론을 전적으로 부정하는 것은 아니다. 인간은 자연 질서 안에서 존재하고 일련의 행정문제가 자연과학적 방법에 의하여 접근될 수 있다는 것은 대부분 인정하여야 하지만 종국적으로 행정이라는 문제는 가치와 깊게 연결될 수밖에 없다는 점을 인정해야 한다는 것이다. 이러한 가치들로는 개인주의, 민주주의, 자유와 평등, 평화, 도시화 등을 열거할 수 있다. 이러한 맥락에서 그는 논리실증주의자나 행태주의자들이 주장하는 기계적 능률성[28]을 현실적으로 인정하면서도 가치문화의 특수성을 고려한 상대적 능률 또한 실존한다는 입장에서 양자를 절충하고 조화시키는 융화 적 능률(conciliated efficiency)개념을 주장하였다.[29]

2.3 전통적 고전이론들 그리고 민주성과 능률성

정치행정이원론에 기초해 가치중립적인 원리를 탐구했던 루더 귤릭 등이 제시한 전통적 고전이론들[30]에 담겨있는 행정

26) Gunar Myrdal, "How Scientific are the Social Sciences?", *Journal of Social Issues*, Vol.28, No.4 (1972), pp.161-162.
27) 이병철, 「앞의 책」, 215-216쪽.
28) 절대적 능률개념으로 이해할 수 있다.
29) 이병철, 「앞의 책」, 216쪽.
30) 왈도는 고전적 행정이론의 기본 가정을 다섯 가지로 집약하여 열거하고 있다.

원리에 대해 처음으로 통렬하게 비판한 학자는 바로 왈도 이었다. 그는 이러한 원리의 부당성으로 인해 정통 행정학에 근본적인 결함이 있다고 논증하면서 행정학에는 진정한 원리가 없다고 주장했다. 이러한 그릇됨은 정부 고유의 공공부문 현상에 대해 민간 기업에서 개발된 경영의 원리를 지나칠 만큼 과도하게 적용하면서 문제가 발생한 것이라고 보았다.31)

그렇다고 해서 왈도가 정부의 공공부문과 민간기업의 경영부문을 명확하게 구분하고 차별화하고 있다고 생각하면 그것은 잘못된 이해가 될 것이다. 왈도는 공공부문과 민간부문의 경계가 시간이 흐를수록 점점 모호해지고 있을 뿐만 아니라 두 개의 부문이 서로 합쳐지는 면도 있다는 점을 분명히 하고 있다.32)

따라서 여기서 의미하는 것은 정부와 민간부문간의 차이를 이야기하는 것이 아니라 정부 고유의 공공부문 현상에 대해서까지 민간 기업에서 개발된 경영의 원리를 지나칠 만큼 과도하게 적용하면서 문제가 발생한 것이라는 점을 이해하는 것이 중요할 것으로 사료가 된다.

왈도의 이러한 비판에 동조하여 로버트 달이나 허버트 사이

첫째, 정치는 공공정책형성에 관심을 가지지만 행정은 그것을 집행하는데 관심을 가지며 둘째, 정치의 행정에의 불간섭 셋째, 관리과정과 기능으로써의 행정 넷째, 행정의 과학적 연구로부터 행정의 범위에 유용한 지침인 원리(principles)가 도출 다섯째, 행정연구의 성공적 실천의 기준은 경제성과 능률성 등이 그것이다.

31) 이종수 · 윤영진 · 곽채기 · 이재원 외, 「새 행정학 2.0」(서울 : 대영문화사, 2014), 61-62쪽.

32) James W. Fesler and Donald F. Kettl, *The Politics of the Administrative Process*, 2nd ed. (Chatham, New Jersey : Chatham House Publishers, Inc., 1996), p.9.

몬을 중심으로 규릭이 제시한 행정원리의 보편성과 과학성에 대한 의문이 제기됐다.33)

또한 왈도의 저서 중 하나인 「행정의 연구」(The Study of Public Administration)에서는 행정의 중심개념을 합리적인 행동(rational action)으로 보고 있다.34) 이와 더불어 그는 이론적인 면에서나 실제 적용면에서 민주성이 능률성이나 권위성 등의 가치와 관련하여 어떻게 잘못 해석되고 있으며, 보다 나은 민주 행정이론발전을 위해 이들 개념들을 어떻게 새롭게 해석해야 하는지에 대한 나름대로의 주장을 명확히 하고 있다.35)

이러한 맥락에서 그는 엘톤 메이요의 호손 실험에 따른 인간관계론에 대해서도 산업조직의 병폐를 개선하기 위해 보다 인간적인 측면에서 대책을 찾은 것으로 이해를 하면서도 이러한 조직인본주의 혹은 인간관계론 적 연구도 결국 관리를 위한 간섭이나 통제를 위한 방편을 찾는 노력에 불과하다는 입장을 분명히 하고 있다.36)

그는 이러한 민간 기업행정의 관리이론들의 변화가 자비로운 온정주의(benevolent paternalism)에 근거하였다 하더라도 그것이 종국적으로 보다 강한 전제적 관리(higher despotism)를

33) 이종수 · 윤영진 · 곽채기 · 이재원 외, 「앞의 책」, 61쪽.

34) Dwight Waldo, *The Study of Public Administration* (New York : Random House, 1955), pp.4-11.

35) 오석홍 · 송하중 · 박정수 (편저), 「행정학의 주요이론」(서울 : 법문사, 2000), 57쪽. ; 이병철, 「앞의 책」, 216쪽.

36) Dwight Waldo, "Development of Theory of Democratic Administration", *American Political Science Review*, Vol.46, 1952, pp.81-103. ; Dwight Waldo, *The Study of Public Administration* (New York : Random House, 1955). ; 이병철, 「앞의 책」, 216쪽.

추구하는 것이라면 건전하게 기능하는 민주적 관리체제(healthy functioning democratic system)를 추구하는 것은 아니라고 하면서 이것이 곧 민주행정이론의 발전을 의미하는 것이 아니라고 주장한 것도 이와 맥을 같이 하는 것이다.[37]

따라서 그는 행정에서 민주성보다 능률성이라는 개념이 주요한 가치로 인정되어 온 것은 이러한 사 행정 즉 민간 기업행정에서의 강조점이 여과 없이 행정의 영역으로 유입된 결과이며 이와 더불어 행정개혁에서의 그릇된 인식, 즉 민주성을 희생하더라도 능률성을 추구하는 것이 바람직하다는 생각에서 연유되었다고 주장하고 이러한 잘못을 시정하기 위해선 목표로서의 민주성과 수단으로서의 능률성의 연계와 민주주의를 위한 권위의 인정이라는 커다란 두 전제가 민주행정이론의 발전을 위한 인식의 출발점이 되어야 함을 강조하고 있다.[38]

그러나 이러한 노력이 결코 쉽지 않을 것임을 왈도는 이미 이해하고 있는 듯싶다. 이러한 민주성과 능률성의 상호조화는 매우 어렵고 지난한 과제라는 사실을 받아들이고 있는 것이다. 그는 미국 행정학의 태동에 역사적으로 커다란 영향을 준 고대 그리스와 고대 로마의 행정을 빗대어 이의 어려움을 설명하고 있는 것이다. 그는 작은 도시국가(polis)의 형태를 띠고 있던 고대 그리스의 민주 정치나 민주 행정을 거대한 제국의 형태를 띠고 있던 고대 로마의 효율성을 갖춘 정치와 행정과 서로 조화시키려 하는 것은 상당한 어려움이 있을 수밖에 없다는 것이

---

37) 이병철, 「앞의 책」, 217쪽.

38) 오석홍 · 송하중 · 박정수 (편저), 「앞의 책」, 62쪽. ; 이병철, 「앞의 책」, 217쪽.

다. 이것을 더욱 어렵게 하는 것은 이러한 두 개의 고대 국가의 민주성과 효율성이 모두 미국 행정학의 값진 유산이 되어 기반을 이루고 있기 때문이라는 것이다.39)

2.4 행정학과 예술과의 학문적 접목

왈도는 문학과 예술을 새롭게 학문적으로 개척해 나가야 할 새로운 행정학의 신 지평으로 받아들여야 한다고 주장을 하였다. 그리고 예술이나 문학이 행정문제에 새로운 발상의 전환을 통해 문제해결의 처방전을 제시해 줌으로써 행정에 기여할 수 있다고 주장을 하였다. 예술이나 문학은 실제 행정에서 경험할 수 있는 모든 것을 행정학자들에게 제시해 줄 수 있으며 또한 가상적인 행정현상까지도 이들에게 투영을 해 줄 수 있어서 실제 행정의 실험의 장을 제공해 주거나 또는 시뮬레이션까지 가능하게 해 줄 수 있는 것이다.

왈도는 이러한 연구를 선도적으로 주도하면서 이제 행정현상을 보는 시각을 바꾸어 보는 발상의 전환이 필요하다는 점을 강조하고 있는 것이다.40) 그는 마치 잔(盞)을 거꾸로 들어보듯이(reversing the glass) 현상을 기존의 관념의 틀에서 벗어나 새로운 시각에서 조망할 필요가 있음을 역설하는 것으로 이해를

---

39) James W. Fesler and Donald F. Kettl, *The Politics of the Administrative Process*, 2nd ed. (Chatham, New Jersey : Chatham House Publishers, Inc., 1996), p.17.

40) Dwight Waldo, *Perspectives on Administration* (University, Alabama : University of Alabama Press, 1956), Ch.1.

할 수 있다.

그는 행정학자 중 처음으로 탐구적 주제로 하여 행정소설에 대한 체계적인 검증을 시도하였다. 1956년에 집필한 「행정에 대한 전망」 이란 책에서 정부의 일상적인 삶을 문학적으로 다룬 것이 독자들에게 행정세계에 대한 깊은 가치 있는 통찰력과 전문서적에서 얻을 수 없는 지혜를 제공하였다고 주장하였다.[41] 이러한 맥락에서 그는 전문서적을 대체하거나 무력화시키지 않는 범위 내에서 학문적 보조 원천자료로 소설을 활용 할 것을 권고하기도 하였다.

이제 행정학을 하나의 과학적 학문만으로 규정을 하고 이에 따라 고유의 행정학의 영역만을 고집하고 이에 안주하려는 좁은 안목에서 벗어나 보다 다 학문 적이고 종합적이며 융합적인 학문으로의 넓은 안목을 가져야 할 때가 되지 않았나 싶다.[42]

왈도가 예술이나 문학이 행정학에 새로운 지평을 열어 줄 수 있으므로 이에 대한 연구가 이루어져야 한다는 앞서 제시한 이러한 주장은 후속되는 관련 연구들에 많은 영향을 주었다. 롤렌드 에거(Rowland Egger)나 스티븐 베일리(Stephen Bailey) 뿐만 아니라 하워드 맥커디(Howard McCurdy), 토머스 맥다니엘(Thomas McDaniel), 그리고 찰스 굳셀(Charles T. Goodsell)과 낸시 머레이(Nancy Murray), 더 나아가 마크 홀쯔(Marc Holzer)와 린다 슬레이터(Linda G. Slater), 엘시 애덤스(Elsie B. Adams)나 프랭크 마리니(Frank Marini), 그리고 모톤 크롤(Morton Kroll)

41) *Ibid.*, Ch.4.
42) 이병철, 「앞의 책」, 468쪽.

등의 이 분야에 대한 연구에 커다란 자극제가 되었으며 이로 인한 관련 연구물들이 봇물처럼 터져 나와 새로운 행정학의 연구 성과들을 풍요롭게 만들고 행정학의 새로운 지평을 열고 있는 것이다.

정치학을 행태주의에 입각하여 과학적으로 연구하려는데 대해 반대의사를 지닌 롤렌드 에거나 스티븐 베일리 등은 시대적 기준으로 보아서는 과격하고 진보적인 방법으로 소설이 행정학 전문서적보다 오히려 더 행정에 대해 진실을 말하고 있음을 증언하였다. 그리고 스티븐 베일리는 만화가나 소설가, 시인 등과 같은 예술인들이 정치학자나 행정학자들보다 더 정치나 행정에 대해 보다 깊은 통찰력을 가지고 예리하게 이해를 하고 있다고 주장을 하였다.43)

롤렌드 에거는 행정현상을 소재로 하고 있는 소설이 행태주의라고 하는 피할 수 없는 학문적 대세에 직면하고 있으면서도 인간적 사회탐구를 가능케 해주는 또 다른 하나의 대안으로써 커다란 의미를 가진다고 주장을 하였으며, 하워드 맥커디 역시 소설이 소멸되어가고 있는 실증주의를 대체하는데 도움이 되었다고 보고 있으며, 이에 동조하고 나선 토머스 맥다니엘 역시 행정소설이 행정의 필수적인 주관적 과정에서 의미를 도출해 내는 유용한 방법을 통해 행정현상에 대한 이해의 폭을 넓혔다고 주장하였다.44)

---

43) Charles T. Goodsell and Nancy Murray (eds.), *Public Administration Illuminated and Inspired by the Arts* (Westport, Connecticut : Preger Publishers, 1995), pp.8-9.
44) 이병철, 「앞의 책」, 470쪽.

찰스 굳셀[45]과 낸시 머레이[46]도 '새로운 교량'이라는 개념적 틀을 통해 기존의 행정영역과 예술로부터 온 개념들을 조화롭게 접목시키고 있다.[47] 이들은 예술이 행정학연구에 기여할 수 있는 이유를 네 가지로 집약하여 설명하면서,[48] 행정과 예술을 이어줄 새로운 다섯 가지의 다리를 제시하고 있다. 첫째가 이론의 다리(theory bridge)이고 둘째가 가치의 다리(values bridge) 셋째가 리더십의 다리(leadership bridge) 넷째가 가르침의 다리(teaching bridge) 그리고 마지막으로 앞의 가르침의 다리와 함께 결합된 정책의 다리(policy bridge)가 그것이다.[49]

마크 홀쯔와 린다 슬레터 역시 실제로 영화를 통해 관료제 안에 내재되어 있는 스테레오타입(stereotypes)적 현상을 잘 적시해 드러내고 있다.[50] 또한 엘리스 애덤스나 프랭크 마리니, 그리고 모톤 크롤도 영화 등을 통해 예술에서 나타난 관료제의 여러 가치들에 대해 우리에게 많은 것을 시사해 주고 있다.[51]

---

45) 굳셀은 버지니아 주 블랙스버그(Blacksburg)에 있는 버지니아 폴리테크(Virginia Polytechnic Institute and State University)의 행정 · 정책센터(Center for Public Administration and Policy) 교수로 재직하였다.

46) 머레이는 뉴욕 주 화이트 프레인즈(White Plains)에 있는 패이스 대학교(Pace University) 행정학과 부교수로 재직하였다.

47) Charles T. Godsell and Nancy Murray (eds.), *op. cit.*, pp.3–8.

48) *Ibid.*, pp.ix–xi.

49) Charles T. Goodsell and Nancy Murray (eds.), *op. cit.*, pp.11–21.

50) Marc Holzer and Linda G. Slater, "Insights into Bureaucracy from Film : Visualizing Stereotypes" in Charles T. Goodsell and Nancy Murray (eds.), *op. cit.*, pp.75–90.

51) Elsie B. Adams and Frank Marini, "Regimentation and Rebellion in 'One Flew Over the Cuckoo's Nest'" in Charles T. Goodsell and Nancy Murray (eds.), *op. cit.*, pp. 59–74. ; Morton Kroll, "The Administrator–Viewer Reviewed, Through Film", in Charles T. Goodsell and Nancy Murray (eds.), *op. cit.*, pp.91–106.

이와 같이 초기에는 연구의 영역이 주로 소설(literature)로만 국한되어 왔으나 근자에 들어서는 이 벽이 허물어지고 있다. 즉 보다 다양하고 첨단적인 영역에까지 연구의 관심이 확대되고 있다. 영화, 드라마, 시, 고전문학, 영상예술, 그리고 심미이론분야까지 연구의 대상과 영역으로 활용이 되고 있는 것이다.

이런 관점에서 보더라도 이제 행정학을 위시한 학문적 움직임은 협소한 과학적 한계성에서 탈피하여 보다 넓은 세계 다시 말하자면 예술들을 포함하는 총체적 영역으로 확산되어 나가야 할 것이다. 이러한 행정학에 있어서의 새로운 지평에 눈을 뜨게 해 준 사람이 바로 왈도였던 것이다. 그는 마치 잔을 거꾸로 들 듯이 발상의 전환을 통한 새로운 시각의 접근이 행정학에도 반드시 필요하다는 점을 일깨워 준 것이다.

18/

정통파 행정이론의 비판과 행정행태 : 허버트 사이몬

1. 삶의 발자취

왈도와 미국 행정학계에서 쌍벽을 이룬 허버트 사이몬(Herbert A. Simon)은 1916년 6월 15일 위스콘신(Wisconsin) 주의 밀워키(Milwaukee)에서 출생을 하였다.[1] 사이몬은 1933년에 시카고 대학교(University of Chicago)에 입학을 하여 1936년에 학사학위를 받고, 당대 최고의 정치학자들인 해롤드 라스웰(Harold Lasswell)과 찰스 메리엄(Charles Edward Merriam) 교수 등의 지도를 받은 후[2] 1943년에 박사학위를 받았다.[3] 그는 1938년

---

1) *Who's Who* in America, Vol.2 (Chicago : Marquis Who's Who, 1977), p.2889.

2) Mie Augier & James March, "Remembering Herbert A. Simon (1916-20

에 도로시 피이(Dorothea Pye)와 결혼을 하고, 1942년에 일리노이 공과대학(Illinois Institute of Technology)에 자리를 잡았고 1946년에서 1949년까지 정치·사회과학과의 학과장을 맡았었다.[4)]

그런 후 1949년에 한때 철강 및 제철도시로 유명했던 펜실베이니아 주 피츠버그(Pittsburgh) 시에 소재한 카네기 멜론 대학교(Carnegie Mellon University)로 자리를 옮겨 경영학, 행정학, 인지심리학, 철학, 그리고 컴퓨터 과학 등 여러 분야에서 많은 학문적 업적을 남겼다. 또한 그는 1980년에 중국 텐진 대학(天津大學)의 명예교수로 위촉되었고 1986년에는 베이징 대학(北京大學)의 명예교수와 중국과학원(Chinese Academic Science) 심리학 분과의 과학자 협회 명예회원으로 추대[5)]되었으며 최근까지 정부와 민간기업의 조직 컨설턴트로 맹활약을 하다가 2001년 2월 9일 영면하였다.[6)]

그는 예산국 등에서 재직한 공직기록도 가지고 있다. 또한 그는 많은 수상경력도 가지고 있는데 그중 가장 영예스럽고 대표적인 것이 1978년에 수상한 노벨 경제학상(the Nobel Prize in Economics)이다.[7)]

---

01)", *Public Administration Review*, Vol.61 No.4 (2001), pp.396-402. ; https://en.wikipedia.org/wiki/Herbert_A._Simon

3) 사이몬에 대한 삶의 발자취는 다음의 책을 참고하였다. Brian R. Fry, *Mastering Public Administration : From Max Weber to Dwight Waldo* (Chatham, New Jersey : Chatham House Publishers, Inc., 1989), pp.182-184.

4) 이병철, 「행정의 역사와 이론」 (부산 : 도서출판 금정, 2003), 205쪽. ; https://en.wikipedia.org/wiki/Herbert_A._Simon

5) 정철현, 「행정이론의 발전 : 베버에서 오스본까지」 (서울 : 다산출판사, 2003), 142쪽.

6) 이병철, 「앞의 책」, 205쪽.

7) 이병철, 「앞의 책」, 205쪽.

2. 사이몬과 행정

2.1 조직의 의사결정에 대한 강조

그의 기본적인 많은 생각들이 1945년에 출간된 그의 첫 번째 저작인 「행정행태론」(Administrative Behavior)[8]에 실려 있다. 그의 학문적 관심은 사회과학전역에 걸쳐있는데 이를 입증하는 여러 사실들이 있다.[9]

그는 정치학으로 박사학위를 받긴 했지만 그 영역에 한정되지 않고 행정 분야와 산업관리 분야에서도 괄목할만한 업적을 창출하였으며 또한 컴퓨터심리학과 교수로도 재직하고 이미 언급하였듯이 경제학 분야에서 1978년도에 노벨 경제학상을 받기도 하였다.[10] 또한 전문 학술논문집에 게재된 그의 논문들은 인류학을 제외한 전 사회과학분야를 두루 다루고 있다.[11] 그리고 그는 정치학회, 경제학회, 심리학회, 사회학회, 컴퓨터학회, 관리과학회, 철학학회 등의 학회회원으로 활약하였다.[12]

---

8) Herbert A. Simon, *Administrative Behavior : A Study of Decision-Making Processes in Administrative Organization* (New York : The Free Press, 1945).

9) 이병철, 「앞의 책」, 205쪽.

10) 사이몬은 "제한된 합리성(bounded rationality)에 관한 연구"로 노벨 경제학상을 수상하였다. 노벨 경제학상이 수여된 이유는 주로 1947년에서부터 1957년 사이에 이루어진 연구결과들에 의해서였다. 이러한 연구결과들은 조직 내에서의 의사결정과정을 과학적으로 분석하고 있다. 정철현, 「앞의 책」, 141쪽. ; Herbert A. Simon, *Models of Man : Social and Rational* (New York : Wiely, 1957), p.ix.

11) *Ibid.*, p.vii.

12) 이병철, 「앞의 책」, 205-206쪽.

그러나 사이몬이 일관되게 지향하고 있는 관심사는 의사결정에 관한 것이다. 1945년에 출간된 행정학에 있어서 그의 첫 작품인 「행정행태론」에서 그가 주장하고자 한 것은 조직이론에 있어서 분석의 초점과 공통적 운영언어로써 의사결정을 부각시킨 것이다.13)

사이몬은 앞선 조직론 자들이 제시했던 것과는 완전히 상반되고 차별화 된 다른 접근법을 제시하고 있는 것이다. 즉 그는 행정이론에 있어서 행위과정 못지않게 의사결정과정에 관심을 기울여야 함을 강조한 것이다.14) 그는 의사결정이 없는 행위 또는 행동이란 불가능한 것으로 생각하였던 것이다.15) 그런 입장에서 그는 종전의 고전이론주의자들이 제시했던 조직에 대한 언어를 속담(proverb)이라고 폄하하면서 앞으로 조직의 연구는 의사결정을 주요 분석의 기준으로 하여 이루어져야 함을 주장하였던 것이다.16)

또한 그가 도널드 스미스버그(Donald Smithburg)와 빅터 톰슨(Victor Thompson)과 같이 공동 저작한 「행정학」에서도 행정에 관한 다양한 시각들을 종합적으로 정리하려고 한 점도 높이 평가 할 수 있는 점이지만 조직의 의사결정에 대한 강조를 간과해서는 안 될 것이다.17) 또한 제임스 마치(James March)와

---

13) 이병철, 「앞의 책」, 206쪽.
14) James W. Fesler and Donald F. Kettl, *The Politics of the Administrative Process*, 2nd ed. (Chatham, New Jersey : Chatham House Publishers, Inc., 1996), p.217.
15) *Ibid.*, p.217.
16) 이병철, 「앞의 책」, 206쪽.
17) Herbert A. Simon, Donald W. Smithburg, and Victor A. Thompson, *Public Administration* (New York : Knopf, 1950). ; 이병철, 「앞의 책」, 206쪽.

공동 저작한 「조직론」(Organizations)에서도 그는 행정행태론에서 제시했던 이론적 준거 틀들을 더욱 정교하게 세련 화 시켰으며 이러한 이론들이 내포하고 있는 실증적 증거들을 보다 더 광범위하게 정리해주고 있다.18)

그리고 자신의 논문들을 집대성하여 정리한 「인간의 모형들」(Models of Man)에서도 자신이 주장한 의사결정의 기본적 요소들을 정형화시켜 제시하고 있다. 이외에 「새로운 관리의사결정학」19)에서 그는 컴퓨터와 관련시켜 조직의 의사결정을 설명하고 있고 「인공과학」20)에서도 인간을 정보처리체계로 모형 화하고 있다.21)

2.2 행정의 과학화

사실상 사이몬은 그 당시 학문적으로 유행하던 행태주의22)

---

18) James G. March and Herbert A. Simon, *Organizations* (New York : Wiley, 1958). ; 이병철, 「앞의 책」, 206쪽.

19) Herbert A. Simon, *The New Science of Management Decision* (Englewood Cliffs, New Jersey : Prentice-Hall, 1977).

20) Herbert A. Simon, *The Science of the Artificial* (Cambridge, Mass. : MIT Press, 1969).

21) 이병철, 「앞의 책」, 206-207쪽.

22) "행태주의"라는 용어는 심리학자인 존 왓슨(John B. Watson)에 의해 만들어진 용어이다. 종전까지 프로이드 심리학에서 주장되어 온 정신분석적 방법론에서 탈피하여 인간의 행태분석을 통한 심리분석의 과학적이고 계량적인 방법론을 주장한 것이 바로 행태주의이다. 이러한 행태주의 적 방법론은 정치학의 연구방법으로 데이비드 이스턴(David Easton)에 의해 받아들여졌다. 이스턴은 행태주의의 신조(信條)로 여덟 가지를 들고 있다. 행태주의의 성격을 이해하는데 도움이 되므로 이를 열거하면 다음과 같다. 첫째, 규칙성(regularity) 둘째, 검증(testability)의 중시 셋째, 자료의 타당성, 신뢰성 및 비교가능성을 보장할 수 있는 기술의 필요 넷째, 질적 정보를 양적 정보로 바꿀 수

를 행정학에 받아들여 행정의 과학화에 지대한 공헌을 하였다. 물론 사이몬 이외에도 로버트 달(Robert A. Dahl)과 체스터 바나드(Chester Irving Barnard) 등이 행정학의 과학성을 주장하였다.[23] 이 중 달은 행정과학의 적실성에 대한 논쟁을 제기하면서 행정과학의 성립 가능성에 의문을 제기했다. 특히 행정 행태에 대한 기계론적 가정에 대해 의문을 제기했다.[24] 그러면서 달은 행정학이 과학적 학문이 되기 위해선 어느 행정문화나 가치체계에서도 제약을 받지 않는 초월적인 보편이론으로 거듭나야 한다는 점을 분명히 하였다.[25]

그는 행정학이 과학적 행정이론을 정립하기 위해서는 세 가지 문제를 해결하여야 한다고 주장하였다. 규범적 가치의 문제, 개별적 가치체계의 문제 그리고 행정 문화 풍토 혹은 행정 문화 환경에서 연원되는 변수로 인한 제약 등의 문제점을 해결할 수 있어야 한다고 보았다.[26]

그래서 그는 행정학이 과학화하기 위해서는 인간행태에 대한 이해와 예견이 이루어질 수 있어야 하며 이러한 가치체계의 제약에서 벗어나는 보편적 진리로서 타당성을 확보하기 위해

있는 계량화 다섯째, 가치중립성 여섯째, 체계화된 이론추구(체계성의 추구) 일곱째, 순수과학 여덟째, 분과학문 간의 연관성 표방 등이다. 이러한 행태주의를 행정학에 접목시킨 학자는 허버트 사이몬이다.

23) Robert A. Dahl, "The Science of Public Administration", *Public Administration Review*, Vol.7, No.1, 1947, pp.1–11. ; Chester I. Barnard, *The Function of Executive* (Cambridge, Mass. : Harvard University Press, 1938).

24) 이종수 · 윤영진 · 곽채기 · 이재원 외, 「새 행정학 2.0」 (서울 : 대영문화사, 2014), 62쪽.

25) 이병철, 「앞의 책」, 207쪽.

26) 이병철, 「앞의 책」, 207쪽.

서는 행정학도 다른 기타의 사회현상과의 연관성 속에서 상호 비교 연구되어져야 한다는 점을 주장하였다.[27)]

2.3 논리실증주의에 입각한 행정학과 고전 정통이론에 대한 비판

사이몬의 행정사상과 이론들을 간략히 살펴보면 우선 그는 논리적 실증주의에 입각하여 행정현상을 이해하고 설명하려고 했다. 이러한 그의 학문적 경향성은 나치의 학정을 피하기 위해 미국으로 이주해 온 루돌프 카납(Rudolf Carnap)의 영향을 많이 받았다. 카납은 비엔나 서클(Vienna circle)의 일원이었으며 미국으로 이주 후 시카고 대학교에서 논리실증주의(logical positivism)를 전파시킨 대표적 학자였다.[28)]

그는 형이상학의 세계는 경험적 지식과 대립되며 이러한 세계에서 제기된 문제들은 인간지식의 한계를 초월한다는 입장에서 불확실하다고 보았고 그러한 맥락에서 형이상학적 연구를 의미 없는 것으로 이해하였다. 이러한 생각에 기초하고 있었기 때문에 그는 이러한 형이상학적 진술은 거짓진술(pseudo statement)이라고 보고 진정 의미 있는 지식은 사실과 거짓, 유(有)와 무(無)를 확연히 나누고 가를 수 있는 지식이어야만 된다고 보았다.[29)]

사이몬도 이러한 생각의 연장선상에서 조직의 의사결정과정

---

27) Robert A. Dahl, *Ibid.* ; 이병철, 「앞의 책」, 207쪽.
28) 이병철, 「앞의 책」, 207-208쪽.
29) 이병철, 「앞의 책」, 208쪽.

에서 인간의 합리적 선택심리를 측정하고 보편이론을 도출하는 과정을 제시하면서, 검증되지 않은 채 가치개입이 이루어진 행정이론은 속담에 불과하다고 보아 종래의 고전 정통이론, 즉 정통 행정관리론을 비과학적 행정이론이라고 규정하고 있다.[30)]

> "정치·행정이원론에 기초해 가치중립적인 원리를 탐구했던 행정관리론도 비판의 대상이 됐다. 달(R. A. Dahl), 왈도(D. Waldo), 사이먼(H. A. Simon)을 중심으로 행정원리의 보편성과 과학성에 대한 의문이 제기됐다."[31)]

사이몬이 이렇게 전통 고전이론들을 통박한 까닭은 루더 규릭 등이 제시한 원리들이 용어만큼이나 애매모호하며 조직 내에서 동시에 적용될 때 서로 상충되어 어떤 것을 채택하고 어떤 것을 버려야 할지 알 수 없기 때문이라는 것이다.[32)] 예컨대 명령통일의 원리와 전문화의 원리는 서로 역관계에 있으며 부서 편성의 원리에 있어서도 장소에 의한 편성이나 기능에 의한 편성이 다 같이 전문화를 충족시키지만 동시에 하나의 조직 내에서는 추구될 수 없다는 모순점을 가지게 된다는 것이다.[33)]

즉 전문화의 문제에서 보면 다음과 같은 두 개의 대안 중 어느 것이 추구되어져야 할 것인가 하는 문제에 봉착하게 된다는 것이다. 예를 들어 간호사가 어떤 한 특정구역에 배치되어

---

30) 이병철, 「앞의 책」, 208쪽.
31) 이종수 · 윤영진 · 곽채기 · 이재원 외, 「새 행정학 2.0」 (서울 : 대영문화사, 2014), 61쪽.
32) 이병철, 「앞의 책」, 208쪽.
33) 백완기, 「행정학」 (서울 : 박영사, 1998), 29쪽. ; 이병철, 「앞의 책」, 208쪽.

그 구역 안의 모든 간호업무를 전담하는 경우와 서로 다른 역할을 가진 간호사들이 각각 투입되어 각각의 역할에 따른 업무를 담담할 경우의 문제인 것이다. 앞의 예는 장소에 따른 전문화이고 뒤의 예는 역할과 기능에 관한 전문화를 이야기하고 있다. 따라서 이러한 전문화가 서로 상충적으로 나타날 때 어느 대안을 선택해야 할지 모순적이고 명료하지 못하다는 비판이다.[34)]

그리고 목적, 과정, 장소, 고객에 대한 조직원리 역시 중심단어의 의미가 명료하지 못하다는 한계를 지닌다는 것이다. 예를 들어 범인을 체포하는 일은 경찰의 목적도 되고 또한 과정도 된다는 것이다. 이와 같이 어느 특정분야에 관심을 집중시키다 보면 다른 분야가 희생될 수도 있다는 것이다.[35)]

또한 통솔의 범위 역시 행정효율이 상관의 명령을 받아야 하는 부하의 수가 적을 때 증가된다고 하는 것인데 이것은 행정계층의 증가를 오히려 부채질하는 것으로 행정계층의 감소가 행정효율을 증가시킨다는 원리와 상반이 되는 것이다.[36)]

이러한 원리의 딜레마는 대단위의 조직에 있어서 구성원간의 접촉이 동일한 상관이 발견될 때까지 계속되어야 하므로 제한된 통솔의 범위는 오히려 지나친 관료적 형식주의를 초래할 수 있는 것이다. 그렇다고 계층을 최소한으로 축소할 경우 한 상관이 너무 많은 수의 부하를 감독하여야 하고 이들에 대한 통제가 약해 질 우려가 있다.[37)]

---

34) 이병철, 「앞의 책」, 208쪽.
35) 이병철, 「앞의 책」, 208-209쪽.
36) 이병철, 「앞의 책」, 209쪽.
37) 이병철, 「앞의 책」, 209쪽.

따라서 통솔범위의 적정수준이 무엇인지 분명하게 결정될 수가 없음으로 이 원리는 결국 조직에 있어 실제 문제해결에 아무런 도움을 주지 못한다는 것이다.[38] 그래서 그는 이러한 것들, 즉 명령통일의 원리와 전문화의 원리, 부서 편성의 원리, 통솔의 범위의 원리 등이 원리가 아니라 속담에 불과하고 기껏해야 기준이나 개념에 불과하다고 비판했던 것이다.[39]

> "사이먼은 행정관리론의 핵심인 전문화의 원리, 명령 통일의 원리, 통솔 범위의 원리, 부성화의 원리들이 서로 모순된다고 지적하면서, 이들 이론은 과학적인 실험을 거치지 않은 격언(proverb)에 불과하다고 비판했다."[40]

1938년에 발간된 체스터 바나드의 「관리자의 기능」[41]이라는 책에서도 바나드는 개념적 면에서 정통파 행정이론에 문제가 있다는 이의를 제기했음도 이와 맥을 같이 하는 것이다.[42]

사이몬은 이러한 문제들을 해결하는 행정이론의 접근법을 나름대로 제시하고 있다. 우선 이러한 개념들이 과학적으로 유용할 수 있도록 행정 상황에 대한 계량적 정의(operational definition)를 확립시키며 둘째, 행정 상황에 대한 보다 객관적이고 합리적인 진단이 이루어져야 한다는 것이다. 즉 행정원리가 다루어

---

38) Herbert A. Simon, "The Proverbs of Administration", *Public Administration Review*, Vol.6, (Winter 1946), pp.53-67.

39) 이병철, 「앞의 책」, 209쪽.

40) 이종수 · 윤영진 · 곽채기 · 이재원 외, 「새 행정학 2.0」 (서울 : 대영문화사, 2014), 61-62쪽.

41) Chester I. Barnard, *The Function of the Executive* (Cambridge, Mass : Harvard University Press, 1938, 1943 & 1968).

42) 이병철, 「앞의 책」, 209쪽.

야 하는 합리성의 한계 때문에 행정이론은 어떠한 기술, 가치, 지식에서 조직구성원이 그의 업무를 담당할 것인가를 결정 할 수 있는 요소들에 관심을 가져야 한다는 것이다. 셋째, 행정원리간의 상대적 가중치를 측정해야만 한다는 것이다. 이 말은 행정원리의 상대적 중요성을 결정하여야 하며 이를 결정하는데 있어 경험적 연구와 실험이 필요로 된다는 것이다.[43]

2.4 제한된 합리성과 만족모형

또한 사이몬은 의사결정 이론과 제한된 합리성(bounded rationality)[44] 이론을 발전시켜 만족모형(satisficing model)이라는 정책결정 모형을 제시했다. 혹자에 따라서는 이모형을 제한된 합리모형이라고도 부르기도 한다.[45]

사이몬이 주장한 이모형은 "우리가 할 수 있는 최선의 것을 해야 한다"는 명제 하에 제한된 합리성을 긍정적으로 시인한 것으로,[46] 현실적인 정책결정과정에서 대안들을 모두 탐색하거나 각 대안들이 가져올 모든 결과들을 추정하기에는 인간이 가지고

43) 이병철, 「앞의 책」, 209쪽.

44) 제한된 합리성(bounded rationality)이란 사이몬에 의해 제기된 개념으로서 인간은 합리적 이려고 노력을 하지만 실제에 있어서는 완벽한 정보를 얻기 힘들고 미래의 결과에 대한 가치부여가 매우 불완전하고 현실의 상황에서 모든 가능한 대안들을 실질적으로 고려 할 수 없으며 인간의 의사결정에 중요한 역할을 하는 기억력과 주의력 등이 제한되어 있는 등 여러 가지 이유 때문에 전적으로 합리적일 수 없어서 부득이 대안의 선택을 제약조건 하에서 얻어진 정보를 사용하여 자신의 인지능력을 벗어나지 않는 범위 내에서 합리적으로 결정할 수밖에 없다는 의미를 담고 있다. 정철현, 「앞의 책」, 152-153쪽.

45) 이병철, 「앞의 책」, 209-210쪽.

46) H. George Frederickson, *op. cit.*, p.5. ; 이병철, 「앞의 책」, 298쪽.

있는 지식학습능력, 기억능력, 계산능력, 정보의 활용과 관리능력 등의 제한이 따르기 때문에 정책결정자는 이상적이라고 말할 수 있는 최적의 대안(the best alternative)은 아니더라도 제약조건아래에서 만족할 만한 정도의 대안(satisfactory alternative)을 찾으면 더 이상의 대안탐색을 중지하고 만족할 만한 정도의 대안을 의사결정의 대안으로 선택하게 된다는 것이다.[47]

이모형은 현실적인 정책결정과정에 적합한 정책결정모형을 제시해 준다는 측면에서 장점[48]을 가지기는 하지만 현실적 정책결정과정에서 만족할만한 대안을 찾은 다음에는 더 이상의 대안탐색을 스스로 중단함으로써 더 중요한 대안이 도출되어질 수 있음에도 불구하고 이것을 탐색하지 않고 중도에 포기해 버리도록 하는 단점[49]도 가지고 있다.[50]

또한 대안 간의 비교를 하기 위해선 대부분의 대안들을 화폐적 가치로 치환을 하여 비용과 편익을 계산해 내야 하는데 실

---

47) James W. Fesler and Donald F. Kettl, *The Politics of the Administrative Process*, 2nd ed. (Chatham, New Jersey : Chatham House Publishers, Inc., 1996), p.225. ; 이병철, 「앞의 책」, 210쪽.

48) 만족모형의 장점으로 첫째, 더 이상의 대안탐색을 중지함으로써 정책결정에 소요되는 많은 비용을 절감할 수 있고 둘째, 현실세계의 정책결정을 가장 잘 설명해주고 있으며 셋째, 상위목표의 다양화를 추구하여 행정서비스의 확대에 기여할 수 있다는 점 등을 열거할 수 있다. 정철현, 「앞의 책」, 153-154쪽.

49) 만족모형의 단점으로 첫째, 대안선택에 있어서 주관적 판단의 지배를 받기가 쉬우며 둘째, 정책결정자가 만족화의 기준에 의해 대안을 선택한다고 하더라도 이러한 대안은 다분히 현실 만족 적이며 보수적인 나머지 혁신적이거나 창조적인 대안이나 최선의 대안발굴을 위한 노력을 쉽게 포기하는 경향이 있고 셋째, 이모형은 개인적이고 심리적인 차원의 모형이며 개인의 만족의 총합이 반드시 조직 전체의 만족은 아니며 특정인의 만족은 타인의 불만을 가져올 수도 있다는 점을 설명하지 못하고 있다는 점 등을 열거할 수 있다. 정철현, 「앞의 책」, 154쪽.

50) 이병철, 「앞의 책」, 210쪽.

제적으로는 가치와 연계가 될 경우 계산을 해내는데 여러 어려움이 수반이 될 수 있다는 단점과 제약조건아래에서 만족할 만한 정도의 대안을 찾을 때 어느 정도가 되어야 만족한 것인지에 대한 객관적이고 명료한 답을 구하기가 어렵다는 점도 한계로 볼 수 있는 것이다.51)

2.5 사이몬 행정학의 평가

이상에서 살펴보았듯이 사이몬은 행태론 적 접근법 등을 행정학에 도입하였을 뿐만 아니라 1930년대에 대두된 논리적 실증주의에 입각하여 분석적 기법에 의해 명백히 가치를 사실과 분리하고 사실만을 연구대상으로 삼아야 한다고 주장하면서52) 합리성 이론이나 갈등이론 그리고 권위이론 등을 나름대로의 자연과학적 연구방법론과 접목시켜 연구함으로써 행정학을 객관화시키고 과학화시키는데 크게 기여하였다.53)

"논리실증주의자인 사이먼은 경험적으로 확인된 원칙을 발견하자는 주장을 제기하면서 행정학 연구에 자연과학의

---

51) James W. Fesler and Donald F. Kettl, *The Politics of the Administrative Process*, 2nd ed. (Chatham, New Jersey : Chatham House Publishers, Inc., 1996), p.225.
52) Herbert A. Simon, *Administrative Behavior : A Study of Decision-Making Processes in Administrative Organization* (New York : The Free Press, 1976), ch.3. ; Vincent Ostrom and Elinor Ostrom, "Public Choice : A Different Approach to the Study of Public Administration", *Public Administration Review*, Vol.31, No.2 (1971), p.204.
53) 이병철, 「앞의 책」, 210쪽.

연구방법을 도입하는 것을 강조했다. 이를 위해서는 사실과 가치를 구분해 과학으로서의 행정학은 사실만을 다뤄야 한다고 주장했다."[54]

추구해야 할 목표는 누구에 의해선 주어지는 것으로 상정하였으며 그렇지 못 할 때 계서 적 대화를 통해서 가치는 스스로 발생되는 것으로 생각하였다. 그러나 신행정학 이론은 이러한 모든 주장의 근저에 흐르고 있는 가치중립성을 행정이론에 지나치게 강조하는 것은 지식을 통한 윤락행위라고 비난하고 있다.[55]

특히 종전까지 연구의 대종을 이루었던 사회적 제도나 구조 그리고 기능에 대한 연구에서 탈피하여 의사결정과정을 새로운 연구의 화두로 제시하였다는 점 역시 그의 학문적 공헌으로 인정 할 수 있는 것이다.[56]

이러한 사이몬의 학문적 사상과 이론에 영향을 끼친 학자들이 많이 있지만 그 중 체스터 바나드의 영향과 역할은 매우 특이하고 중요하다고 사료된다.[57]

사이몬에게 학문적으로 많은 영향을 끼친 바나드는 1886년 11월 7일 매사추세츠 주의 말덴(Malden)에서 출생하였다. 집안의 분위기는 검소하면서 지(知)적이었고 모친이 사망한 후에 부친에 의해 양육되었다. 집안 형편이 어려웠기 때문에 문법학교를 마친 후부터 일터로 나가지 않으면 안 되었다.[58]

---

54) 이종수 · 윤영진 · 곽채기 · 이재원 외, 「앞의 책」, 62쪽.
55) H. George Frederickson, *op. cit.*, p.5. ; 이병철, 「앞의 책」, 298쪽.
56) 이병철, 「앞의 책」, 210쪽.
57) 이병철, 「앞의 책」, 211쪽.
58) 이병철, 「앞의 책」, 211쪽.

그는 피아노 조율사로 일하면서 공부를 게을리 하지 않았고 그런 각고의 노력 끝에 매사추세츠 주 노스 필드에 있는 명문 사립 고등학교인 마운트 허만 고등학교(Mount Hermon School)에 진학하였으며 어려운 여건에도 불구하고 장학생으로 학업을 이수하였고 그런 노력과 고생 끝에 하버드 대학교에 진학을 하게 되었다. 이 학교에서 그는 경제학을 전공하였다. 그러나 그는 화학과 물리학 등 실험과목 때문에 하버드 대학교에서 학위를 받지 못하였다.[59]

그는 보다 높은 교육을 받지 못해 그에 상응한 학위는 없으나 브라운 대학이나 프린스턴 대학교와 같은 명문 대학에서 명예학위를 수여 받았다. 1909년에 하버드 대학교를 떠나 뉴저지 벨 전화회사(New Jersey Bell Telephone Company)에 입사하였다. 그는 이 회사 내에서 능력을 인정받아 4년 만에 부사장으로 승진되었다.[60]

1928년 41세의 나이로 그는 뉴저지 벨 전화회사 사장이 되었으며 1948년 록펠러재단의 이사장이 되기 위해 뉴저지 벨 전화회사를 퇴사할 때까지 많은 세월을 이 전화회사에 헌신을 했다. 이곳에서 보고 듣고 몸소 행하면서 몸에 밴 경영경험이 그의 행정을 보는 시각에 많은 도움을 주었다. “조직운영의 경영원칙"(Business Principles in Organization Practice)과 ”최고관리자 능력개발“(Development of Executive Ability)등의 논문이 바로 이러한 뉴저지 벨 전화회사에서의 경영경험을 통해 얻은 소

59) 이병철, 「앞의 책」, 211쪽.
60) 이병철, 「앞의 책」, 211쪽.

산이었고 1938년 「최고관리자의 기능」(The Function of Executive) 이란 그의 저서를 집필하기 위한 토대가 되어 주었다.[61]

그는 「최고관리자의 기능」을 출간해 낸 이후에도 많은 사회적 활동을 하였다. 1942년부터 1945년까지 미국 위문 협회(United Service Organization : USO) 회장을 역임하였고 1948년 록펠러재단의 이사장직을 맡고 정년이 되는 1952년까지 록펠러재단에서 맡은바 소임을 다하였다. 그런 후 국립과학재단(National Science Foundation : NSF)의 위원회의 의장을 역임하는 등 다양한 공적 활동을 하다가 1961년 6월 7일 타계하였다.[62]

이렇게 삶을 살아간 바나드는 조직을 하나의 의사결정의 체계라고 보았는데 이러한 시각은 나중에 사이몬에게 깊은 영향을 주어 그가 집필한 「행정행태론」에서 조직을 의사결정과정으로 이해하려는 노력의 단초를 제공해 주었던 것이다. 그리고 바나드는 한 걸음 더 나아가 의사결정을 이분화 하여 논리적인 의사결정과 비논리적인 의사결정 그리고 개인적인 의사결정과 조직적인 의사결정으로 분류하였는데, 이 것 역시 사이몬에 영향을 주었다. 그리하여 사이몬은 행정의사결정과정에 있어 정형화된 의사결정(programmed decision making)과 비정형화된 의사결정(non-programmed decision making)으로 구분 짓는 분류기준에 대한 사고의 틀을 제공받게 해 주었던 것이다.[63]

---

61) Chester I. Barnard, *The Functions of the Executive* (Cambridge, Massachusettes : Harvard University Press, 1938). ; 이병철, 「앞의 책」, 211-212쪽.

62) Brian R. Fry, *Mastering Public Administration : From Max Weber to Dwight Waldo* (Chatham, New Jersey : Chatham House Publishers, Inc., 1989), pp.157-158. ; 이병철, 「앞의 책」, 212쪽.

참고적으로 정형화된 의사결정은 이미 의사결정에 대한 전례(前例)들이 존재하고 있어 그러한 전례에 따라 의사결정을 기계적으로 수행하는 것을 의미하는데, 예를 들면 이미 작성되어져 있는 표준운영절차(standard operating system : SOP) 등에 따라 의사결정을 하여 일을 처리하는 경우 등을 열거할 수 있다. 비교적 객관적이고 계량적인 논리와 자료에 입각한 결정을 가능케 하는 것이다.[64]

이에 반해 비정형화된 의사결정은 전례가 존재하지 않는 경우에 새로운 의사결정 환경이나 여건을 고려하여 최고관리자가 가지고 있는 정보, 경험, 직관, 지식, 그리고 자원 등을 가지고 새롭고 독창적인 의사결정의 틀을 만들고 이를 결정하는 것이다. 예를 들면 제2차 세계대전 당시 교착상태에 빠진 유럽전선에 새로운 돌파구를 모색하기 위해 드와이트 아이젠하워(Dwight D. Eisenhower) 장군에 의해 결정된 노르망디 상륙작전이나 1950년의 한국전쟁 당시 전황의 열세를 만회하기 위한 더글러스 맥아더(Douglas MacArthur) 장군의 인천 상륙작전 등을 열거할 수 있다. 이 의사결정모형은 상대적으로 주관적이고 비계량적인 논리와 자료에 입각하며 의사결정자의 직관이나 주관적 판단 그리고 경험 등에 의해 의사결정이 이루어지는 것이 특징이다. [65]

이외에 바나드는 의사결정을 최고관리자의 중요한 기능으로 이해를 하였으며 이 역시 사이몬에게 영향을 끼쳐 조직을 의사

63) 이병철, 「앞의 책」, 212쪽.
64) 이병철, 「앞의 책」, 212쪽.
65) 이병철, 「앞의 책」, 212쪽.

결정과정으로 이해를 하여 접근을 하게 되는 계기를 마련해 주었고, 나아가 무차별권역(area of indifference)이라는 개념을 설정하여 후에 사이몬으로 하여금 사람들이 다른 사람의 의사결정에 따르는 정도를 나타내는 수용 권 또는 수용권의 범위(zone of acceptance)라는 개념을 통해 권위의 수용을 통해 실효적 권위를 이해하게 해주는 결정적 역할을 함으로써 사이몬의 이 분야의 학문적 노력에 커다란 길잡이 역할을 해 주게 되는 것이다.[66)]

66) 이병철, 「앞의 책」, 211쪽.

19/

정의이론의 원조 : 존 롤스

1. 삶의 발자취

존 롤스(John Bordley Rawls)는 1921년 2월 21일 미국 메릴랜드(Maryland) 주 볼티모어(Baltimore)에서 출생하였다. 그는 코네티컷(Connecticut) 주에 소재한 켄트 학교(Kent School)로 전학을 가기 전 잠시 볼티모어에 있는 학교에 다녔다. 롤스는 이후 프린스턴 대학교(Princeton University)에 입학을 하여 다녔고 졸업을 할 때 최우등(summa cum laude) 졸업의 영예를 안았다. 졸업을 앞 둔 2년간 그는 신학과 그 교리에 깊이 빠져 있었다고 전해진다.[1]

---

1) https://en.wikipedia.org/wiki/John_Rawls

1943년에 그는 예술 학사 학위(Bachelor of Arts degree)를 받았으며 그 해 2월에 육군에 입대하였다. 2차 대전 동안 그는 뉴기니(New Guinea), 필리핀 등 태평양지역의 처참한 전쟁터에서 보병병사로 복무를 하였으며, 일본제국주의 세력의 항복으로 제2차 세계대전이 종결된 후엔 점령군 사령관이었던 더글러스 맥아더(Douglas MacArthur) 장군 휘하에서 근무를 하고 상사까지 진급을 하였다. 그러나 그는 히로시마의 원폭피해를 목격한 후 군에 대해 회의를 가지게 되었고 이로 인해 그는 1946년 1월 군을 떠나게 된다.[2)]

1946년 초에 그는 도덕철학(moral philosophy)과 관련 된 박사학위를 취득하기 위해 다시 프린스턴 대학교로 되돌아오게 된다. 그는 1949년 브라운 대학교(Brown University)를 졸업한 마가렛 폭스(Margaret Fox)와 결혼을 하였다. 그리고 1950년 프린스턴 대학교에서 박사 학위를 취득한 후, 롤스는 옥스퍼드 대학교(Oxford University)에서 1952년까지 강의를 하였는데 이 기간 동안 진보적 정치이론가며 역사가인 이사야 베를린(Isaiah Berlin)과 법이론가인 하트(H. L. A. Hart)로부터 많은 학문적 영향을 받았다.[3)]

영국에서 미국으로 돌아온 후, 그는 코널 대학교(Cornell University)에서 조교부터 시작해서 조교수, 부교수로 재직하였다. 그러다가 1962년, 코널 대학교에서 철학과 정교수가 되었다. 그리고 곧 매사추세츠 공과대학교(Massachusetts Institute of

---

2) https://en.wikipedia.org/wiki/John_Rawls
3) https://en.wikipedia.org/wiki/John_Rawls

Technology : MIT)로 옮겼고 그 곳에서 종신 교수 지위를 획득했다. 그리고 같은 해, 그는 거의 사십 여 년 간 재직을 하게 될 하버드 대학교(Harvard University)로 이적을 하였다. 그는 하버드 대학교에서 정치 철학 교수를 지내면서 도덕과 정치철학분야에서 토머스 네이겔(Thomas Nagel) 등 내놓으라하는 유능한 제자들을 배출해 내었다.[4)]

롤스는 이러한 학문적 위대성에도 불구하고 대외적인 인터뷰 등을 결코 하지 않았고 이러한 공인으로서의 위상을 내세우는 대신 철저하게 학자로서 그리고 가정에 충실한 평범한 사람으로 살아가려고 노력하였다. 1995년에 뇌졸증 진단을 받은 후 2002년 11월 24일 사망할 때 까지 저술 작업에 몰두하는 등 학자로서의 자세를 최대한 보여주었다.[5)] 그야말로 이상적인 학자의 전형이었다고 말 할 수 있을 것이다. 그는 1971년에 유명한 「정의론」[6)]을 발간하였고 2001년에는 「공정으로서의 정의」(Justice as Fairness) 등을 출간하였다.[7)]

2. 롤스와 행정

행정학의 주류 학자가 아니면서도 행정학 특히 행정철학과 윤리에 가장 큰 영향력을 끼친 학자로 손꼽을 수 있는 자가 바

4) https://en.wikipedia.org/wiki/John_Rawls
5) https://en.wikipedia.org/wiki/John_Rawls
6) John Rawls, *A Theory of Justice* (Cambridge, Mass. : Harvard University Press, 1971).
7) https://en.wikipedia.org/wiki/John_Rawls

로 존 롤스이다. 그는 사회적 정의에 대해 많은 숙고와 사색을 통해 나름대로 정립된 정의관을 통해 행정철학과 윤리에서 필요로 되는 도덕성과 공정성 그리고 형평성에 대한 기준과 방향을 제시해주었다. 여기에서는 롤스가 제시하고 주장하는 정의란 무엇인가에 대해 살펴보고, 다음 롤스의 정의관과 신행정학의 태동배경과 신 패러다임으로써의 유사점에 대해 살펴본 후 구체적으로 두 이론 간의 연계성을 고찰토록 한다.

2.1 롤스의 정의관

롤스는 모든 인간은 사회전체의 이익이라는 측면에서조차도 묵과되고 유린 될 수 없는 정의에 기반을 둔 신성 불가침권을 지니고 있다고 주장하고 있다. 그래서 정의로운 사회에선 정의에 의해 확보된 권리들을 정치적인 협상이나 상호이익이란 계산 하에 유린할 수 없다고 보는 것이다.8)

이러한 그의 기본적 전제를 고려한다면 그가 얼마나 정의의 우월성에 대해 객관적인 신념을 지니고 있는가를 알 수 있게 한다. 그는 이러한 소신을 피력키 위해 오랜 기간을 두고 개발한 정의의 이론이란 분석준거를 제시하고 있는데9) 이는 그의 정의에 대한 사상의 기본철학을 반영하는 것이다.10)

---

8) 이병철, 「행정의 역사와 이론」 (부산 : 도서출판 금정, 2003), 287쪽.

9) 1958년에 탈고된 'justice as fairness', 1963년에 발표된 'constitutional liberty','the sense of justice', 1966년에 공간된 'civil disobedience', 1967년에 펴낸 'distributive justice', 1968년에 출간한 'distributive justice : some agenda' 그리고 최초의 저작으로 'the justification of civil disobedience'등이 있다.

그는 데이비드 흄(David Hume)과 아담 스미스(Adam Smith), 제러미 밴담(Jeremy Bentham), 그리고 존 스튜어트 밀(John Stuart Mill)이 주축이 된 공리주의(utilitarianism)가 지난 2세기 동안 지배적이고 체계적인 도덕관이었음을 지적하면서도 공리성과 도덕성의 구별에 실패를 했다고 본다.[11]

이 말은 적용가능하고 체계적인 도덕적 개념구축에 실패를 했다는 것으로 그는 이런 관점을 대체시킬 개념으로 존 로크(John Locke), 장자크 루소(Jean Jacques Rousseau), 임마누엘 칸트(Immanuel Kant) 등에 의해 대변되는 사회계약(social contract)의 전래적 이론을 고도의 추상적 절차 화에 대한 일반화시도를 통해 독창적인 기존의 계약적 관점에서 나오는 자연권이론으로 표명되는 정의의 이론을 제시하고 있는 것이다.[12]

1) 롤스의 정의관에서 본 사회적 형평성(social equity)

이러한 정의이론에서 가장 중심이 되는 사상이 사회적 형평성이다. 조지 프레더릭슨(H. George Frederickson)의 주장처럼 이제 행정은 과거의 효율성과 경제성 위에 사회적 형평에 대한 고려가 이루어져야 하는 시대를 살아가야 하는 것이다. 다른 말로 하자면 국민이 형평에 대해 감지하는 효과의 정도에 따라 행정이나 정책의 성패를 판단해야 하는 그런 시대를 살고 있는 것이다.[13]

---

10) John Rawls, *op. cit.* ; 이병철, 「앞의 책」, 287쪽.
11) 이병철, 「앞의 책」, 287쪽.
12) 이병철, 「앞의 책」, 287-288쪽.
13) H. G. Frederickson, *op. cit.*, p.6.

바로 이러한 관점에서 행정은 공직의 윤리적 문제, 사회형평 실현의 문제 등에 대해 주 초점을 맞추고 있으며 이런 맥락에서 볼 때 분명히 현대행정학에서 가장 관심을 끄는 분야는 경험적인 것이 아니라 철학적, 규범적, 사변적(思辨的)이라고 말해도 지나침은 없을 것이다.[14]

사실상 사회적 형평성에 대한 논의가 오랜 역사적 흐름과 궤를 같이 하며 면면히 이어져 내려왔으나 그러한 논의의 적용에 있어, 자유주의, 공리주의, 사회주의 등 어떠한 원칙에 의해 관장되든 진정한 평등분배에로의 접근, 즉 모든 사람이 만족할 수 있는 형평성의 충족으로의 길은 그리 쉽지 않았다.[15]

특히 공정한 분배를 둘러싼 문제의 경우, 사회형평에 관련된 논쟁들은 아리스토텔레스(Aristotle)의 비례적 배분정의[16] 이후 여러 원칙들의 미로 속을 계속 맴돌고 있다. 이러한 미로 속에서나마 올바른 길을 찾기 위한 노력이 여러 학자들에 의해 시도되었으나 그것들이 지닌 내재적 한계로 인해 본래의 의도를 달성하는데 제약을 많이 받았던 것이 부인할 수 없는 사실이다.[17]

---

14) 이병철, 「앞의 책」, 297쪽.

15) 이병철, 「앞의 책」, 288쪽.

16) 아리스토텔레스는 일반적 정의와 구별해서 특수적 정의를 두 가지로 구분하는데, 그 하나가 배분적 정의이고, 다른 하나가 보상적 정의이다. 배분적 정의는 명예·재화 등 시민들 간에 나누어야 할 것의 분배에 관한 원칙이고 보상적 정의는 여러 가지 형태의 상호교섭에서의 조정과 관련된 원칙이다. 아리스토텔레스, 「니코마스윤리학」 (정명오 편), 「세계대사상전집」 31 (서울 : 대양서적, 1973), 1129, b 29. ; 김항규, 「행정철학」 (서울 : 대영문화사, 1998), 240쪽에서 재인용.

17) 이병철, 「앞의 책」, 288쪽.

이러한 노력으로 들 수 있는 것[18]으로는 빌프레도 파레토(Vilfredo Pareto)의 형평성기준, 니콜라스 칼도(Nicholas Kaldo)의 형평기준, 던컨 맥뢰(Duncan Macrae)와 제임스 윌드(James A. Wilde)의 수직적, 수평적, 전이적 형평의 기준 그리고 정치적 환경과 결부된 평가기준으로써 선거민의 만족도, 고객의 반응성 정도를 가지고 따지는 것 등을 들 수 있으나 이런 것은 다분히 미봉적인 현실만족의 수준에 그 칠 수밖에 없다.[19]

---

18) 여기에선 그 내용과 내재적 한계를 간단히 설명코자 한다. 첫째, 파레토의 기준은 타인에게 해를 끼침이 없이는 사회적 후생을 증대시킬 수 없을 때를 말한다. 영화게임(zero sum game)상황에서 사회형평을 실현시키려 할 때 나타날 수 있는 기준이며 이것의 한계는 지나치게 현상유지 적이며 정책수단의 선택범위를 극도로 한정시키는데 둔다. 그리고 여기서 말하는 능률성의 개념은 후생경제학 적 정의에 따른다면 최대다수의 최대행복이란 관점으로 이해 할 수 있는데 이런 맥락에서 이 기준은 정부정책의 목표를 폭넓게 정의하고 있다는 장점이 있으나 개념자체가 논리적 모순성을 지니고 있다. James M. Henderson and Richard E. Quandt, *Microeconomic Theory : A Mathematical Approach* (New York : McGraw Hill, 1958 & 1980), p.202. ; Melvin Warren Reder (1947). *Studies in the Theory of Welfare Economics*, Columbia University, *Studies in the Social Sciences*, No.534 (New York : AMS Press, 1947), Ch.2. ; 둘째, 칼도기준에 의하면 정책의 집행으로 이익을 보는 자와 손해를 보는 자의 이익과 손실을 총체적으로 비교하여 이익의 총계가 손실의 총계를 초과하는 경우를 선호한다. 이것은 상당히 합리적인 장점을 지니지만 실제현상에선 이러한 비교분석 적 기준이 모호하고 가치 적 문제가 게재될 때 적용이 제한된다는 단점을 지닌다. Nicholas Kaldo, *An Expenditure Tax, Government of India*, Report of a Survey by N. Kaldo, (1955 & 1956), chelliah, pp.192-209. ; 셋째, 이러한 기준의 한계를 타개키 위해 맥뢰와 윌드는 형평성의 기준을 수직적 형평, 수평적 형평, 전이적 형평의 세 가지 차원으로 구분 정의한다. 수직적 형평이란 동등하지 않은 상황에 있는 사람은 동등하지 않게 대우하는 것이고 수평적 형평이란 동등한자를 동등하게 대우하는 것이고 전이적 형평이란 정책변화에 의해 손해를 보는 사람을 정당하게 대우하는 것이다. 이것은 적용논리의 현실성이란 장점이 있긴 하나 절충논리의 한계성을 지닌다는 단점이 있다. Duncan Macrae Jr. and James A. Wilde, *Policy Analysis for Public Decisions* (Balmont, CA. : Duxubury Press, 1979), pp.65-67.

19) 이병철, 「앞의 책」, 288-289쪽.

이러한 여러 한계로 인해 형평기준에 대한 명료한 개념정립이 어려운 실정에 처하게 되었으나 비교적 최근 롤스의 공정성으로서의 정의를 위한 사회계약론이 제시되어 지금까지 제시된 해묵은 논란이 다시 한 번 제기되게 되었다.[20]

그가 제시하는 정의론은 방대하여 쉽게 간추리기는 힘드나 여기에선 신행정학과의 맥락 속에서 사회정의 철학으로써의 사회형평과 주로 관련된 내용들을 논급코자 한다.[21]

2) 롤스 정의관에서 도출된 정의이론

우선 롤스 이론의 기본골격은 롤스가 정의한 원초적 사회에서 합의되는 계약의 대상이란 점에서부터 시작된다. 즉 최초의 평등하고 자유로운 상태에서 합리적인 사람들이 선택하는 원리가 바로 가장 순수한 정의이며 이것이 다른 하위의 합의사항들을 지배하는 근본원리가 된다는 것이다. 정의를 이와 같이 규정하는 것을 공정성으로서의 정의라고 부른다.[22]

여기에서 특기할 점은 정의의 개념과 공정성의 개념을 동일시하지 않고 정의가 공정성보다 더 근본적인 생각을 한다는 것은 잘못된 생각이라고 보는 관점이다. 즉 정의개념을 보다 구체화하기 위한 준거 틀로써 공정성이란 개념을 사용했다는 의미이며 이것은 정의를 사회적 제도의 미덕이나 실제라는 관점으로 이해해 정의를 협의적으로 국한시켜 보려 했다는 것을 뜻한다.[23]

---

20) 이병철, 「앞의 책」, 289쪽.
21) 이병철, 「앞의 책」, 289쪽.
22) 이병철, 「앞의 책」, 289쪽.

다음 롤스는 사회 안정이 기반을 둘 수 있는 정의원리에 대한 합의를 어떻게 얻을 것이냐 하는 난삽하고 광대한 문제점부터 파고들어 갔다. 정의사회의 정수(精髓)는 특정문제의 사소함에 구애받지 않고 혹은 자기가 바라는 특정한 위치에 대한 옹호함이 없이 이러한 합의에 도달 할 수 있는 도덕적 기준을 공유할 수 있느냐 없느냐에 있다.24)

이런 문제에는 두 가지 측면을 가지게 된다. 첫째는 정의의 구체적 원리에 대한 합의에 이르기 위한 원초적 선택상황이 있어야 하고 둘째는 사람들이 처음의 원리를 재확인하기 위해 또 불가피한 윤리적 난관을 타개키 위해 어떤 때라도 이 상황으로 되돌아 볼 수 있는 수단이 존재해야 한다는 것이다.25)

현대 사회상황은 이런 상황을 충족시켜 주기에는 극단적으로 조악하기 때문에 롤스는 이 양자의 상황을 나름대로의 관점에서 제시코자 하는 것이다. 정의에 관한 합의에 도달키 위한 수단으로 원초적 입장(original position)의 개념이 그래서 대두되게 되는 것이다.26)

---

23) 정의를 훌륭하고 좋은 사회라는 포괄적인 비전과 혼돈을 해서는 안 된다고 주장하고 있다. Peter Laslett and W. G. Runciman (eds.), *Philosophy, Politics and Society* (Oxford : Basil Blackwell, 1972), pp.132-133. ; 이병철, 「앞의 책」, 289-290쪽.

24) 이병철, 「앞의 책」, 290쪽.

25) 이병철, 「앞의 책」, 290쪽.

26) 원초적 상태는 대부분의 사회계약이론가들에 의해 사용된 고전적인 자연의 상태(the state of nature)와는 엄밀한 의미에선 다른 지적 조건이다. 따라서 이 상태는 고대의 역사적 사회, 즉 원시사회를 의미하는 것은 결코 아니며 최초의 평등이 존재하는 가상적 사회를 의미한다. David K. Hart, "Social Equity, Justice and the Equitable Administration", *Public Administration Review*, Vol.34, No.1, (January/February 1974), p.6. ; 이병철, 「앞의 책」, 290쪽.

이 원초적 상태는 누구도 자신의 사회적 지위나 재산소유의 정도 그리고 소지하고 있는 개인적 능력에 대하여 알지 못한다는 것을 가정한다. 바로 이것을 무지의 베일(veil of ignorance)이라 하는데 이것은 자신에게 유리한 쪽으로 생각하는 인간의 속성 때문에 자신의 처지를 모른다는 가정 하에 진정 옳은 것을 찾아야 한다는 논리이다.[27]

무지의 베일이란 개념에 흠결이 없는 것은 아니지만 그것이 전제되어야만 인간이 정의에 대한 본원적 계약을 할 수 있게 된다. 원초적 입장에 대한 도덕적 논의는 모든 사회구조에 기반이 될 두개의 정의의 원칙을 발생케 한다. 인간은 최초의 가상적 상태에서 완전히 평등하였지만 현실적으로 사회적 권위나 지위 그리고 경제적 부에 있어 불평등한 때가 더 많다고 할 수 있다.[28]

이러한 불평등한 분배 상황을 예견하고 있는 원초적 이성인은 정당성을 인정받을 수 있는 불평등을 사회적 분배계약의 원칙으로 삼으려 하는 것이다. 일반적으로 능력에 따른 분배, 지위와 직업에 따른 분배, 업무와 성과에 따른 분배, 그리고 상속 등을 통해 후대에 전해지는 유산에 의한 분배 등이 널리 알려져 있는 분배원칙이지만 이들이 정의로운 분배의 원칙이 될 수는 없다는 것이 롤스의 견해이다.[29]

원초적 이성인이 능력이나 지위에 따른 분배를 계약의 원리로 삼을 경우 그를 둘러싼 무지의 베일이 벗겨져서 만약 그가

---

27) 이병철, 「앞의 책」, 290쪽.
28) 이병철, 「앞의 책」, 290쪽.
29) 이병철, 「앞의 책」, 290-291쪽.

재능 있고 지위 높은 사람으로 판명이 되면 다행이겠으나 반대로 극빈자로 판명되면 그는 자기의 빈곤을 꼼짝없이 감내해야 되며 재분배를 위한 정당한 요구조차 할 수 없게 되기 때문이다. 결국 위에서 예로 든 분배원칙들을 채택하게 되면 현존하는 불평등을 타당한 것으로 받아들일 수밖에 없게 되는 것이다.[30]

따라서 원초적 계약인은 자신이 가난한 자로 판명될 경우에도 그의 피해를 최소화시킬 수 있는 새로운 계약원리를 모색하게 되는데 이때 롤스가 그러한 계약원리로써 제시하는 것이 바로 정의의 두 원칙(the two principles of justice) 또는 차등원칙(difference principle)이라고 하는 것이다.[31]

3) 롤스의 정의관 : 정의의 두 원칙

정의의 두 원칙은 다음의 두 가지 명제로 구성되어 있다. 첫째, 모든 사람은 다른 사람의 자유와 상충되지 않는 한도 내에서 가장 광범한 자유를 누릴 동등한 권리를 가져야 한다는 것이다. 여기에서 특기할 점은 아무리 경제적, 사회적 이익이 크다 해도 인간에게 주어진 권리를 파기하진 못한다는 점이다.[32]

둘째, 사회적, 경제적 불평등은 다음의 두 가지 조건들을 충족시킬 때에만 비로소 공정하다는 것이다. 하나는 불평등으로 인해 생겨난 이득은 이득을 가장 적게 얻은 최소 수혜자에게 유리하도록 써져야 한다는 것이고, 다른 하나는 불평등의 근원

30) 이병철, 「앞의 책」, 291쪽.
31) 이병철, 「앞의 책」, 291쪽.
32) 이병철, 「앞의 책」, 291쪽.

이 되는 직위와 직무는 모든 사람들에게 균등하게 개방되어 있어야 한다는 것이다.[33)]

위와 같은 정의의 두 원칙에 입각한 공정성으로서의 정의가 존중 되고 받아들여질 때 자발적 사회협동에 이르는 정의로운 분배사회가 도래 할 수 있다는 것이다. 그리고 개인적 재능과 개인적 기호가 개인의 영달을 위한 도구가 아니라 모두를 위한 사회적 자산으로 전환되고, 배상 받을 권리를 갖게 된 최소 수혜층 역시 불평등을 기꺼이 받아들일 수 있게 된다는 것이다.[34)]

이러한 정의의 두 원칙을 실현하기 위하여 배분, 안정, 소득이전지출 그리고 분배와 같은 네 가지 부문의 행정을 펼쳐야 한다는 것이다. 이때 자유와 기회, 소득과 부, 인간의 자존심 등 제1차 적 재화가 사회적으로 요구되는 최소한 이상으로 제공될 것이 강조되고 있다.[35)]

---

33) 이병철, 「앞의 책」, 291쪽.

34) 이병철, 「앞의 책」, 291쪽.

35) 이를 부정적으로 보는 시각에선 사회적 최소한의 모호성에 대한 비판인데 롤스 이론의 최대의 강점은 최소 수혜층이 그들의 당연한 권리로서 사회적 최소한을 요구할 수 있게 한 점이다. 그러나 그는 사회적 최소한에 대해 어떤 단언적 규정도 내리지 않아 단지 교의적인 당위규범의 성격을 못 벗어나고 있다. 그 결과 사회적 최소한의 높낮이에 관해 아직도 무수한 견해가 난무하며 누구나 합리적으로 쉽게 수긍할 사회적 최소한의 한도를 정하지 못하고 있다. 따라서 사회적 최소한의 설정은 오늘날 논자의 이념적 편향에 따라 얼마든지 자의적으로 제시될 수 있는 애매한 것이 되었다. 이러한 난맥상을 보고 하베이는 롤스의 이론이 해석하기에 따라 프리드먼(Milton Friedman)의 이론이 될 수도 있고 칼 마르크스(Karl Marx)의 이론이 될 수도 있다고 비판하고 있다. D. Harvey, *Social Justice and the City* (Baltimore, Maryland : The Johns Hopkins University Press, 1973), p.109. ; 이병철, 「앞의 책」, 291쪽.

4) 롤스의 정의관 : 절차적 정의(procedural justice)

또한 롤스의 정의관은 절차적 관점에서 게임의 룰을 전제한 최소극대화전략(minimax strategy)을 구상키 위한 개념도입으로 최악의 상태에서라도 최고의 이득을 보장해 줄 수 있는 그 무엇을 찾는 활력 적인 정의관이라 말 할 수 있다.[36]

여기에서 한 가지 더 부언할 것은 롤스의 정의관은 절차적 정의라는 것이다. 절차적 정의란 모든 사람이 합의 할 수 있고 수용할 수 있는 일정한 절차를 거쳐서 자원배분이 이루어지면 그러한 배분에 대해 이의를 제기할 수 없다는 것이다. 즉 적정하고 적당한 절차를 거쳤다는 것이 바로 정의로 인정되기 때문이다.[37] 따라서 이 절차적 정의는 순수한 의미에서의 정의라고 할 수 있다.[38]

---

36) 최소극대화이론의 보수성을 비판하는 입장도 있다. 즉 그의 최소극대화원칙에 입각한 사회계약론이 지나치게 보수주의적 심성에 처하고 있다는 점이다. 많은 경우 위험에 직면한 사람들은 예상되는 위험부담을 최소화하는 방향으로 의사결정을 하겠지만 인간의 모든 행태가 꼭 그런 것만은 아니다. 오히려 인간의 역사를 돌이켜 볼 때 전쟁이나 정치적 도박 등 최소극대화와 정반대의 의사결정이 많았음이 이를 입증해 준다. William J. Gore, *Administrative Decision Making : A Heuristic Model* (New York : John Wiely & Sons, 1964). 또 최소극대화를 추구하는 사람만 이성적이고 최대극대화를 추구하는 사람은 비이성적이란 말인가에 대해 명쾌한 해답을 던져 주지 못하고 있는 점도 비판의 대상이 되는 것이다. ; 이병철, 「앞의 책」, 292쪽.

37) 절차적 정의를 실현키 위한 정부개입의 불가피성에 대해 비판을 하는 입장도 있다. 즉 절차적인 정의를 실현키위해선 정부가 개입해야 되는데 이렇게 될 경우 정부가 비대화될 수밖에 없다는 딜레마에 직면케 된다는 것이다. 정부의 비대화는 최소 수혜층 보단 중간 수혜층이나 상류 수혜층에게 더 많은 혜택을 줄 수 있기 때문이라는 것이다. ; 이병철, 「앞의 책」, 292쪽.

38) 이병철, 「앞의 책」, 292쪽.

5) 롤스의 정의관이 가져 온 학문적 업적

롤스의 이러한 정의관의 가장 큰 학문적 업적은 우선 사회계약론의 현실적 적용이란 면도 있지만 자유민주주의체제와 자본주의체제를 옹호하는 정의관을 피력할 수 있게 하는 기반을 제공해 주고 도덕적 관점을 손상시키지 않았다는 것이다.[39]

사실상 완전한 혁명이나 절대적 평등을 주장하면 현 민주주의, 자본주의 체제는 존재의 기반을 상실케 된다. 이것을 방지하기 위해 정의의 새로운 개념화를 시도하여 공정성으로서의 정의로 규정짓고 있는 것이다. 정치적인 자유를 최대한 보장하면서 평등문제에 접근해 나가는 것으로 자유주의 정치철학과 일맥상통하는 일면을 보여 주고 있다.[40]

이것을 앞에서 논의한 신행정학과 연관 지워 생각해 보자면, 신행정학에서도 지금까지의 사회형평 기준이었던 제반능력, 업적, 성과, 비용, 편익 등으로 대변되는 능률성이나 합리성의 관점에서 벗어나, 참여 등으로 표현 될 수 있는 인본주의를 근간으로 하는 정치적 자유와 수평적 협력, 사회적 기회균등 등으로 표현되는 평등의 가치를 골간으로 하는 사회 형평 적 기준으로 전환을 꾀하고 있다고 볼 수 있는 것이다.[41]

그리고 이는 보다 공고한 자유주의 정치철학의 정립과 기존의 능률위주의 행정학에서 풀지 못한 난제의 해소라는 이중적 해결방안의 실마리를 풀고자 하는 노력이라 평가 할 수 있는

39) 이병철, 「앞의 책」, 292쪽.
40) 이병철, 「앞의 책」, 292쪽.
41) 이병철, 「앞의 책」, 293쪽.

것이다. 이러한 맥락에서 지금까지 살펴 본 신행정학의 이론적 특성과 롤스의 정의관의 이론적 연관성에 대해 보다 깊이 있게 논의 해 보도록 한다.[42]

2.2 롤스의 정의관에서 본 신행정학(New Public Administration)

지금까지 논의된 롤스의 사회형평을 기저로 하는 정의관의 분석시각에서 신행정학을 조망코자 한다. 이를 위해 롤스의 정의관과 신행정학의 태동배경과 신 패러다임으로써의 유사점에 대해 살펴본 후 구체적으로 두 이론 간의 연계성을 고찰토록 한다.[43]

1) 롤스의 정의관과 신행정학의 태동 배경의 유사성

롤스의 정의관은 사회계약론의 한 연계적 실체로 이해 할 수 있다. 이렇게 볼 수 있는 이유는 기존의 사회계약과 그 범주를 달리하는 것으로 보기 어렵고, 자유 민주주의 체제와 자본주의 체제를 옹호하는 정의관을 피력할 수 있게 하는 기반을 제공해 주었고, 도덕적 관점을 손상시키지 않게 하였으며, 혁명이나 절대적 평등 주장으로부터 자유 민주주의와 자본주의를 지키게 하는 문제해결의 가치관으로 대두되었기 때문이다.[44]

---

42) 이병철, 「앞의 책」, 293쪽.
43) 이병철, 「앞의 책」, 293쪽.
44) 이병철, 「앞의 책」, 293쪽.

이러한 맥락에서 볼 때 신행정학 역시 기존의 행정학과 그 범주를 달리하는 것으로 보기는 어렵고, 단지 새로 제기되는 미국적 상황이라는 새로운 사태에 적응키 위한 그리고 그러한 상황에서 파생된 문제를 해결키 위한 필요성으로 대두된 행정학의 한 연계적 실체라는 면에서 서로의 태동 배경의 유사성을 지닌다.45)

2) 롤스의 정의관과 신행정학의 신 패러다임으로써의 유사성

롤스의 정의관은 사회적 정의(social justice)를 실현시키기 위한 새로운 정의관의 지평을 열기 위해서 사회형평적 접근에 있어서의 새로운 패러다임으로의 기능을 수행하였다면, 신행정학 역시 행정학에 있어 새로운 학문의 지평을 열 수 있게 한 새로운 패러다임으로써의 기능을 수행했다는 점에서 또한 유사성을 가진다고 볼 수 있는 것이다.46)

3) 롤스의 정의관과 신행정학 간의 연계성

첫 번째 연계성으로 롤스의 정의론은 사회적 형평을 기계적인 차원에서 벗어나 윤리적이고 도덕적인 내용으로 제시케 했다는 것이다. 이러한 정의론을 받아들임으로써 공정한 행정인은 사회적 형평을 추진할 수 있는 분명하고도 잘 발달된 윤리지침을 제공받을 수 있게 되었고 이런 연계에서 신행정학의 사회형평성을 주장함으로써 철학적이면서도 실제적인 기반을 제

45) 이병철, 「앞의 책」, 293쪽.
46) 이병철, 「앞의 책」, 293-294쪽.

공받게 되었다는 것이다.[47]

크리스토퍼 하츠킨슨(Christopher Hodgkinson)이나 시드니 후크(Sidney Hook) 그리고 마이클 하몬(Michael M. Harmon) 등도 이러한 연계성에 공감하는 것으로 사료가 된다.

우선 크리스토퍼 하츠킨슨은 철학적 아이디어가 행정가에게 보다 나은 문제해결능력을 제고시켜 줄 뿐 아니라 행정의 목적을 설정시킬 때 행정가로 하여금 철학적 의식수준을 제고시키게 함으로써 보다 최고선에 가까운 사회형평의 실현에 근접시킬 수 있게 한다고 주장한다.[48]

시드니 후크 역시 철학적인 기반이 사회문제 또는 공공문제에 커다란 기여를 한다고 전제하고 그러한 기여를 첫째, 공공결정에서 문제가 된 주제를 보다 광의 적인 차원에서 이해를 하고 그것의 결과뿐만 아니라 동기 적인 차원도 고려를 할 뿐만 아니라 도덕성의 기준에서도 평가를 하며 둘째, 문제해결 적 방법론의 정교화에 공헌하며 셋째, 가장 중요한 것으로 철학적인 안목을 제시해 준다는 등, 세 가지 측면에서 제시하면서 행정학도 이런 철학적 기반이 접목되어야 함을 주장하고 있다.[49]

같은 맥락에서 마이클 하몬 역시 실증과학모델을 배격하면서 행정학도 응용분야로서 기본적인 도덕적, 윤리적 관심을 경주해야 함을 강조하고 있는 것이다.[50]

---

47) 이병철, 「앞의 책」, 294쪽.

48) Christopher Hodgkinson, *Towards a Philosophy of Administration* (New York : St. Martins Press, 1978), pp.199-200. ; 이병철, 「앞의 책」, 294쪽.

49) Sidney Hook, *Philosophy and Public Policy* (Carbondale, Ill. : Southern Illinois University Press, 1980), pp.9-15. ; 이병철, 「앞의 책」, 294쪽.

50) Michael Harmon, *Action Theory for Public Administration* (New York

두 번째 연계성으로 롤스의 정의관은 기존 형평성 기준의 한계를 극복하기 위한 새로운 형평성의 기준을 여러 가지 제시하고 있다는 것이다. 특히 참여, 수평적 협력, 민의(民意)에 바탕을 둔 정치 등을 강조하고 적실성, 현실적합성, 행정가치의 재음미, 공직의 윤리적 문제 재론, 소용돌이의 환경에의 적응, 새로운 형태의 조직, 고객중심의 조직관을 실천철학으로 제시하고 있다.[51]

신행정학은 이러한 롤스의 형평성에 영향을 받아 능률성을 절대 가치로 한 전통적 행정학의 현실적용의 한계를 극복하려 하고 있다는데서 이론적 연계와 맥을 함께 하고 있다고 볼 수 있다.[52]

세 번째의 연계성으로 롤스는 정의를 공정성이란 개념으로 사용하여 정의를 사회적 제도의 미덕이나 실제라는 관점으로 이해하여 정의를 현실적으로 이해하였으며 인간이 자신에게 유리한 쪽으로 생각하는 속성을 가지고 있다고 하여 인간정의의 기반을 이미 가치 부여 적으로 여기고 그래서 이를 배제키 위해 무지의 베일이란 가상적 개념을 도입하였다.[53]

신행정학도 전통적 행정이론이 커다란 의문 없이 받아들이는 행정과정의 정치적 중립성에 대해 반론을 제기하고 있다는데서 또한 연계의 일단을 찾아 볼 수 있다.[54] 그런 맥락에서 아미타이

: Longman Inc., 1981), p.3. ; 이병철, 「앞의 책」, 295쪽.
51) 이병철, 「앞의 책」, 295쪽.
52) 이병철, 「앞의 책」, 295쪽.
53) 이병철, 「앞의 책」, 297쪽.
54) 이병철, 「앞의 책」, 297쪽.

에치오니(Amitai Etzioni), 찰스 린드블롬(Charles E. Lindblom)[55], 몬제리스(N. Monzelis)로 대표되는 합리주의적 논리실증학파[56]를 신행정학은 통렬히 공박하고 있는 것이다.[57]

네 번째의 연계성으로 롤스는 모든 인간은 사회전체의 이익이라는 측면에서조차도 묵과되고 유린 될 수 없는 정의에 기반을 둔 신성 불가침권을 지니고 있다고 주장하고 그래서 정의로운 사회에선 정의에 의해 확보된 권리들을 정치적 협상이나 상

---

55) 찰스 린드블롬(Charles Edward Lindblom)은 1917년 3월 21일 캘리포니아주의 털록(Turlock)에서 출생했다. 그는 1937년 스탠포드 대학교에서 학사학위를 받았고 1945년 시카고 대학교에서 박사학위를 받았다. 1946년 예일 대학교 경제학과 교수로 부임한 이후 정치학 교수로도 활동했고 1981년 미국정치학회와 1975년부터 1976년까지 비교경제학 협회 회장을 역임하였다. 현재는 명예교수로 활동 중이다. 저술로는 1949년에 출판된 「노동조합과 자본주의」(Unions and Capitalism), 1953년에 로버트 달과 함께 펴 낸 「정치, 경제, 복지」(Politics, Economics, Welfare), 1959년에 "점진주의의 과학"(The Science of Muddling Through), 1963년에 브레이브룩(D. Braybrooke)과 함께 펴 낸 「의사결정전략」(A Strategy of Decision), 1965년에 「민주주의의 지성」(The Intelligence of Democracy), 1968년에 「정책형성과정」(The Policy Making Process), 1977년에 「정치와 시장」(Politics and Market) 등이 있다. 정철현, 「행정이론의 발전 : 베버에서 오스본까지」 (서울 : 다산출판사, 2003), 175-176쪽.

56) 논리실증주의나 분석철학은 철학의 기능 그 자체를 그들이 규정하는 경험에 국한시킴으로써 구체적인 역사적 경험을 배제하고 총체성을 파악하려는 철학적 노력을 형이상학이라 비난한다. 논리적으로나 경험으로 검증되거나 위증되지 않는 어떠한 명제나 이론도 형이상학이라 매도하고 철학의 영역에서 추방당한다. 따라서 이들은 변증법을 거부하며 그러기에 변증법적인 총체성을 허구라고 논박한다. 이들 실증주의자들에게는 사회구성체에 관한 논의들 자체가 형이상학에 불과한 것으로 간주된다. 칼 포퍼(Karl Popper)는 "직관적이든 추론적이든 모든 지식은 추상적 측면에 관한 지식일 수밖에 없으며 우리는 사회적 실체 자체의 구체적인 구조를 파악할 수 없다"고 말한다. Theodore W. Adorno, *Der Positivismusstreit in der Deutschen Soziologie*, Frankunt/M, 1969. ; Karl Popper, *Das Elend der Historizismus*, Tubingen, 1965, s.63. ; Karl Popper와 H. Albert의 "비판적 합리주의(Kritischer Rationalismus)"를 참고.

57) 이병철, 「앞의 책」, 297-298쪽.

호이익이란 계산 하에 유린 할 수 없다고 보았다.58)

신행정학이론도 점진적 타협을 행정 및 정치과정의 기본으로 삼는 것을 꺼려하였으며 분배에 따른 갈등을 타협이나 절충에 의해서 해결하기보다는 얼마간의 가치 지향적인 직접적 대결에 의한 진퇴에 따라 행동하는 자세를 옹호하고 있다.59)

다섯 번째의 연계성으로 롤스는 계급이나 위계가 없는 사회를 원초적 정의사회로 규정하고 있다. 즉 최초의 평등하고 자유로운 상태에서 합리적인 사람들이 선택하는 원리가 바로 가장 순수한 정의라고 주장하는 것이다.60)

이러한 정의를 위해 롤스는 위계 적인 명령이나 지시보다는 사회구성원간의 사회적 합의를 중시 여기고 사회적 구성원간의 본원적 평등을 중시 여겼으며 정의의 두 원칙에서 두 가지 명제를 제시하고 있다. 그 내용은 모든 사람은 다른 사람의 자유와 상충되지 않는 한도 내에서 가장 광범한 자유를 누릴 동등한 권리를 가지며, 나아가 사회적, 경제적 불평등은 다음의 두 가지 조건이 충족 될 때, 다시 말해 불평등으로 인해 생겨난 이득은 최소 수혜자에게 유리하게 써져야 하며, 불평등의 근원이 되는 직위와 직무는 모든 사람에게 균등하게 개방이 되어야 한다는 것을 주장하는 것이다.61)

신행정학 이론 역시 완전히 계서제가 없는 사회를 상정하는 것은 아니며 이론적인 면에서나 실제적인 면에서 전통적 계서

58) 이병철, 「앞의 책」, 298쪽.
59) 이병철, 「앞의 책」, 298쪽.
60) 이병철, 「앞의 책」, 299쪽.
61) 이병철, 「앞의 책」, 299쪽.

제를 수정하려는 것뿐이다. 한 가지 예를 들어 신행정학에서 애드호크라시(adhocracy) 등을 조직이론에 도입한 것도 바로 이러한 맥락에 근거한다.[62)]

여섯 번째의 연계성으로 롤스는 정의의 두 원칙에서 모든 인간은 동등한 권리를 가지며 불평등의 근원이 되는 직위와 직무는 모든 사람들에게 균등하게 개방되어야 한다고 주장하고 이래야만 자발적 사회협동에 이르는 정의로운 분배사회가 도래 될 수가 있다고 주장을 한다.[63)]

신행정학 이론도 톰슨이 지적한 조직과 환경 간에 개방성이 최대한으로 확보되어져야 한다고 가정하고 조직의 참여자들에 대한 감수성 훈련과 같은 요즈음 널리 활용되어지는 조직발전과 같은 행정개혁방안을 위한 근본적 대안들을 제시하고 있다.[64)]

또한 정의관은 행정적인 최소수혜 층을 위하여 노력을 경주할 책임과 의무를 갖는다는 내용의 필요한 윤리적 합의를 국민들에게 제시해 줌으로써 국민들이 행정에 동질화 될 수 있는 참여적 행정의 기반을 신행정학에 제공함으로써 롤스의 이론 간의 상호 연계성을 드러내고 있다.[65)]

일곱 번째의 연계성으로 롤스의 정의관에 의하면 어떤 조직 체도 개인의 기본적 자유나 권리를 침해 할 수 없다고 했기 때문에 현대 공공조직에 대해 인간가치에 수반된 제약요인을 천명하고 따라서 민의(民意)를 반영하고 대변하는 의회의 승인

62) 이병철, 「앞의 책」, 299쪽.
63) 이병철, 「앞의 책」, 299-300쪽.
64) 이병철, 「앞의 책」, 300쪽.
65) 이병철, 「앞의 책」, 300쪽.

없이 전쟁을 수행한 월남전과 같은 인간의 기본적 인권을 유린하는 행정의 폭거(暴擧)를 배제시킬 수 있는 사상적 저변을 확보케 했다는데서 신행정학과의 연계성을 찾을 수 있다.[66]

여덟 번째의 연계성으로는 정의롭게 윤리적 난제를 해결하는 방법을 제시해 줌으로써 행정이 처해온 고질적인 문제인 사회형평에 대한 처방전을 제시할 수 있도록 하여 주었다는 점에서도 신행정학과의 연계성을 찾을 수 있다. 그리고 행정에 직업윤리를 제공해 줌으로써 상황이나 체제변화에도 불구하고 사회적 평등을 위한 윤리관을 행정인에게 심어 주었다는 데서도 신행정학과의 가치적 공감대를 형성하는 연계성을 찾아 볼 수 있는 것이다.[67]

2.3 롤스의 정의관에 기반을 둔 신행정학

행정학의 발전에 새로운 정신을 불어넣어 주는 청량제로서 롤스의 정의론에서 내건 사회형평론은 신행정학의 기본철학과 어우러져 현재 행정체계에서 난제로 여겨지는 인권유린, 일명 양극화로 표현되는 분배 불평등 등의 문제들을 해결해 낼 수 있는 잠정적인 처방전 또는 만능 약으로서의 역할을 다하리라 믿어진다.[68]

드와이트 왈도 역시 행정의 기본적 정향이 생활의 질을 향상시키는 삶의 문제로 여겼고[69] 앨버트 윌(Albert Weale) 또한

---

66) 이병철, 「앞의 책」, 300쪽.
67) 이병철, 「앞의 책」, 300쪽.
68) 이병철, 「앞의 책」, 301쪽.

행정이론의 개발은 선의 추구와 정의의 실현과 그에 수반되는 의무조항으로서의 책무의 완수 그리고 그러한 것을 이루는데 있어서의 규칙의 적용이라는 점을 내세우고 있는 것도[70] 바로 정의, 선으로 표명될 수 있는 사회가치체계의 실현을 의미하는 것이라 할 수 있다.[71]

지금까지의 행정에 팽배했던 공리주의의 대안으로서 민주적 과정을 통한 융통성 있고 대응성 있는 이론, 국민과의 대 고객관에 입각한 계약과 합의에 의한 행정 그리고 이론을 위한 이론으로서의 이론에서의 탈피 등도 앞에서와 같은 의미를 지니는 사회가치의 실현이라 할 수 있다. 이러한 맥락에서 본다면 신행정학이 지향하는 사회형평도 롤스의 정의관이라는 기본아이디어를 전제로 하고 있으며 보다 나은 인간적 삶을 위한 새로운 시도였다는데 그 의미를 부여해야 되리라 믿는다.[72]

---

69) Dwight Waldo, *The Administrative State* (New York : the Ronald Press Co., 1948), ch.4.

70) Albert Weale, *Political Theory and Social Policy* (London : the Macmillan Press Co., 1983), p.11.

71) 이병철, 「앞의 책」, 301쪽.

72) 이병철, 「앞의 책」, 301-302쪽.

참고문헌

권기헌. (2014). 「행정학 콘서트」, 개정판, 서울 : 박영사.
김정헌·송건섭. (2000). 「행정이론과 해설」, 서울 : 형설출판사.
김항규. (1998). 「행정철학」, 서울 : 대영문화사.
Leonardo Benevolo. (2003). 「세계도시사」, 서울 : 세진.
로버트 그린 지음·안진환 이수경 옮김. (2009). 「권력의 법칙」, 서울 : (주)웅진씽크빅.
로버트 메리 지음·최원기 옮김. (2006). 「모래의 제국」, 서울 : 김영사.
백완기. (1998). 「행정학」, 서울 : 박영사.
시오노 나나미 지음·김석희 옮김. (1995). 「로마인 이야기 : 한니발 전쟁」, 2권, 서울 : 한길사.
시오노 나나미 지음·김석희 옮김. (1999). 「로마인 이야기 : 율리우스 카이사르 (하)」, 5권, 서울 : 한길사.
시오노 나나미 지음·한성례 옮김. (2007). 「또 하나의 로마인 이야기」, 서울 : 부엔리브로.
아리스토텔레스. (1973). 「니코마스윤리학」, 정명오 (편), 「세계대사상전집」, 31, 서울 : 대양서적.
아이다 다케후미. (1993). 「도시디자인의 계보」, 서울 : 발언.
여홍구. (2005). 「도시와 인간」, 파주 : 나남출판.
오석홍·송하중·박정수 (편저). (2000). 「행정학의 주요이론」, 서울 : 법문사.
왕경국·장윤철 외 편저. (2008). 「유식의 즐거움」, 서울 : (주)휘닉스.
유종선. (2012). 「미국사 다이제스트100」, 서울 : 도서출판 가람기획.
이병철. (2003). 「행정의 역사와 이론」, 부산 : 도서출판 금정.
이병철. (2006). 「행정기획의 역사와 이론」, 울산 : 울산대학교 출판부.
이병철. (2011). 「기획의 역사」, 울산 : 울산대학교 출판부.

이병철. (2013). 「행정 철학의 이해」, 울산 : 울산대학교 출판부.
이종수 외. (1997). 「새 행정학」, 서울 : 대영문화사.
이종수·윤영진·곽채기·이재원 외. (2014). 「새 행정학 2.0」, 서울 : 대영문화사.
전종섭 (저)·윤재풍 외 (공역). (1989). 「행정학 : 구상과 문제해결」, 서울 : 박영사.
정철현. (2003). 「행정이론의 발전 : 베버에서 오스본까지」, 서울 : 다산출판사.
최평길. (1979). "행정학방법론과 비교 및 발전행정", 「연세행정논총」, 제6집.
최평길. (2001). "실패한 대통령들의 발자취", 「동아일보」, (8월 9일).
최평길. (2007). 「대통령학 : 대통령을 보면 나라가 보인다」, 서울 : 박영사.
크리스 스카레 지음·윤미경 옮김. (2004). 「로마황제」, 서울 : 갑인공방.
폴 케네디 (저)·이일수·전남석·황건 (공역). (1996). 「강대국의 흥망」, 서울 : 한국경제신문사.
한국행정학회. 「행정학전자사전」.

Adams, Elsie B. and Frank Marini. (1995). "Regimentation and Rebellion in 'One Flew Over the Cuckoo's Nest'" in Charles T. Goodsell and Nancy Murray (eds.), *Public Administration Illuminated and Inspired by the Arts*, Westport, Connecticut : Preger Publishers.
Adorno, Theodore W. (1969). *Der Positivismusstreit in der Deutschen Soziologie*, Frankunt/M.
Appleby, Paul. (1949). *Policy and Administration*, University, Alabama : University of Alabama Press.
Augier, Mie & James March. (2001). "Remembering Herbert A. Simon (1916-2001)", *Public Administration Review*, Vol.61 No.4.
Bailey, Mary Timmey and Richard T. Mayer (eds,). (1992). *Public Management in an Interconnected World : Essays in the*

Minnowbrook Tradition, New York : Westport, Connecticut : Greenwood Press.

Barnard, Chester I. (1938). *The Function of the Executive*, Cambridge, Mass. : Harvard University Press.

Beetham, David. (1974). *Max Weber and the Theory of Modern Politics*, London : Allen & Unwin.

Bell, Daniel. (1947). "The Study of Man : Adjusting Men to Machines", *Commentary*, Vol.3. (January).

Bendix, Reinhard. (1960). *Max Weber : An Intellectual Portrait*, Berkeley, CA. : University of California Press.

Cabell, Joseph C. (1994). *Monticello*, February 2, 1816, in John P. Kaminski (ed.), *Citizen Jefferson : The Wit and Wisdom of an American Sage*, Madison, WI : Madison House Publishers, Inc.

Caldwell, Lynton K. (1944). *The Administrative Theories of Hamilton and Jefferson : Their Contribution to Though on Public Administration*, Chicago : University of Chicago Press.

Dahl, Robert A. (1947). "The Science of Public Administration", *Public Administration Review*, Vol.7, No.1.

Dickson, William J. & Fritz J. Roethlisberger. (1939). *Management and the Worker*, Cambridge, Mass. : Harvard University Press.

Dimock, Marshall E. (1937). *Modern Politics and Administration*, New York : American Books Co.

Dimock, Marshall E. (1959). *Administrative Vitality : The Conflict with Bureaucracy*, New York : Harper & Brothers.

Dimock, Marshall E., G. O. Dimock and L. Koenig. (1960). *Public Administration*, New York : Rinehart & Co.

Doxiadis, Constantinos A. (1977). *Architectural Space in Ancient Greece*, Cambridge, Massachusetts : The MIT Press.

Dye, Thomas R. (1997). *Politics in States and Communities*, 9th edition, Upper Saddle River, New Jersey : Prentice Hall.

Fairfield, Roy P. (ed.). (1981). *The Federalist Paper*, Baltimore, MD

: Johns Hopkins University Press.

Fesler, James W. and Donald F. Kettl. (1996). *The Politics of the Administrative Process*, 2nd ed., Chatham, New Jersey : Chatham House Publishers, Inc.

Fry, Brian R. (1989). *Mastering Public Administration : From Max Weber to Dwight Waldo*, Chatham, New Jersey : Chatham House Publishers, Inc.

Gaus, John M. (1958). "Leonard Dupee White : 1891-1958", *Public Administration Review* (Summer).

Gerth, H. H. and C. Wright Mills. (1946). *From Max Weber : Essays in Sociology*, New York : Oxford University Press.

Gladden, Edgar N. (1972). *A History of Public Administration*, Vol.1, London : Frank Cass.

Goodnow, Frank J. (1900). *Politics and Administration*, New York : The Macmillan Company.

Goodnow, Frank J. (1902). *Comparative Administrative Law*, New York : G. P. Putman's Sons.

Goodnow, Frank J. (1905). *Principles of the Administrative Law of the United States*, New York : G. P. Putman's Sons.

Goodsell, Charles T. and Nancy Murray (eds.). (1995). *Public Administration Illuminated and Inspired by the Arts*, Westport, Connecticut : Preger Publishers.

Gore, William J. (1964). *Administrative Decision Making : A Heuristic Model*, New York : John Wiely & Sons.

Graicunas, V. A. (1937). "Relationship in Organization", in Luther Gulick and Lyndal Urwick (eds.), *Papers on the Science of Administration*, New York : Institute of Public Administration.

Gray, John. (1994). "Limited Government", in David McKevitt and Alan Lawton (eds.), *Public Sector Management : Theory, Critique and Practice*, Thousand Oaks, CA : SAGE Publications.

Gulick, Luther and Lyndall Urwick (eds.). (1937). *Papers on the Science of Administration*, New York : Institute of Public

Administration.

Gulick, Luther. (1920). *Evolution of the Budget in Massachusetts*, New York : Macmillan.

Gulick, Luther. (1937). "Notes on the Theory of Organization", in *Papers on the Science of Administration*, eds. Luther Gulick and Lyndall Urwick, New York : Institute of Public Administration.

Gulick, Luther. (1937). "Science, Values, and Public Administration", in *Papers on the Science of Administration*, eds. Luther Gulick and Lyndall Urwick, New York : Institute of Public Administration.

Gulick, Luther and Lyndall Urwick. (eds.). (1937). *Papers on the Science of Administration*, New York : Institute of Public Administration.

Haber, Samuel. (1964). *Efficiency and Uplift : Scientific Management in the Progressive Era 1890-1920*, Chicago : University of Chicago Press.

Hamilton, Alexander. (1789). *The Federalist*

Hamilton, Alexander. (1888). *The Federalist : a Commentary on the Constitution of the U. S. being a Collection of Essays Written in Support of the Constitution Agreed Upon September, 17, 1789, by the Federal Convention.* Reprinted from the Original Text of Alexander Hamilton, John Jay, and James Madison edited by Henry Cabot Lodge, New York & London : G. P. Putnam's Sons.

Harmon, Michael. (1981). *Action Theory for Public Administration*, New York : Longman Inc.

Hart, David K. (1974). "Social Equity, Justice and the Equitable Administration", *Public Administration Review*, Vol.34, No.1, (January/February).

Harvey, D. (1973). *Social Justice and the City*, Baltimore, Maryland : The Johns Hopkins University Press.

Henderson, James M. and Richard E. Quandt. (1958 & 1980).

Microeconomic Theory : A Mathematical Approach, New York : McGraw Hill.

Hodgkinson, Christopher. (1978). *Towards a Philosophy of Administration*, New York : St. Martins Press.

Holzer, Marc and Linda G. Slater. (1995). "Insights into Bureaucracy from Film : Visualizing Stereotypes" in Charles T. Goodsell and Nancy Murray (eds.), *Public Administration Illuminated and Inspired by the Arts*, Westport, Connecticut : Preger Publishers.

Hook, Sidney. (1980). *Philosophy and Public Policy*, Carbondale, Ill. : Southern Illinois University Press.

Hseuh, Y. (2002). "The Hawthorne Experiments and the Introduction of Jean Piaget in American Industrial Psychology, 1929-1932", *History of Psychology*, Vol.5, No.2

Huntington, Samuel P. (1959). "The Founding Fathers and the Division of Powers", in Arthur Maass (ed.), *Area and Power*, New York : Free Press.

Jay, Antony. (1967). *Management and Machiavelli*, New York : Holt, Rinehart and Winston.

Jefferson, Thomas. (1776). *Declaration of Independence*, (July).

Jefferson, Thomas. (1782). *Notes on the State of the Virginia.*

Jefferson, Thomas. (1801). *Notes on the State of the Virginia*, Philadelphia, Penn. : R. T. Rawle, Publisher, John Thompson, Printer, (June).

Jefferson, Thomas. (1832). *Notes on the State of the Virginia*, Boston, Mass. : Lilly and Wait.

Jefferson, Thomas. (1964). *Notes on the State of the Virginia*, New York : Harper & Row.

Kaldo, Nicholas. (1955 & 1956). *An Expenditure Tax*, Government of India, Report of a Survey by N. Kaldo

Kaminski, John P. (ed.). (1994). *Citizen Jefferson : The Wit and Wisdom of an American Sage*, Madison, WI : Madison House

Publishers, Inc.

Ketcham, Ralph. (1971). *James Madison : A Biography*, New York : Macmillan.

Kettl, Donald F. (1993). "Public Administration : The State of the Field", in Ada W. Finifter (ed.), *Political Science : The State of the Discipline Ⅱ*, Washington, D. C. : The American Political Science Association.

Keynes, John Maynard. (1965). *The General Theory of Employment, Interest, and Money*, Harcourt, Brace & World ; 1st Harvest/HBJ ed edition, May 12.

Keynes, John Maynard. (2009). *The General Theory of Employment, Interest, and Money*, New York : Classic Books America.

Kim, Dong-Hyun (ed.). (1985). *History and Theory in Public Administration*, Seoul : Dae-Wang Sa.

Kirk, Russell. (1974). *The Roots of American Order*, LA Salle, Illinois : Open Court.

Kroll, Morton. (1995). "The Administrator-Viewer Reviewed, Through Film", in Charles T. Goodsell and Nancy Murray (eds.), *Public Administration Illuminated and Inspired by the Arts*, Westport, Connecticut : Preger Publishers.

Laslett, Peter and W. G. Runciman (eds.). (1972). *Philosophy, Politics and Society*, Oxford : Basil Blackwell.

Lawrence, A. W. (1996). *Greek Architecture*, Fifth Edition, New Haven, Connecticut : The Yale University Press.

Levitt, S. D. & J. A. List. (2011). "Was There Really a Hawthorne Effect at the Hawthorne Plant? An Analysis of the Original Illumination Experiments", *American Economic Journal : Applied Economics*, Vol.3

Light, Paul C. (1995). *Thickening Government : Federal Hierarchy and the Diffusion of Accountability*, Washington, D. C. : The Brookings Institution.

Lombard, George F. F. (1974). "George Elton Mayo", in *Dictionary of American Biography*, supplement 4, 1946-50, New York : Scriber's.

Macaulay, David. (1974). *City : A Story of Roman Planning and Construction*, New York : Houghton Mifflin Company.

Machiavelli, Niccolo. (1958). *The Prince*, trans, W. K. Marriot, London : Dent.

MacRae, Donald G. (1974). *Weber*, London : Fontana/Collins.

Macrae, Duncan Jr. and James A. Wilde. (1979). *Policy Analysis for Public Decisions*, Balmont, CA. : Duxubury Press.

Madison, James. (1937). "The Federalist, No.10", in Edmund M. Earle (ed.), *The Federalist*, New York : Random House.

March, James G. and Herbert A. Simon. (1958). *Organizations*, New York : Wiley.

Marini, Frank (ed.). (1971). *Toward a New Public Administration : The Minnowbrook Perspective*, San Francisco, CA : Chandler Publishing Co.

Mayo, Elton. (1919). *Democracy and Freedom : An Essay in Social Logic*, Melbourne, Australia : Macmillan.

Mayo, Elton. (1945). *The Social Problems of an Industrial Civilization*, Boston, Mass. : Graduate School of Business Administration, Harvard University.

Mayo, Elton. (1960). *The Human Problems of an Industrial Civilization*, New York : Viking.

McWilliams, Wilson Cary (1973). *The Idea of Fraternity in America*, Berkeley, CA. : University of California Press.

Mosher, Frederick C. (1977). "The Evolution of American Civil Service Concepts", *Democracy and the Public Service*, New York : Oxford University Press.

Mosher, Frederick C. (ed.). (1975). *American Public Administration : Past, Present, Future*, University, Alabama : The University od Alabama Press.

Myrdal, Gunar. (1972). "How Scientific are the Social Sciences?",

Journal of Social Issues, Vol.28, No.4.

Nelson, Daniel (1980). *Frederick W. Taylor and the Rise of Scientific Management*, Madison, WI : University of Wisconsin Press.

Nozick, Robert. (1974). *Anarchy, State, and Utopia*, New York : Basic Books, Inc.

Ostrom, Vincent and Elinor Ostrom. (1971). "Public Choice : A Different Approach to the Study of Public Administration", *Public Administration Review*, Vol.31, No.2.

Owens, E. J. (1992). *The City in the Greek and Roman World*, Reprint edition, New York : Routledge.

Parsons, H. M. (1974). "What Happened at Hawthorne?", *Science*, Vol.183, No.4128.

Popper, Karl. (1965). *Das Elend der Historizismus*, Tubingen.

Rawls, John A. (1971). *Theory of Justice*, Cambridge, Mass. : Harvard University Press.

Reder, Melvin Warren (1947). Studies in the Theory of Welfare Economics, Columbia University, *Studies in the Social Sciences*, No.534, New York : AMS Press.

Riggs, Fred. (1965). "Relearning and Old Lesson : The Political Context of Development", *Public Administration Review*, Vol.25, No.1.

Riper, P. Van. (1958). *A History of the United States Civil Service*, Evanston, IL : Row, Peterson.

Roethlisberger, Fritz J. (1941). *Management and Morale*, Cambridge, Mass. : Harvard University Press,

Rosenbloom, David H., Robert S. Kravchuk, and Richard M. ClerKin. (2009). *Public Administration : Understanding Management, Politics, and Law in the Public Sector*, 7th ed., Boston, Massachusetts : McGraw-Hill Companies, Inc.

Rossiter, Clinton. (1964). *Alexander Hamilton and the Constitution*, New York : Harcourt Brace.

Rowat, D. C. (1988). *Public Administration in Developed Democracies*,

New York : Marcel Dekker.

Saffell, D. C. (1984). *The Politics of American National Government*, Boston : Little, Brown & Company.

Sarachek, B. (1968). "Elton Mayo's Social Psychology and Human Relations", *The Academy of Management Journal*, Vol.11, No.2.

Sayre, W. S. (1965). *The Federal Government Service*, New York : Columbia University, American Assembly.

Simon, Herbert A. (1945). *Administrative Behavior : A Study of Decision-Making Processes in Administrative Organization*, New York : The Free Press.

Simon, Herbert A. (1946). "The Proverbs of Administration," *Public Administration Review*, Vol.6, (Winter).

Simon, Herbert A. (1957). *Models of Man : Social and Rational*, New York : Wiely.

Simon, Herbert A. (1960). *The New Science of Management Decision*, Englewood Cliffs, New Jersey : Prentice- Hall.

Simon, Herbert A. (1969). *The Science of the Artificial*, Cambridge, Mass. : MIT Press.

Simon, Herbert A. (1977). *The New Science of Management Decision*, Englewood Cliffs, New Jersey : Prentice-Hall.

Simon, Herbert A., Donald W. Smithburg, and Victor A. Thompson. (1950). *Public Administration*, New York : Knopf.

Stillman, Richard J. Ⅱ, (1973). "Woodrow Wilson and the Study of Administration : A New Look at an Old Essay", *American Political Science Review*, Vol.67, (June).

Stillman, Richard J. Ⅱ. (1984). *Public Administration : Concepts and Cases*, 3rd Ed., Boston, Mass. : Houghton Mifflin Company.

Stillman, Richard J. Ⅱ, (1991). *Preface to Public Administration : A Search for Themes and Direction*, New York : St. Martin's Press.

Stillman, Richard J. Ⅱ. and Joseph A. Ureges, Jr (eds.). (1982). *Public*

Administration History and Theory in Contemporary Perspective, New York : Marcel Deeker, Inc.

Taylor, Frederick W. (1911). Taylor's "testimony" before the special house committee, in Frederick W. Taylor, *Scientific Management*, New York : Harper & Brothers.

Taylor, Frederick W. (1947). *The Principles of Scientific Management*, New York : Harper & Row.

Taylor, Frederick W. (1947). *The Principles of Scientific Management*, New York : Harper and Brothers.

Taylor, Frederick W. (1972). "A Piece Rate System", in *Scientific Management*, ed. Clarence Bertrand Thompson, Easton, Pa. : Hive Publishing.

Thach, Charles C. Jr. (1989). *The Creation of the Presidency*, Baltimore, Maryland : The Johns Hopkins University Press.

Waldo, Dwight. (1948). *The Administrative State : A Study of the Political Theory of American Public Administration*, New York : Ronald Press Co.

Waldo, Dwight. (1952). "Development of Theory of Democratic Administration", *American Political Science Review*, Vol.46.

Waldo, Dwight. (1955). *The Study of Public Administration*, New York : Random House.

Waldo, Dwight. (1956). *Perspectives on Administration*, University, Alabama : University of Alabama Press.

Waldo, Dwight (1961). "Organization Theory : An Elephantine Problem", *Public Administration Review*, Vol.21 (Autumn).

Waldo, Dwight. (1965). "Administrative State Revisited", *Public Administration Review*, (March)

Waldo, Dwight. (1972). "Developments in Public Administration", *Annals of the American Academy of Political and Social Science*, Vol.404, (November).

Waldo, Dwight. (1977). "The Future of Management", *The Bureaucrat*, Vol.6, No.3 (Fall).

Waldo, Dwight. (1980). *The Enterprise of Public Administration*, Novato, CA. : Chandler and Sharp.

Waldo, Dwight (1985). "Politics and Administration : On Thinking about a Complex Relationship", in Ralph Clark Chandler (ed.), *A Centennial History of the American Administrative State*, New York : Wiely.

Weale, Albert. (1983). *Political Theory and Social Policy*, London : the Macmillan Press Co.

Weber, Max. (1947). *The Theory of Social and Economic Organization*, trans. A. M. Henderson and Talcott Parsons, New York : Free Press.

Weber, Max. (1949). *The Methodology of the Social Sciences*, trans. Edward A. Shils and Henry A. Finch, New York : Free Press.

Weber, Max. (1958). *The Protestant Ethic and the Spirit of Capitalism*, New York : Scribner's.

White, Jay D. (1992). "Knowledge Development and Use in Public Administration : Views from Postpositivism, Poststructuralism, and Postmodernism", in Mary Timmey Bailey, and Richard T. Mayer (eds,), *Public Management in an Interconnected World : Essays in the Minnowbrook Tradition*, New York : Westport, Connecticut : Greenwood Press.

White, Leonard D. (1948). *The Federalists : A Study in Administrative History*, New York : Macmillan.

White, Leonard D. (1958). *The Republican Era : 1869-1901*, New York : The Macmillan Company.

White, Leonard Dupee. (1926). *Introduction to the Study of Public Administration*, New York : Macmillan Company.

Who's Who in America, Vol.2, Chicago : Marquis Who's Who, 1977.

Who's Who in America. (1960-1961). Vol.31, Chicago : The A. N. Marquis Co.

Willoughby, William F. (1919). *The Government of Modern States*, New York : The D. Appleton Century Co., Inc.

Willoughby, William F. (1927). *Principles of Public Administration*, Washington, D. C. : The Brookings Institution,

Willoughby, William F. (1929). *Principles of Judicial Administration*, Washington, D. C. : The Brookings Institute.

Wilson, Woodrow. (1885). *Congressional Government : A Study in American Politics*, Boston : Houghton Mifflin and Company.

Wilson, Woodrow. (1887). "The Study of Administration", *Political Science Quarterly*, Vol.Ⅱ, No.1, (June).

Wilson, Woodrow. (1913). *The New Freedom*, New York : Doubleday & Page.

Wilson, Woodrow. (1980). "The Study of Administration", *Political Science Quarterly*, Vol.Ⅱ, No.1, June 1887 in Korean Association for Public Administration (ed.), *Selected Readings in Public Administration*, Seoul : Da San Publishing Company.

Wolff, Jonathan. (1991). *Robert Nozick : Property, Justice, and the Minimal State*, Stanford, CA : Stanford University Press,

Wycherley, R. E. (1969). *How the Greeks Built Cities*, New York : Doubleday, Inc.

Wycherley, R. E. (1976). *How the Greeks Built Cities : The Relationships of Architecture and Town Planning to Everyday Life in Ancient Greece,* 2nd edition, New York : W. W. Norton & Company.

http://100.naver.com/100.nhn?docid=157081

http://en.wikipedia.org/wiki/Peiraeus

http://kin.naver.com/open100/

http://terms.naver.com/entry.nhn?docId=389648&cid=41978&categoryId=41985

http://www.citizenship-aei.org/wp-content/uploads/16.-Leonard-D.-White-and-the-Study-of-Public-Administration.pdf

http://www.happycampus.com/doc/8660648

http://www.kapa21.or.kr/data/kapa_dictionary_view.php?num=5&page=

9&term_cate=&term_word=&term_key=&term_auth=
http://www.kapa21.or.kr/data/kapa_dictionary_view.php?num=86&page=58&term_cate=&term_word=&term_key=&term_auth=
http://www.kapa21.or.kr/epadic/epadic_view.php?num=538&page=38&term
https://de.wikipedia.org/wiki/Johann_Heinrich_Gottlob_von_Justi
https://en.wikipedia.org/wiki/Commission_on_Economy_and_Efficiency
https://en.wikipedia.org/wiki/Dwight_Waldo
https://en.wikipedia.org/wiki/Elton_Mayo
https://en.wikipedia.org/wiki/Frank_Johnson_Goodnow
https://en.wikipedia.org/wiki/Frederick_Winslow_Taylor
https://en.wikipedia.org/wiki/Herbert_A._Simon
https://en.wikipedia.org/wiki/Hippodamus_of_Miletus
https://en.wikipedia.org/wiki/Johann_Heinrich_Gottlob_Justi
https://en.wikipedia.org/wiki/John_Rawls
https://en.wikipedia.org/wiki/Leonard_D._White
https://en.wikipedia.org/wiki/Lorenz_von_Stein
https://en.wikipedia.org/wiki/Lorenz_von_Stein
https://en.wikipedia.org/wiki/Lorenz_von_Stein
https://en.wikipedia.org/wiki/Luther_Gulick_(social_scientist)
https://en.wikipedia.org/wiki/Plato
https://en.wikipedia.org/wiki/William_F._Willoughby
https://en.wikipedia.org/wiki/William_F._Willoughby
https://ko.wikipedia.org/wiki/%EA%B3%A0%EC%9A%A9%C2%B7%EC%9D%B4%EC%9E%90_%EB%B0%8F_%ED%99%94%ED%8F%90%EC%9D%98_%EC%9D%BC%EB%B0%98_%EC%9D%B4%EB%A1%A0
https://ko.wikipedia.org/wiki/%EB%89%B4%EC%98%AC%EB%A6%AC%EC%96%B8%EC%8A%A4_%EC%A0%84%ED%88%AC
https://ko.wikipedia.org/wiki/%EB%A1%9C%EB%A0%8C%EC%B8%A0_%ED%8F%B0_%EC%8A%88%ED%83%80%EC%9D%B8
https://ko.wikipedia.org/wiki/%EB%A1%9C%EB%A0%8C%EC%B8%A0_%ED%8F%B0_%EC%8A%88%ED%83%80%EC%9D%B8

https://ko.wikipedia.org/wiki/%EB%A7%88%EB%A5%B4%EC%BF%A0%EC%8A%A4_%ED%88%B4%EB%A6%AC%EC%9A%B0%EC%8A%A4_%ED%82%A4%EC%BC%80%EB%A1%9C

https://ko.wikipedia.org/wiki/%EB%B2%95%EB%AC%B4%EA%B4%80

https://ko.wikipedia.org/wiki/%EC%83%81%EB%B9%84%EA%B5%B0

https://ko.wikipedia.org/wiki/%EC%86%8C_%EC%B9%B4%ED%86%A0

https://ko.wikipedia.org/wiki/%EC%88%A0%EB%9D%BC

https://ko.wikipedia.org/wiki/%EC%95%84%EB%A6%AC%EC%8A%A4%ED%86%A0%ED%85%94%EB%A0%88%EC%8A%A4

https://ko.wikipedia.org/wiki/%EC%95%84%EB%A6%AC%EC%8A%A4%ED%86%A0%ED%85%94%EB%A0%88%EC%8A%A4

https://ko.wikipedia.org/wiki/%EC%95%84%EC%9A%B0%EA%B5%AC%EC%8A%A4%ED%88%AC%EC%8A%A4

https://ko.wikipedia.org/wiki/%EC%95%8C%EB%A0%89%EC%82%B0%EB%93%9C%EB%A1%9C%EC%8A%A4_3%EC%84%B8_%EB%A9%94%EA%B0%80%EC%8A%A4

https://ko.wikipedia.org/wiki/%EC%95%A4%EB%93%9C%EB%A3%A8_%EC%9E%AD%EC%8A%A8

https://ko.wikipedia.org/wiki/%EC%9C%A8%EB%A6%AC%EC%9A%B0%EC%8A%A4_%EC%B9%B4%EC%9D%B4%EC%82%AC%EB%A5%B4

https://ko.wikipedia.org/wiki/%ED%83%91%EC%88%98%EC%8A%A4_%EC%A0%84%ED%88%AC

https://ko.wikipedia.org/wiki/%ED%94%84%EB%9E%AD%ED%81%B4%EB%A6%B0_D._%EB%A3%A8%EC%8A%A4%EB%B2%A8%ED%8A%B8

https://ko.wikipedia.org/wiki/%ED%94%8C%EB%9D%BC%ED%86%A4

https://ko.wikipedia.org/wiki/%ED%94%8C%EB%A3%A8%ED%83%80%EB%A5%B4%EC%BD%94%EC%8A%A4

https://ko.wikipedia.org/wiki/%ED%94%BC%EB%A0%88%EC%95%84%EC%8A%A4

https://ko.wikipedia.org/wiki/%ED%95%84%EB%A1%A0

https://ko.wikipedia.org/wiki/%ED%95%84%EB%A6%AC%ED%94%BC_%EC%A0%84%ED%88%AC
https://namu.wiki/w/%EC%95%84%EB%A6%AC%EC%8A%A4%ED%86%A0%ED%85%94%EB%A0%88%EC%8A%A4
https://namu.wiki/w/%EC%95%A4%EB%93%9C%EB%A3%A8%20%EC%9E%AD%EC%8A%A8
https://www.google.co.kr/?gws_rd=ssl#q=%EC%86%8C+%EC%B9%B4%ED%86%A0

내용 찾기

이름 찾기

(ㅁ)

(ㅂ)

(ㅅ)

(ㅊ)

(ㅋ)